निराला-काव्य की छवियां

निराला-काव्य की छवियां

नंदकिशोर नवल

राजकमल प्रकाशन

ISBN : 978-81-267-2119-1

मूल्य : ₹695

राजकमल से पहली बार : 2012
This book is printed on **Print on Demand** Technology : 2024

प्रकाशक : राजकमल प्रकाशन प्रा.लि.
1-बी, नेताजी सुभाष मार्ग, दरियागंज
नई दिल्ली-110 002

शाखाएँ : अशोक राजपथ, साइंस कॉलेज के सामने, पटना-800 006
पहली मंजिल, दरबारी बिल्डिंग, महात्मा गांधी मार्ग, प्रयागराज-211 001
1, अनमोल सोराबजी संतुक लेन, धोबी तलाव, मरीन लाइंस, मुम्बई-400 002
वेबसाइट : www.rajkamalprakashan.com
ई-मेल : info@rajkamalprakashan.com

Printed at : Rajkamal Prakashan P.Ltd.

NIRALA-KAVYA KI CHHAVIYAN
by Nandkishor Naval

श्रीयुत शंभुनाथ सिंह
के अविस्मरणीय
स्नेह को

दो शब्द

'निराला-काव्य की छवियां' में मुख्यत: निराला की कविता से संबंधित मेरे स्फुट लेख संकलित हैं। इसके दो खंड हैं। पहले खंड के लेखों में निराला की कविता के कुछ पक्षों पर सामान्य रूप से विचार किया गया है और दूसरे खंड के लेखों में उनकी कुछ विशिष्ट कविताओं की पाठ-केंद्रित आलोचना प्रस्तुत की गई है। कोशिश की गई है कि अध्ययन के लिए चुनी गई कविताओं से उनके काव्य के दोनों ही स्तरों—पूर्ववर्ती और परवर्ती—की एक झलक पाठकों को मिल जाए। आशा है, इस रूप में पुस्तक निराला-काव्य के प्रेमियों और अध्येताओं के लिए उपयोगी सिद्ध होगी।

यह पुस्तक मेरे हाई स्कूल के दिनों के शिक्षक श्रीयुत शंभुनाथ सिंह को समर्पित है। उनकी कर्तव्यनिष्ठा मेरे लिए प्रेरणा का स्रोत रही है और मेरे प्रति उनका स्नेह मेरे जीवन की पूंजी। मेरे ऊपर उनका बहुत ऋण है। मैं जानता हूं, इस समर्पण से उस ऋण का शोध नहीं हो सकता, फिर भी उस दिशा में यह एक तुच्छ प्रयास है।

इस पुस्तक के निर्माण की प्रेरणा मुझे अपने सुहृद् श्री सिद्धिनाथ मिश्र से प्राप्त हुई है। एतदर्थ वे मेरे धन्यवाद के अधिकारी हैं।

नंदकिशोर नवल

लखनचंद कोठी, गुलबीघाट लेन,
महेंद्रू, पटना-800 006
9 जून 2001

अनुक्रम

1. निराला और हिंदी आलोचना

निराला की कविता के विकास से कम दिलचस्प उसके साथ हिंदी आलोचना का संबंध नहीं है। जब उन्होंने लिखना शुरू किया, हिंदी कविता में द्विवेदी युग चल रहा था। स्वभावत: उनकी कविता का, जिसमें कविता भीतर और बाहर दोनों तरफ से बदल गई थी, व्यापक विरोध हुआ। इस विरोध में रीतिवादी आलोचक ही नहीं, द्विवेदी युग की दो महान युगांतरकारी प्रतिभाएं भी शामिल थीं। मेरा संकेत पं. महावीरप्रसाद द्विवेदी और आचार्य रामचंद्र शुक्ल की तरफ है। द्विवेदी जी ने 'सरस्वती' से निराला की कविता 'जुही की कली' इस सुझाव के साथ वापस कर दी थी कि छंद को बदल सकें, तो बदल दीजिए। 'पंचवटी-प्रसंग' पर भी उनकी प्रतिक्रिया बहुत अनुकूल न थी। यदि रहती, तो वे यह कहकर कवि के उत्साह पर पानी न डालते कि अवशिष्टांश मुझे भेजने की जरूरत नहीं; ठीक है, पूरी कर डालिए। निराला ने अपने पत्र में श्रद्धापूर्वक द्विवेदी जी को लिखा था, हिंदी सिखाइए। द्विवेदी जी ने 'सरस्वती' में 'सुकविकिंकर' के नाम से छायावादी कवियों के विरोध में जो अपना प्रसिद्ध लेख लिखा, उसमें इसका इस्तेमाल इस रूप में किया : 'शुद्ध लिखना तक सीखने के पहले ही वे कवि बन जाते हैं और अनोखे-अनोखे उपनामों की लांगूल लगाकर अनाप-शनाप लिखने लगते हैं।' उन्हें डॉ. रामविलास शर्मा ने बहुत परिश्रम से मुक्तछंद का समर्थक सिद्ध किया है। इसी लेख में निराला के मुक्तछंद को लक्ष्य कर की गई उनकी यह टिप्पणी देखने लायक है : 'ये लोग बहुधा बड़े ही विलक्षण छंदों या वृत्तों का भी प्रयोग करते हैं। कोई चौपदे लिखते हैं, कोई छ:पदे, कोई ग्यारहपदे! कोई तेरहपदे! किसी की चार सतरें गज-गज भर लंबी तो दो सतरें ही दो अंगुल की!' द्विवेदी जी परेशान थे कि छायावादी कवियों की 'हमादानी' का क्या इलाज हो सकता है, यह उनकी समझ में नहीं आ रहा था। अफवाह थी कि इस हमादानी अर्थात सर्वज्ञता का दावा केवल निराला के पास था।

आचार्य शुक्ल ने भी 'सुधा' में प्रकाशित अपनी प्रसिद्ध कविता में, जो उन्होंने छायावादी कवियों पर प्रहार करने के लिए लिखी थी, निराला को ही लक्ष्य बनाया था। उसका एक छंद द्रष्टव्य है :

भाषा है, न भाव है, न भूति भांपने को आंख
शिक्षा की सुभिक्षा भी न पाई कभी एक कन;
गांथते हैं गर्वभरी गुरु-ज्ञान-गुदड़ी वे
चुने हुए चीथड़ों से, किए ब्रह्मलीन मन।

कहीं बंग-भंग-पद चकती चमक रही,
कहीं अंगरेजी अनुवाद का अनाड़ीपन;
ऐसे सिद्ध साइयों की मांग मतवालों में है,
काव्य में न झूठे स्वांग खींचते कभी हैं मन।

पाठक स्वीकार करेंगे कि इस छंद की एक-एक उक्ति में निराला पर आक्रमण किया गया था। उन्हें तो दृष्टिहीन, अशिक्षित, ज्ञानी और वेदांती होने का ढोंग करने वाला तथा बंगला कविता की शब्दावली उड़ाने वाला कहा ही गया था, लगे हाथ उन्हें चाहने वालों को भी पागल कह दिया गया था। लेकिन निराला के दूसरे विरोधियों और आचार्य शुक्ल में फर्क था। आचार्य शुक्ल खोजी किस्म के काव्यमर्मज्ञ थे, इसलिए उनका विरोध करते हुए भी वे उन्हें समझने की चेष्टा करते रहे, जिसका परिणाम यह हुआ कि वे न केवल निराला के विराधी नहीं रह गए, बल्कि एक हद तक उनके प्रशंसक बन गए। इसका प्रमाण यह है कि अपने 'इतिहास' में उन्होंने छायावादी कवियों के बीच उनकी वे विशेषताएं चिह्नित कीं, जो उनके लिए स्पृहणीय थीं। उदाहरण के लिए उनकी वाणी का बहुमुखी होना, अतिशय लाक्षणिकता की जगह उनका नादपूर्ण शब्दयोजना पर बल देना और उनका संगीत को काव्य के निकट तथा काव्य को संगीत के निकट लाने का प्रयास। स्मरणीय है कि आचार्य शुक्ल कविता में अर्थ की ही प्रधानता स्वीकार करते थे और उसमें संगीत को प्रधानता देने पर उन्हें एतराज था। निराला अर्थ और स्वर दोनों को एक दूसरे के निकट ला रहे थे, इसे उन्होंने लक्ष्य किया। लेकिन इसके बावजूद यह तथ्य है कि वे उन्हें हृदय से ग्राह्य न हुए। उनकी रुचि क्लासिकी थी और वे स्वच्छंदतावाद के भी समर्थक थे, पर वह कवि उन्हें पूरी तरह से न रुचा, जो क्लासिकी मिजाज वाली स्वच्छंद कविता लिख रहा था। बात संवेदना की थी। आचार्य शुक्ल की संवेदना बहुत गत्यात्मक थी, तथापि वह निराला की काव्यसंवेदना तक पहुंचने में असमर्थ थी।

कुछ आलोचकों ने उन पर यह आरोप लगाया है कि अपने 'इतिहास' में उन्होंने प्रसाद और पंत पर जहां विस्तार से लिखा है, वहां निराला और महादेवी पर बहुत संक्षेप में। प्रो. नलिनविलोचन शर्मा का कहना है, 'एतत्-संबंधी किसी पुस्तक में निराला पर एक पृष्ठ भी पर्याप्त से अधिक माना जा सकता है। पर इस दशा में पंत पर बीस पृष्ठ आनुपातिक नहीं जंचेंगे।' यहां मैं यह स्पष्ट कर देना चाहता हूं कि 'इतिहास' के नवीनतम संस्करण के लिए आचार्य शुक्ल आधुनिक कवियों पर विस्तार से विचार करते हुए पंत तक ही पहुंचे थे कि दुर्भाग्यवश उनका देहावसान हो गया, जिससे वे निराला और महादेवी तथा कुछ अन्य छायावादी-स्वच्छंदतावादी कवियों का अपना विस्तृत मूल्यांकन न प्रस्तुत कर सके। लिहाजा 'इतिहास' का नवीनतम संस्करण उसके पंजाब संस्करण से शेष सामग्री लेकर, जो अतिशय संक्षिप्त थी, निकालना पड़ा। इसका स्पष्ट उल्लेख प्रकाशकीय

वक्तव्य में किया गया है लेकिन उसकी ओर विद्वानों का ध्यान नहीं जाता। हम आशा करते हैं कि आचार्य शुक्ल को और आगे बढ़ने का मौका मिला होता, तो वे निराला के साथ पूर्ण न्याय करते, लेकिन जब उसका अवसर न आया, तो जो है, उसी के आधार पर हमें उनके संबंध में धारणा बनानी होगी।

छायावाद ने अपने आलोचक भी पैदा किए थे। उनमें से जिस आलोचक ने निराला-काव्य की समझ का बहुत अच्छा परिचय दिया, वे थे पं. नंददुलारे वाजपेयी। निराला की कविता का विरोध एक तो बौद्धिकता अथवा दार्शनिकता के कारण किया जा रहा था और दूसरे, मुक्तछंद के कारण। वाजपेयी जी ने इन दोनों को ही उसका सकारात्मक पक्ष माना और साहसपूर्वक यह कहा कि अपनी बौद्धिक रचनाओं में निराला ने रस की संकुचित सीमा का अतिक्रमण किया है तथा छंद को तोड़कर उन्होंने स्वछंद कल्पना का अति स्वाभाविक प्रवाह उपस्थित किया है। उन्होंने खास बात यह कही कि निराला में पाए जाने वाले बुद्धि-तत्व ने उनके काव्य के रूप को भी संवारा है, जिसका हमें पंत में अभाव दिखलाई पड़ता है। इसी की प्रेरणा से उन्होंने मुक्तछंद का आविष्कार किया और हिंदी पद-विन्यास को अधिक प्रौढ़ तथा अधिक प्रशस्त बनाने का प्रयास किया। आचार्य हजारीप्रसाद द्विवेदी ने बिहारी को 'सजग कलाकार' कहा है। वाजपेयी जी ने निराला के लिए 'सचेत कलाकार' इस अभिधा का प्रयोग किया और घोषित किया कि 'कविताओं के भीतर जितना प्रसन्न अथवा अस्खलित व्यक्तित्व निराला जी का है, उतना न प्रसाद जी का है, न पंत जी का।' उन्होंने बाद में निराला-काव्य का अध्ययन उसे पांच चरणों में बांटकर किया, जो कि प्रचुर युक्तियुक्त है। पहले चरण में उन्होंने 'परिमल' तक की उनकी कविताओं को रखा, दूसरे चरण में 'गीतिका' के गीतों को, तीसरे चरण में, 'तुलसीदास', 'सरोजस्मृति' और 'राम की शक्तिपूजा' जैसे दीर्घ प्रगीतों को, चौथे चरण में 'कुकुरमुत्ता' से लेकर 'नए पत्ते' तक की प्रयोगात्मक रचनाओं को और पांचवें चरण में 'अर्चना'-'आराधना' में संकलित उनके परवर्ती गीतों को। इस प्रसंग में ज्ञातव्य यह है कि वाजपेयी जी ने निराला के आरंभिक दोनों चरणों और अंतिम चरण की रचनाओं को जितना पसंद किया, उतना तीसरे और चौथे चरणों की रचनाओं को नहीं। 'सरोजस्मृति' अपवाद है, उन्होंने उनकी बाकी दोनों महान रचनाओं के बारे में साफ शब्दों में कहा : 'कतिपय समीक्षकों ने 'राम की शक्तिपूजा' और 'तुलसीदास' को निराला की सर्वश्रेष्ठ कृति कहकर विज्ञापित किया है। किंतु महाकाव्योचित औदात्य निराला के अंतरंग की उपज नहीं। एक तरह से वह अपेक्षाकृत अधिक पांडित्य और परिश्रम का परिणाम है। यह कहा जा सकता है कि निराला के प्रौढ़ व्यक्तित्व के अनुरूप ये कविताएं हैं। किंतु यह भी स्मरण रखना होगा कि इस प्रौढ़ता में विघटन के तत्व भी मौजूद हैं।' इस दो-टूक कथन के पीछे एक ही चीज हो सकती है और वह है स्वच्छंदतावादी अथवा सौष्ठववादी आलोचना की सीमा, जो शुरू में तो ढंकी रही, पर बाद में प्रकट हो गई।

कविता में बौद्धिकता और सचेतता के हामी होते हुए भी वाजपेयी जी मूलत: उसमें स्वच्छंदतावादी 'स्वाभाविकता' और 'मार्मिकता' के आग्रही थे, जिसका परिणाम यह हुआ कि निराला की कविता ने जब उदात्त की भूमि पर पांव टेका, तो उन्होंने उसे कृत्रिम करार दे दिया। दूसरी बात यह कि 'शक्तिपूजा' तक आते-आते निराला में मिथक और यथार्थ का अंतर्विरोध बहुत तीखा हो गया था, जिससे उनकी प्रवृत्ति में एकात्मकता न रहकर एक द्वैध आ गया था। इसे वाजपेयी जी ने उनकी सर्जनात्मकता के विघटन का संकेत माना। स्वभावत: उन्होंने 'कुकुरमुत्ता' और 'नए पत्ते' की कविताओं को प्रयोगात्मक कहकर उनका मूल्य कम करके आंका। इसके बावजूद यह सही है कि निराला-काव्य में उनकी पैठ गहरी थी और उन्होंने उसे केवल क्रांतिकारी सामाजिक अंतर्वस्तु के कारण नहीं, सर्वप्रथम उत्कृष्ट और नवीन रचनाशीलता के कारण सराहा था। इसी कारण वे उसके रूप-पक्ष को कभी नहीं भुलाते और प्राय: उसका मार्मिक विश्लेषण करते हैं। आश्चर्य की बात है कि 'कुकुरमुत्ता' को उतना न पसंद करते हुए भी उन्होंने इस पर जो टिप्पणी की है, वह किसी भी यथार्थवादी आलोचक की तुलना में ज्यादा सही है। और आलोचक जहां इसमें गुलाब और कुकुरमुत्ता को क्रमश: शोषक और शोषित, सामंत और सर्वहारा के प्रतीक के रूप में व्याख्यायित कर रहे थे, वहां वाजपेयी जी ने कहा कि इसमें गुलाब का ही परिहास नहीं, स्वयं कुकुरमुत्ता का भी उपहास है। इसके द्वारा निराला यह व्यंजित करते हैं कि न तो प्राचीन समाजव्यवस्था का प्रतीक गुलाब हमारा आदर्श है, न कुकुरमुत्ता ही आधुनिक संस्कृति का प्रतीक बन सकता है। यह कोई नकारात्मक निष्कर्ष नहीं। आशय यह है कि गुलाब का स्थान गुलाब ही ले सकता है, कुकुरमुत्ता नहीं। पुरानी संस्कृति का स्थान नई संस्कृति ही ग्रहण कर सकती है, वह नहीं, जो कुकुरमुत्ता की तरह 'उगाए नहीं उगता', अर्थात जिसका पूर्वापर संबंध नहीं। अंतत: इस व्याख्या को डा. शर्मा ने भी स्वीकार किया। वाजपेयी जी की इस वस्तुपरक टिप्पणी का आधार यह था कि उन्होंने रचना पर अपना ध्यान केंद्रित किया था, उसके अवांतर संदर्भों पर नहीं।

द्विवेदी जी का जिक्र ऊपर हो चुका है। छायावाद ने अपने जो आलोचक पैदा किए थे, उनमें से एक वे भी हैं। निराला के संबंध में उन्होंने यह सटीक बात कही कि सर्वत्र व्यक्तित्व की अत्यंत परुष अभिव्यक्ति ही उनकी कविताओं का प्रधान आकर्षण है। फिर भी विरोधाभास यह है कि उनमें अपने व्यक्तित्व को सबसे अलग करके अभिव्यक्त करने की चेतना सबसे कम है। उनके अनुसार निराला प्रबल आवेगों के कवि थे। जब वे आख्यानपरक कविता लिखते थे, तो उनके आवेग नियंत्रण में रहते थे लेकिन गीतों में वे बहक जाते थे। ताज्जुब नहीं कि द्विवेदी जी ने 'तुलसीदास', 'सरोजस्मृति' और 'राम की शक्तिपूजा' को उनकी सर्वोत्तम कृतियां माना, जिनमें भाषा का अद्भुत प्रवाह पाठक को निरंतर व्यस्त बनाए रहता है और कल्पना आवेगों के सामने फीकी लगती

है। उन्होंने कहा कि अपने स्फुट गीतों में उन्हें इसका अवसर नहीं मिलता, जो कि सही नहीं है। 'गीतिका' पर उन्होंने यह कहते हुए बहुत ही कठोर राय जाहिर की कि उसके गीत ठूंठ हो गए हैं और दुर्बोध तो हैं ही। 'ठूंठपन' और 'दुर्बोधता' परस्पर संबद्ध हैं। 'ठूंठ' शब्द द्विवेदी जी ने 'पल्लव' की भूमिका से लिया है, जिसमें पंत जी का कहना है कि 'समास की कैंची अधिक चलाने से कविता की डाल ठूंठी तथा श्रीहीन हो जाती है।' अधिक सम्मत पदवाली कविता अनिवार्यत: दुरूह भी हो जाएगी। इस अर्थ में 'गीतिका' के गीतों के संबंध में उनकी टिप्पणी दूर तक सही है। यह बात और है कि वाजपेयी जी हमें यह सोचने को बाध्य करते हैं कि वैसा कहीं संगीत के कारण तो नहीं है। उनके अनुसार सामासिकता कविता का दोष हो सकती है, लेकिन गीत का नहीं। वह कविता के भावों को समझने में बाधक हो सकती है, पर पदावली के गायन में सहायक।

निरालासंबंधी आलोचना का तीसरा दौर छायावादोत्तर आलोचना के साथ शुरू होता है, जिसमें शिवदानसिंह चौहान से लेकर अज्ञेय तक शामिल हैं। मैं यहां शिवदानसिंह चौहान के 1937 के 'विशाल भारत' में प्रकाशित लेख 'भारत में प्रगतिशील साहित्य की आवश्यकता' का उल्लेख करना चाहता हूं, जिसमें लक्ष्य छायावाद को बनाया गया था, अकेले निराला को नहीं, लेकिन उससे वे बहुत आहत हुए थे। इसमें आलोचक ने छायावाद को रहस्यवाद मानते हुए यह निष्कर्ष प्रस्तुत किया था कि फिर से रहस्यवाद का साहित्य में जन्म पूंजीवादी समाज की पतितावस्था का द्योतक है। भारत में साम्राज्यवाद के कारण चारों ओर नैराश्य व्याप्त हो गया। जो कवि वास्तविकता को नहीं देख सके, या उससे दूर भागना चाहते थे, या जिनकी कल्पनाशक्ति मुर्झा गई थी और जो नई शक्तियों के उत्थान को न समझ पाए, वे रहस्यवाद का दामन पकड़कर आंसू बहाने लगे। इन रहस्यवादी कवियों में प्रगति नहीं होती, वे प्रतिगामी शक्तियों के रक्षक और अग्रगामी नेता बन जाते हैं। 'रवींद्रनाथ ठाकुर के बाद यह धारा हिंदी में सर्वश्री जयशंकर प्रसाद, सूर्यकांत त्रिपाठी निराला, सुमित्रानंदन पंत, श्रीमती महादेवी वर्मा और अनेक छोटे-मोटे कवियों के मुख से निसृत हो उठी।' अंत में उसने अपना यह फैसला सुनाया : 'इस छायावाद की धारा ने हिंदी के साहित्य को जितना धक्का पहुंचाया, उतना शायद ही हिंदू महासभा या मुसलिम लीग ने भारत को पहुंचाया हो।'

इसके कुछ ही दिनों बाद 'विश्वभारती क्वार्टरली' के दो अंकों में अज्ञेय का 'मॉडर्न (पोस्ट-वार) हिंदी पोएट्री' शीर्षक लेख प्रकाशित हुआ, जिसकी पहली किस्त में उन्होंने मैथिलीशरण, प्रसाद, सियारामशरण, सुभद्राकुमारी और पंत पर किंचित विस्तार से विचार किया और अंत में निराला को एक-डेढ़ अनुच्छेदों में निबटाते हुए उनके संबंध में बहुत ही प्रतिकूल बातें कहीं। उन्होंने पंत को सौंदर्यवादी कहा था। तत्पश्चात यह स्थिर किया कि पंत और सौंदर्यवादियों के मनोविज्ञान के बारे में सामान्य रूप से जो कहा

गया है, वह आवश्यक फेर-बदल के साथ निराला के बारे में भी सही है, बल्कि तथ्य यह है कि सौंदर्यवाद के खतरे अधिक स्पष्टता से उन्हीं में दिखलाई पड़ते हैं। उनकी कलात्मक योग्यता उनके घृण्य अहंकार और जान-बूझकर मौलिक बनने के प्रयास के कारण सही रास्ते से भटक गई है। शुरू में उन्होंने प्राय: बहुत अच्छा लिखा था, लेकिन बाद में उन्होंने जिद पकड़ ली कि कविता की मुख्यधारा जड़ हो गई है। वे उस जमात में शामिल हो गए, जो उन कल्पित लोगों पर पथराव कर रही थी, जो यह मानते हैं कि कविता में तुक और नियमित चरण आवश्यक हैं और उसमें कल्पनाशीलता और जटिलता की मनाही है। उन्होंने भी कठोर रूपवाद से कविता को मुक्त करने के लिए आवाज उठाई थी, इसके लिए उन्हें श्रेय देने के बाद और कुछ कहने की जरूरत नहीं। 'किसी भी तरह से विचार करें, निराला साहित्य में कोई शक्ति नहीं रहे, उस रूप में वे मृत हो चुके हैं।' (··· ऐज ए लिटररी फोर्स, ऐट एनी रेट, निराला इज ऑलरेडी डेड।) चौहान और अज्ञेय दोनों ने ही बाद में अपने को सुधारा और वे निराला के भारी प्रशंसक बन गए लेकिन यह भी साहित्य की एक विडंबना है कि निराला के प्रसंग में जो महत्व उनकी इन निराधार आलोचनाओं का है, वह उनकी साधार प्रशंसाओं का नहीं। इन आलोचनाओं ने निराला को कितना विचलित किया था, इसका स्मारक है उनकी कविता 'हिंदी के सुमनों के प्रति पत्र'।

लेकिन इस दौर की उपलब्धि डा. रामविलास शर्मा हैं, जिन्होंने निराला पर पुस्तकें लिखकर उनके लिए लगभग वही काम किया है, जो तुलसीदास के लिए आचार्य शुक्ल और कबीर के लिए आचार्य द्विवेदी ने। उनकी पहली पुस्तक निराला-काव्य के दुर्भेद्य किले का भेदन करती है, जिससे पाठकों पर से उसका आतंक समाप्त हो जाता है और वे किसी हद तक उसे अपना आत्मीय मानने लगते हैं। इस पुस्तक में डा. शर्मा ने निराला को छायावाद के व्यापक रीति-विरोधी जनवादी सांस्कृतिक संदर्भ में रखकर देखा, लेकिन उनका जोर निराला-काव्य के प्रगतिशील पक्ष यानी उसकी क्रांतिकारी सामाजिक अंतर्वस्तु को उभारकर रखने पर था। स्वभावत: इससे उनके आलोचना-कार्य की सीमा भी बन गई। ऐसा नहीं है निराला में प्रगितिशील सामाजिक चेतना नहीं, वह उनमें बहुत ही प्रखर रूप में है, लेकिन वे वहीं तक सीमित नहीं। उनमें सामाजिकता के साथ गहन वैयक्तिकता भी है, मनुष्य और प्रकृति के सौंदर्य के प्रति दुर्दांत आकर्षण भी और दृढ़ धर्म-भावना भी, जो कभी रहस्य के रूप में प्रकट होती है और कभी भक्ति के रूप में। उनमें वेदांत अथवा रामकृष्ण-विवेकानंद से प्रभावित दार्शनिकता भी है, साथ-साथ स्वतंत्र दृष्टि भी। डा. शर्मा की पहली पुस्तक जहां रेखाचित्र के समान है, वहां दूसरी पुस्तक भरे-पूरे चित्र के समान, जिसमें चर्चा वे तमाम बातों की करते हैं लेकिन उससे निराला की वस्तुपरक ढंग से निर्मित तसवीर सामने नहीं आती। उनके परवर्ती काव्य का उनकी दृष्टि में उतना महत्व नहीं, जितना उनके पूर्ववर्ती काव्य का

है। इसका भी कारण यही है कि उनकी प्रगतिशीलता यथार्थवाद की अपेक्षा स्वच्छंदतावाद की करीबी है।

निराला की काव्य-संवेदना बहुत जटिल थी, इसका एक प्रमाण यह है कि 'कुकुरमुत्ता' की ध्वंसात्मक कविताओं और 'अणिमा' के परंपरागत गीतों की रचना वे एक साथ करते हैं। 'खजोहरा' शीर्षक कविता और 'नुपुर के स्वर मंद रहे' गीत एक ही काल की रचनाएं हैं। इसी तरह 'नए पत्ते' की यथार्थवादी कविताएं और 'बेला' के रहस्यवादी गीत एक साथ रचे जाते हैं। एक तरफ 'कुत्ता भौंकने लगा' और 'झींगुर डटकर बोला' जैसी कविताएं तथा दूसरी तरफ 'रूप की धारा के उस पार / कभी धंसने भी दोगे मुझे ?' और 'शांति चाहूं मैं; तुम्हारा दुःख कारागार है जग' जैसे गीता खास बात यह कि इन दोनों छोरों के बीच और भी बहुत कुछ है और अनेक बार सारी चीजें परस्पर घुले-मिले रूप में सामने आती हैं। निराला के परवर्ती गीतों में उनकी सारी प्रवृत्तियां परिणति को प्राप्त होती दीखती हैं। डा. शर्मा की आलोचना सरल ढंग से निराला में अंतर्विरोध की कल्पना करती हुई उन्हें मोहभंग के उपरांत यथार्थ की दिशा में अग्रसर होते दिखलाती है, जबकि मामला काफी पेचीदा है, अनुभूति और विचार से लेकर भाषा और शिल्प तक के स्तर पर। डा. शर्मा की आलोचना में यह जो सरलीकरण है, उसका कारण यह है कि उन्होंने निराला के 'टेक्स्ट' पर अपना ध्यान केंद्रित न कर उन पर एक बना-बनाया 'फ्रेमवर्क' आरोपित कर दिया है। अंतर्विरोध के सिद्धांत को ही लें, तो निराला में उसका एक स्रोत विवेकानंद भी हैं, जो एक साथ आत्मोन्मुख और समाजोन्मुख थे और जो अंत-अंत तक दोनों की खींचतान में पड़े रहे। कहना चाहिए, ब्रह्म और माया का द्वंद्व उनमें हल न हुआ, यद्यपि दोनों में ताल-मेल बिठाने का भी उन्होंने प्रयास किया। डा. शर्मा ने 'टेक्स्ट' को महत्व नहीं दिया, इसका प्रमाण यह है कि उन्होंने निराला की महान कविताओं—'तुलसीदास', 'सरोजस्मृति' और 'राम की शक्ति-पूजा'—का भी वस्तुपरक विश्लेषण और मूल्यांकन नहीं किया, उनकी अन्य कविताओं और गीतों की तो बात ही छोड़ दें।

यह बात भी दिलचस्प है कि निराला को ज्यादा सही ढंग से रचनाकारों ने समझा है, वे शिवपूजन सहाय हों या बालकृष्ण शर्मा 'नवीन', या फिर सुमित्रानंदन पंत और दिनकर। शिवपूजन सहाय ने निराला पर संस्मरण तो लिखे हैं, पर आलोचना नहीं। स्मरणीय है कि जिस 'जुही की कली' को द्विवेदी जी ने 'सरस्वती' में छापने से इनकार कर दिया था, उसे उन्होंने अपनी पत्रिका 'आदर्श' में प्रमुखता देकर छापा और उनकी कविता 'अधिवास' को भी 'माधुरी' में छपवाया। यदि संपादन भी आलोचना है, तो बिलकुल आरंभ में निराला की क्रांतिकारी कविताओं के समर्थन के पीछे निश्चय ही बहुत ही तीक्ष्ण और नवीन आलोचना-दृष्टि स्थित थी। इसी विरोध के माहौल में निराला की काव्य-पुस्तिका 'अनामिका' निकली, तो 'नवीन जी' ने 'प्रताप' में उसकी इन

शब्दों में प्रशंसा की : 'अनामिका बहुत कोमल है, सुंदर है, गुदगुदी पैदा करती है और 'प्राणन हू की कहा कहूं पीर होत पांसुरी' की सी हालत कर देती है।'' जब निराला की कविताएं बौद्धिकता और दार्शनिकता से ग्रस्त नितांत शुष्क शब्दसृष्टि मानी जा रही थीं, तब उनमें गहन मार्मिकता की पहचान नई रचनात्मक संवेदना से ही संभव थी।'अनामिका' (द्वितीय) के कवि के प्रति लिखी गई पंत जी की कविता प्रसिद्ध है। शिवदानसिंह चौहान उचित ही उसे निराला की सर्वश्रेष्ठ आलोचना मानते हैं। आलोचना का काम रचना में निहित दार्शनिक तत्वों और अप्रस्तुतों का निर्देश करना नहीं, बल्कि कवि की संवेदना को इस तरह से उजागर करना है कि वह पाठकों के लिए अनुभव-प्रत्यक्ष हो जाए। इस दृष्टि से पंत की कविता कवि निराला की ठीक-ठीक मूर्ति हमारे सामने उपस्थित करती है। दिनकर ने काफी पहले एक लेख लिखा था—'हिंदी कविता और छंद', जिसमें उन्होंने छंदप्रयोग के क्षेत्र में निराला की देन का सर्जनात्मक मूल्य बतलाया था।

इन रचनाओं के अलावा शमशेर, नागार्जुन, त्रिलोचन, गिरिजाकुमार माथुर, प्रभाकर माचवे और नरेश मेहता ने कभी कविताओं, कभी लेखों और कभी समीक्षाओं के माध्यम से हिंदी क्षेत्र में निराला की कविता की समझ को बढ़ाया है। निराला पर लिखी गई कविताएं मात्र स्तुतिपरक नहीं हैं, उनमें उनकी कविता का गहन आलोचनात्मक बोध बहुत ही मार्मिक और चित्रात्मक ढंग से प्रकट हुआ है। पुन: कहें, तो आलोचना की सार्थकता रचना के पांडित्यपूर्ण विश्लेषण में नहीं, बल्कि उसे आस्वाद्य बनाने में है। मुझे यह कहने में कोई हिचक नहीं है कि इन रचनाकारों ने अपनी कविताओं से निराला की कविता की आस्वादकता में जो वृद्धि की है, वह उन पर लिखे गए संपूर्ण आलोचनात्मक साहित्य से संभव नहीं हुआ है। रचनाकार की दृष्टि जहां अचूक होती है,वहां आलोचक की दृष्टि बार-बार चूकती है। प्रमाण के लिए स्वयं डा. शर्मा की निराला पर लिखी गई कविताओं और उन पर लिखी गई उनकी आलोचना को मिलाकर देखना पर्याप्त होगा। इस प्रसंग में जो बात उल्लेखनीय है, वह यह कि विशेष रूप से ये रचनाकार ही निराला के कविरूप को ठीक-ठीक ग्रहण करने में इसलिए सफल हुए कि इनके पास आधुनिक संवेदना थी, जिसकी मांग निराला का यथार्थवादी ही नहीं, छायावादी कृतित्व भी करता है।

मुझे ऐसा लगता है कि यदि ये रचनाकार न होते, तो 'कुकुरमुत्ता' से शुरू होने वाली निराला की कविता आज तक विवादास्पद बनी रहती और हिंदी के पाठक उसके नवीन रचनात्मक सौंदर्य से परिचित न हो पाते। यहां मैं माचवे के निराला पर लिखे गए लंबे लेख से दो पंक्तियां उद्धृत करना चाहता हूं, जो इस बात का सबूत पेश करती हैं कि उनके परवर्ती कृतित्व को ग्रहण करने में पेशेवर आलोचकों की तुलना में ये रचनाकार बहुत आगे थे। वे पंक्तियां हैं : ' 'कुकुरमुत्ता' से निराला की कविताधारा मुड़ी। कुछ ठिठकी, अटकी, खिलखिलाई, फिर दौड़ पड़ी, किलकारी भर, वन्य उत्स सी, छलांग भरती हुई!' माचवे ने यहां निराला के परवर्ती कृतित्व को ग्रहण करने में जिस मुक्त

और नई संवेदना का परिचय दिया है, उसके बिना निराला की सराहना नहीं की जा सकती। अभी मैंने छोटी पत्रिका 'ओर' में निराला की कविता पर डा. नामवर सिंह का एक व्याख्यान पढ़ा है, जिसमें उन्होंने खास तौर से उनके गीतों की जिस तरह से चर्चा की है, वह एक रचनाकार की संवेदना रखने से ही संभव हो सकता था। नामवर जी निस्संदेह ऐसे आलोचक हैं, जिनके पास एक रचनाकार की संवेदना है। उसके अभाव में निराला की कविता एक बोझ है,या पांडित्य-प्रदर्शन का क्षेत्र। इस स्थिति में वहां न कोई गुदगुदाहट है, न कोई खिलखिलाहट। न कोई जीवनदायक स्फूर्ति, न मरणदायक पीड़ा।

जैसा कि ऊपर कहा गया है, वाजपेयी जी ने निराला की कविता का अध्ययन उसे विभिन्न चरणों में बांटकर किया है। उन चरणों को वे उनका विकास भी कहते हैं, साथ ही उस विकास को सर्वाधिक दुरूह भी बतलाते हैं। इसका एक ही मतलब हो सकता है कि निराला के काव्य-विकास को सरल ढंग से नहीं समझा जा सकता। जटिल संवेदना वाले कवि का विकास भी जटिल हो, तो उसे स्वाभाविक ही मानेंगे। ऐसी स्थिति में निराला के पूर्ववर्ती, मध्यवर्ती और परवर्ती तीनों कृतित्व को मूलत: एक मानना होगा और उसे समग्र रूप में समान गंभीरता के साथ स्वीकार करना होगा, न कि 'कुकुरमुत्ता' और 'नए पत्ते' की कविताओं को हास्य-व्यंग्य की हलकी-फुलकी रचनाएं कहकर, उन पर एक तिरछी नजर डालकर चल देना होगा। जो ऐसा करने की स्थिति में नहीं है, वह निराला का आलोचक नहीं हो सकता, क्योंकि उनकी व्यापक, वैविध्यपूर्ण और गत्यात्मक संवेदना उसकी पकड़ से बाहर रहेगी। कुछ आलोचक ठीक ही कहते हैं कि निराला में कुछ भी आकस्मिक और अप्रत्याशित नहीं है। जो उनमें बाद में मिलता है, वह उनमें पहले भी था और जिसका अस्तित्व पहले था, वह बाद में भी नष्ट नहीं होता। यही कारण है कि वे स्वच्छंदतावाद से लेकर यथार्थवाद तक के बंधन में बंधने से इनकार करते हैं, प्रत्येक मान्यता का उल्लंघन करते हैं, प्रत्येक धारणा का अतिक्रमण। कुछ विद्वानों के अनुसार उनमें बिखराव है, या वे असंगतियों का पुंज हैं, लेकिन दूसरी तरफ यह भी सच है कि उत्कृष्ट संगति वाले बड़े कवि की तुलना में अपने समय की वास्तविकता का पूर्णतर प्रत्यक्षीकरण उन्होंने ही कराया है। इस बात से कौन इनकार करेगा कि उनकी प्रत्येक रचना वास्तविकता की चोट से गढ़ी गई है, उसी ने उनकी संवेदना और भाषा दोनों को रूप दिया है।

निराला को वस्तुपरक रूप में जानने और प्रस्तुत करने का एक ही उपाय है : कृति से साक्षात्कार, क्योंकि सारी चीजें वहीं से पैदा होती हैं और उनका फैलाव कितना भी क्यों न हो, वे वहीं से ऊर्जा प्राप्त करती हैं। इसके अभाव में निराला की कविता की सही अवधारणा संभव नहीं है। खेद की बात है कि परवर्ती पीढ़ी में एकाध लेखक को छोड़कर निराला के पास जाने का किसी ने साहस नहीं दिखलाया है,उनकी कृति से आंखें मिलाने की बात तो बहुत दूर की है।

2. निराला और कविता की मुक्ति

कविता में छंद का महत्व आरंभ से ही स्वीकृत रहा है। वह अनेक बार कविता के पर्याय के रूप में व्यवहृत हुआ है, सिर्फ गद्य और पद्य के बीच की विभाजक रेखा के रूप में नहीं जाना गया। फिर वे कौन सी बातें थीं, जिन्होंने आधुनिक काल में निराला को छंद से विद्रोह करने के लिए प्रेरित किया? उनकी यह उक्ति प्रसिद्ध है कि मनुष्यों की मुक्ति कर्मों के बंधन से छुटकारा पाना है और कविता की मुक्ति छंदों के शासन से अलग हो जाना। मुक्ति का यह प्रश्न निश्चय ही बहुत गंभीर है। बीसवीं शताब्दी के दूसरे-तीसरे दशक में परिस्थिति में कौन सा बदलाव आ गया था कि खड़ी बोली की नवोदित कविता को भी छंद के बंधन से निजात दिलाने की आवश्यकता महसूस की गई? विद्वानों के अनुसार मुक्तछंद एक तरफ नवीनताप्रेमी स्वच्छंद चेतना की देन है और दूसरी तरफ नई सामाजिक और सामूहिक शक्तियों की। अनेक भाषाओं में उसका प्रवर्तन छंद के यांत्रिक इस्तेमाल को चुनौती देने और शब्दों के उच्चारण के महत्व की तरफ ध्यान खींचने के लिए किया गया। निराला भी बहुत कुछ इसी तरह का विचार व्यक्त करते हैं। कहते हैं, इस समय के और पराधीन काल के काव्यानुशासनों को देखकर हम जाति की मानसिक स्थिति को भी देख ले सकते हैं। अनुशासन के समुदाय चारों तरफ से उसे जकड़े हुए हैं—साहित्य के साथ-साथ राज्य, समाज, धर्म, व्यवसाय, सभी कुछ पराधीन हो गए हैं। चित्र स्वयं ससीम हैं, इसलिए उन्हें प्यार करने वाली वृत्ति भी एक सीमा के अंदर चक्कर लगाया करती है, और इस तरह उस वृत्ति को धारण करने वाला मनुष्य भी चाहे पहले का स्वतंत्र हो, पर पीछे से सीमा में बंधकर पराधीन हो जाता है। नियम और अनुशासन भी सीमा के ही परिचायक होते हैं, और क्रमश: मनुष्य-जाति को क्षुद्र से क्षुद्रतर तथा गुलाम से गुलाम कर देने वाले। स्पष्टत: कविता की नवीन स्वच्छंद चेतना के साथ ये नई सामाजिक शक्तियां ही थीं, जो उसके माध्यम से बोल रही थीं। कुछ बाद में निराला ने और स्पष्टता से कहा कि भावों की मुक्ति छंद की भी मुक्ति चाहती है। यहां भाषा, भाव और छंद तीनों स्वतंत्र हैं। इसका फल जीवन में क्या होता है, हिंदी में समझदार होते तो अब तक व्यापक रूप से मालूम कर चुके होते। इस कथन में 'जीवन' शब्द ध्यान देने योग्य है। वे मुक्तछंद का संबंध कविता से ही नहीं, जीवन से जोड़ते हैं, जो कि मात्र कवि-जीवन न होकर संपूर्ण जातीय जीवन है।

निराला इसके लिए सावधान थे कि उनकी बंधन और मुक्ति वाली बात को सरल रूप में न ग्रहण कर लिया जाए, इसलिए उन्होंने इन दोनों शब्दों की व्याख्या करना

जरूरी समझा। 'बंधन' को उन्होंने चित्र के माध्यम से समझाया और 'मुक्ति' को उसके भीतर से प्रकट होने वाले विराट संकेतों के माध्यम से और बाद में कहा कि ऐसा ही छंदों के संबंध में भी है। जब कोई जाति मुक्ति के लिए सचेष्ट होती है, तो वह चीज उसके साहित्य में भी दीख पड़ती है। साहित्य की मुक्ति का प्रत्यक्ष दर्शन कविता में होता है। धीरे-धीरे चित्रप्रियता छूटने लगती है। मन एक खुली हुई प्रशस्त भूमि में विहार करना चाहता है। चित्रों की सृष्टि तो होती है, पर वहां इन तमाम चित्रों को अनादि और अनंत सौंदर्य में मिलाने की चेष्टा रहती है। बर्फ में जैसे तमाम वर्षों की छटा, सौंदर्य आदि दिखलाकर उसे फिर किसी ने वाष्प में विलीन कर दिया हो या असीम सागर से मिला दिया हो! ऐसे चित्र जाति के मस्तिष्क में विराट दृश्यों के समावेश के साथ-साथ स्वतंत्रता की प्यास को भी प्रखरतर करते हैं। इस तरह बंधन निरा बंधन नहीं है और न मुक्ति निरी मुक्ति। बंधन अस्तित्व है और मुक्ति अनस्तित्व, लेकिन अस्तित्वसापेक्ष। छंद भी जिस तरह नियम के अंदर सीमा के सुख में आत्मविस्मृत होकर सुंदर नृत्य करते तथा उच्चारण की शृंखला रखते हुए श्रवण-माधुर्य के साथ ही साथ श्रोताओं को सीमा के आनंद में भुला रखते हैं, मुक्तछंद भी अपनी विषम गति में एक ही साम्य का अपार सौंदर्य देता है, जैसे एक ही अनंत महासमुद्र के हृदय की सब छोटी-बड़ी तरंगें हों, दूर-प्रसरित दृष्टि में एकाकार, एक ही गति में उठती और गिरती हुई। लक्ष्य करने योग्य है कि निराला छंद और मुक्तछंद दोनों को एक ही सौंदर्य के दो छोर मानते हैं; फर्क सिर्फ यह है कि पहला जहां ससीम है, दूसरा असीम और पहले की गति जहां सम है, वहां दूसरे की विषम। इससे इस प्रश्न का उत्तर मिल जाता है कि छंद से विद्रोह करके भी वे निष्ठापूर्वक छंद में भी क्यों काव्य-रचना करते रहे और अपनी सर्वश्रेष्ठ कविताएं—'तुलसीदास', 'सरोजस्मृति' और 'राम की शक्तिपूजा'—छंद में ही क्यों लिखीं। बेहतर यह होगा कि हमारा ध्यान इस तरफ जाए कि उनकी छंदोबद्ध कविताएं मुक्तछंद के क्षेत्र में किए गए उनके प्रयोगों की कितनी ऋणी हैं और उनका मुक्तछंद अपनी सफलता के लिए छंदों पर उनके अधिकार पर कितना निर्भर है।

ताज्जुब नहीं कि निराला ने अंततः मुक्तछंद को इस रूप में परिभाषित किया कि मुक्तछंद तो वह है, जो छंद की भूमि में रह कर भी मुक्त है। एक तरफ छंद की भूमि और दूसरी तरफ मुक्तता—क्या इसमें कोई अंतर्विरोध नहीं है? उन्होंने स्वयं दोनों बातों की व्याख्या करके इस प्रकार के संदेह को दूर कर दिया है। मुक्तता का मतलब है छंद का किसी नियम में बंधे नहीं रहना और छंद की भूमि में होने का मतलब है उसके प्रवाह से मुक्त होना। उनके शब्दों में, 'मुक्तछंद का समर्थक उसका प्रवाह ही है। वही उसे छंद सिद्ध करता है, और उसका नियम-राहित्य उसकी मुक्ति।'

इस प्रसंग में अंतिम महत्वपूर्ण बात उन्होंने यह कही है कि हिंदी में मुक्तछंद कवित्त की बुनियाद पर ही सफल हो सकता है। कवित्त ही क्यों? निश्चय ही इस

कारण नहीं कि यह हिंदी का एकमात्र जातीय छंद है, बल्कि इस कारण कि यह नाट्योपयोगी या संवादोपयोगी है। इसकी लय में एक मंथरता है, इसमें आठ वर्णों पर विराम का नियम है, जो खटकता नहीं और फिर इसमें बलाघात के सौंदर्य के प्रकट होने का भरपूर अवसर है। नाटकों में जब संवाद के लिए इस छंद का प्रयोग किया जाता था, तो बार-बार आने वाला अंत्यानुप्रास कृत्रिम प्रतीत होता था और वह सधे हुए कानों को अप्रीतिकर लगता था। बाबू मैथिलीशरण गुप्त ने कवित्त छंद के आधार पर अपने अभिन्न छंद का प्रयोग किया तो स्वभावत: उसमें उन्हें प्रीतिकर सफलता प्राप्त हुई। निराला ने अपनी कविताओं का विश्लेषण करके दिखलाया कि उनके मुक्तछंद में न वर्णों का बंधन है, न अंत्यानुप्रास का, न चरणों का और न विराम का। उसमें कहीं स्वाभाविक रूप से भले आठ वर्णों पर विराम आ जाता हो, पर असल चीज तो उसमें कवित्त छंद का प्रवाह है। पाठकों को उनकी कविता 'पंचवटी-प्रसंग' की स्मृति होगी। यह उनकी आरंभिक कविताओं में से है, जिसमें उन्होंने मुक्तछंद का प्रयोग किया है और जो संवाद या वार्तालाप की शैली में है। निराला का कहना है, स्वच्छंद मुक्तछंद नाटक-पात्रों की भाषा के लिए ही है, यों उसमें चाहे जो कुछ लिखा जाए। उनके अनुसार मुक्तछंद स्वर-प्रधांन नहीं, व्यंजन-प्रधान है और इसमें 'आर्ट ऑफ म्युजिक' का नहीं, 'आर्ट ऑफ रीडिंग' का आनंद है। आकस्मिक नहीं कि इसके निर्माण की प्रेरणा उन्हें बंगला के नाट्याचार्य गिरीशचंद्र घोष के नाटकों में प्रयुक्त स्वच्छंद छंद में रचे गए संवादों से मिली। स्वभावत: मुक्तछंद की उनकी पहली कविता 'जुही की कली' पहली बार प्रकाशित हुई, तो उसके नीचे उन्होंने लिखा—'बंगला छंद'। उन्होंने गिरीशचंद्र के स्वच्छंद छंद को हिंदी में अपने ढंग से रचा था, उसे कवित्त की लय और यति प्रदान करके।

मुक्तछंद की मुक्तता की निराला ने अन्यत्र भी चर्चा की है और कहा है कि जैसे आलाप में ताल नहीं होता, राग या रागिनी का चित्र-मात्र देखने और समझने के लिए सामने आता है, मुक्त काव्य में स्वर का संयम नहीं दीख पड़ता—स्वर की लड़ी बराबर नहीं मिलती, कविता की केवल मूर्ति सामने आती है। राग या रागिनी जब सीमा के अंदर बजाने वाले की सुविधा के लिए, बांध दी जाती है, तब ताल में उसके बंधे रूप का लावण्य रहता है—जैसे एक ही विहंग की वन में स्वाधीन वृत्तियां और पिंजड़े में ससीम चेष्टाएं। 'पिंजड़े में ससीम चेष्टाएं' इस उक्ति से यह न समझना चाहिए कि छंद के प्रति निराला के मन में कोई अनादर का भाव है। 'बंधे रूप का लावण्य' उसके प्रति उनके भाव को ज्यादा सही ढंग से प्रकट करता है। दूसरे, मुक्तछंद की जिस मुक्तता की उपमा वे संगीत के आलाप से देते हैं, वह कवित्त के आधार पर निर्मित मुक्तछंद में ही संभव है, अन्य किसी छंद के आधार पर निर्मित छंद में नहीं। गिरिजाकुमार माथुर ने सवैए के आधार पर 'आज हैं केसर रंग रंगे वन' जैसी अपनी कविताएं लिखी थीं, लेकिन पाठक गौर करेंगे, तो पाएंगे कि वह छंद कवित्त-आधारित मुक्तछंद की तरह

मुक्त नहीं, क्योंकि वह मात्रिक छंद के प्रवाह की सीमाओं में बंधा हुआ है। दूसरी तरफ 'अंधायुग' के अनेक संवाद ही नहीं, प्रायः संपूर्ण नई कविता जिस मुक्तछंद को लेकर चली, उसका आधार कवित्त छंद की लय है; भले उसमें विराम के नियमों की बिलकुल रक्षा नहीं की गई, या उन्हें महत्व ही नहीं दिया गया।

एक आलोचक ने फ्रेंच के 'वर्स लिब्रे' और 'वर्स लिबेरे' के आधार पर मुक्त काव्य और स्वच्छंद काव्य की कल्पना की है और चलते-चलाते निराला की कविता पर टिप्पणी भी। मुक्त काव्य में मुक्तता मात्र रूपगत होती है और स्वच्छंद काव्य में मात्र विषयगत। मुक्त काव्य स्वच्छंद काव्य भी हो और स्वच्छंद काव्य मुक्त काव्य भी, यह आवश्यक नहीं। आलोचक के शब्दों में, 'यदि कविता का रूप-विन्यास नियमानुमोदित नहीं है, तो वह मुक्त मानी जाएगी। लेकिन हम अकसर देखते हैं कि पद्य-कौशल-संबंधी मुक्ति के बावजूद कविता में विषयगत स्वच्छंदता नहीं आने पाती, कविता की आकृति तो बदल जाती है, किंतु उसकी प्रकृति में कोई परिवर्तन नहीं हो पाता।' तत्पश्चात उसने निराला के संबंध में यह विचार व्यक्त किया है कि उनकी प्रारंभिक मुक्त कविताओं में भी मुक्तता और स्वच्छंदता के समन्वय का अभाव है। 'परिमल' की मुक्त कविताओं में रूपगत निर्बंधता चाहे जितनी मात्रा में हो, उनमें विषयगत स्वच्छंदता नहीं के बराबर है। उदाहरण के लिए, 'जुही की कली' छंद की दृष्टि से अवश्य ही मुक्त हो गई है लेकिन सच पूछा जाए तो उसमें विषय की कोई वैसी स्वच्छंदता नहीं। कली का नायिका के रूप में चित्रण सर्वथा मौलिक होते हुए भी पूर्णतः शास्त्रीय है। फलतः हम इस कविता को स्वच्छंद कविता नहीं कह सकते। निराला के इधर के संग्रहों में अवश्य ऐसी कविताएं पाई जाती हैं, जो मुक्त भी हैं और स्वच्छंद भी। लेकिन इसके साथ यह भी स्पष्ट है कि बढ़ती हुई स्वच्छंदता के उलटे अनुपात में मुक्तता घटती जा रही है। जहां तक निराला की परवर्ती कविता का प्रश्न है, आलोचक की टिप्पणी दूर तक सही है। 'नए पत्ते' की मुक्तछंद में लिखी गई कविताओं में रूपगत मुक्तता तो है ही, विषयगत स्वच्छंदता भी है, लेकिन 'अर्चना'-'आराधना' के अनेक गीतों में अंतर्वस्तु के पूर्णतः स्वच्छंद होते हुए भी उनका रूप पुराना है। लेकिन ऐसा नहीं है कि 'परिमल' की मुक्तछंद की कविताएं रूप की दृष्टि से ही निर्बंध हैं, विषय की दृष्टि से नहीं। आलोचक ने जिस 'जुही की कली' का हवाला दिया है, वह विषय की दृष्टि से पुरानी इसलिए प्रतीत होती है कि हम उसे एक शृंगारिक अन्योक्ति के रूप में देखते हैं, प्रकृति-कविता के रूप में नहीं। सचाई यह है कि उसमें पवन के स्पर्श से एक कली के चटखने का वर्णन है, प्रकृति पर मानवीय क्रिया-व्यापार के आरोप के माध्यम से, न कि उसमें मनुष्य पर प्रकृति का आरोप है। 'परिमल' की मुक्तछंद वाली अन्य कविताएं भी बाहर-भीतर दोनों तरफ से मुक्त हैं, कवि की स्वच्छंद चेतना से ओत-प्रोत।

अंत में मैं मुक्तछंद के चरम रूप गद्यछंद की चर्चा करना चाहता हूं। रवींद्रनाथ छंद

के बहुत बड़े हिमायती थे, लेकिन धीरे-धीरे वे गद्यछंद के भी कायल हो गए थे, यानी कविता को छंद और लय के प्रत्येक बाहरी बंधन से मुक्त करने के पक्षधर बन गए थे। उन्होंने लिखा है कि काव्य का लक्ष्य है हृदय जीतना—चाहे छंद के घोड़े पर चढ़कर हो, चाहे पैदल। जो सचमुच काव्य है, वह गद्य होने पर भी काव्य है, गद्य न होने पर भी। उनकी दृढ़ मान्यता थी कि गद्य हो या पद्य, रचना-मात्र में एक स्वाभाविक छंद होता है। पद्य में वह प्रत्यक्ष होता है, जबकि गद्य में अंतर्निहित। उस निगूढ़ छंद को यातना पहुंचाने से ही काव्य आहत होता है, किसी उपकरण को छोड़ने से नहीं। उनके ये शब्द तो उनकी गतिशीलता का विलक्षण प्रमाण हैं : 'काव्य दैनंदिन संसार की अपरिमार्जित यथार्थता से जितना दूर था, अब उतना दूर नहीं है। अब वह सबको अपने रसलोक में समेट लेना चाहता है—वह स्वर्गारोहण के समय भी अपने साथ वाले कुत्ते को नहीं छोड़ता। यथार्थ जगत और रस के जगत का समन्वय करने में गद्य उपयोगी होगा, क्योंकि वह शुचिवायुग्रस्त नहीं होता।' क्या संयोग है कि बीसवीं शताब्दी के एक दूसरे महान रचनाकार ब्रेख्त भी इसी नतीजे पर पहुंचे थे। उनका कहना है कि रोजमर्रा की जिंदगी का ढेर सारा अंश नियमित लय वाली कविता के अनुपयुक्त है। ऐसी स्थिति में सीधी और स्वत:स्फूर्त बातचीत का लहजा दरकार है। तुक और नियमित लय से रहित कविता आज के लिए उपयुक्त होगी। क्या निराला के 'कुकुरमुत्ता' (प्रथम संस्करण) और 'नए पत्ते' की अनेक कविताएं आज की कविता के लिए द्वार नहीं खोलतीं? मैं उन निराला–विशेषज्ञों की बात नहीं कर रहा हूं, जो पाठकों को चमत्कृत करने के लिए निराला के उक्त संग्रहों की गद्यछंद में लिखी गई कविताओं को भी येन-केन-प्रकारेण कवित्त छंद की लय पर आधारित कविताएं सिद्ध करने का प्रयास करते हैं।

3. कवि निराला : वैचारिक यात्रा

निराला के काव्य में दार्शनिकता का निरूपण करते हुए पं. नंददुलारे वाजपेयी ने लिखा है : 'यह (अद्वैतवाद) उनके पूर्ववर्ती काव्य का केंद्रीय दार्शनिक पक्ष है।' आचार्य रामचंद्र शुक्ल ने भी अपने 'इतिहास' में संकेत किया था कि 'अद्वैतवाद के वेदांती स्वरूप को ग्रहण करने के कारण इनकी रहस्यात्मक रचनाओं में भारतीय दार्शनिक निरूपणों की झलक जगह-जगह मिलती है।' डा. रामविलास शर्मा ने भी इसी तरह की बात लिखी है : ' 'परिमल' की अनेक कविताओं में, 'गीतिका' के अनेक गीतों में निराला जी ने इस अद्वैतवाद की प्रतिष्ठा की है।' निराला ने स्वयं 'समन्वय' में प्रकाशित अनेक निबंधों में अद्वैतवाद की व्याख्या करते हुए उसमें अपनी आस्था प्रकट की है। पं. महावीरप्रसाद द्विवेदी के नाम 11 जनवरी 1921 को महिषादल से लिखे गए एक पत्र में उन्होंने लिखा था : 'जीवन का लक्ष्य निरे बाल्यकाल से है परम पदलाभ।' 'समन्वय' (वर्ष 2, अंक 5, सौर ज्येष्ठ, सं. 1980) की 'ज्ञान और भक्ति पर गोस्वामी तुलसीदास' शीर्षक टिप्पणी में निराला ने लिखा है कि ''सिद्ध वही होता है या वही कहलाता है जिसने मनुष्य जीवन के वेद-सिद्धांत को अपनी साधना और प्रत्यक्ष अनुभव द्वारा प्राप्त कर लिया है।'' 'मतवाला' के छठे वर्ष के अंकों में (मार्च और अप्रैल '29) उनका एक लंबा लेख प्रकाशित हुआ था, 'दो महाकवि', जिसमें उन्होंने दार्शनिक दृष्टि से तुलसीदास और रवींद्रनाथ का तुलनात्मक अध्ययन प्रस्तुत किया था। उस लेख में उन्होंने कविता में दर्शन को शुद्ध रूप में रखने की बात पर जोर दिया है। उन्होंने कहा है : 'उमरखैयाम, कांट, ब्लेक, स्पेंसर आदि जितने कवियों और दार्शनिकों ने अनादि तत्व में हाथ लगाया है, उन्हें सच्ची सफलता वहीं मिली है, जहां उन्होंने सच्चा अनुवाद या तदनुकूल ही लिखा है।' इसी लेख में उन्होंने आगे लिखा है : 'कुछ लोग जो कहते हैं कि वेदांतसूत्र में कविता नहीं, वह तो शुष्क शब्दबंध मात्र है, जहां कविता रहती है, वहां राग-विराग और विरह-मिलन की वर्णना अलंकारों से सजकर रसों के उच्छ्वास तथा आवर्तों से अनंत की ओर अग्रसर होती है—जैसे कोई अभिसारिका, कविता का यथार्थ आनंद तभी मिलता है; मेरे विचार से पाठक स्वयं अभिसारिका के दर्शनों का प्यासा रहता है, इसलिए उसकी दृष्टि कविता में नायिका और अभिसारिका को ही खोजती है।' निराला पर वैष्णव मतवाद का भी प्रभाव था, पर इस लेख में उन्होंने अद्वैतवाद का विरोध करने वाली रवींद्रनाथ की इस दार्शनिक दृष्टि का कि 'तारण-मंत्र' ज्योत्स्ना, सूर्य की चमकीली किरणों और फूलों के विकास में है, खंडन सशक्त शब्दों में किया

है : 'ज्योत्स्ना, सूर्यरश्मि तथा पुष्पों को देखकर जो आनंद होता है वह संसार की सीमा के अंदर ही बंधा हुआ है, उस समय टाइम और स्पेस (काल और सीमा) का ज्ञान रहता है और जब तक यह ज्ञान है तब तक मुक्ति कैसी ? ... यदि यह सब तत्व है तो पता नहीं प्रमाद और किसे कहते है।' 'समन्वय' (वर्ष 1, अंक 10, सौर कार्तिक, सं. 1909) में प्रकाशित एक अन्य लेख 'बाहर और भीतर' में निराला ने भीतरी शांति के मूल स्रोत का अनुसंधान करते हुए लिखा था : 'हमारे सारे शास्त्र भीतर की इसी शांति या स्वतंत्रता के पथ-प्रदर्शक हैं। हमारा भ्रम ही उनमें भिन्नता और विरोध दिखाता है। हम अपने को पूर्ण ज्ञानी और सच्चा विचारक समझते हुए महर्षियों की उक्ति के लक्ष्य पर ध्यान नहीं देते। किंतु उस उक्ति पर तर्क की तलवार रख देते हैं, इससे अधिक भ्रम और क्या होगा ?' इससे यह पता चलता है कि अपनी काव्य-रचना के आरंभ-काल में अद्वैत-दर्शन में निराला की अखंड आस्था थी। उसे लेकर उनके मन में कोई दुविधा नहीं थी और वे उसे तर्क की वस्तु नहीं समझते थे।

पूर्ववर्ती काल (1920-1938) की निराला की मुख्य दार्शनिक कविताएं हैं : 'अधिवास', 'पंचवटी-प्रसंग', 'तुम और मैं', 'प्रकाश', 'जग का एक देखा तार' और 'पास ही रे, हीरे की खान'।

अपनी 'अधिवास ('परिमल' : 1929 ई.) शीर्षक कविता में निराला ने यह कहते हुए कि 'भला इस गति का शेष/संभव है क्या/करुण स्वर का जब तक मुझमें रहता है आवेश ?', विवेकानंद के नववेदांतवाद का प्रतिपादन किया है। यहां उनके शब्दों को विवेकानंद के इस कथन से मिलाकर देखा जा सकता है : 'हमारे देश में तो प्राचीन पद्धति यह है कि हम एक गुफा में बैठ जाएं, वहीं ध्यान करें और बस वहीं मर जाएं, परंतु मुक्तिलाभ के लिए यह गलत सिद्धांत है कि हम दूसरों से आगे बढ़ते चले जाएं। आगे या पीछे साधक को यह समझ लेना चाहिए कि यदि वह अपने अन्य भाइयों की मुक्ति के लिए भी यत्न नहीं करता है, तो उसे मुक्ति नहीं प्राप्त हो सकती।' 'पंचवटी-प्रसंग' ('परिमल' में संकलित) शीर्षक कविता निराला की दार्शनिक कविता के रूप में प्राय: उद्धृत की जाती है। यह कविता कथोपकथन की शैली में लिखी गई है, तथापि यह पता लगाना कठिन नहीं है कि इसके चौथे खंड में निराला ने राम के मुंह से जिस दर्शन का आख्यान कराया है, वह उनके अपने विचारों से समर्थित है। इसमें राम ने पहले वेदांत के अनुसार प्रलय का वर्णन किया है, फिर भक्ति का महत्व बतलाया है। प्रलय का वर्णन करने के प्रसंग में वे कहते हैं :

> व्यष्टि और समष्टि में नहीं है भेद,
> भेद उपजाता भ्रम—
> माया जिसे कहते हैं।
> जिस प्रकाश के बल से

सौर ब्रह्मांड को उद्भासमान देखते हो
उससे नहीं वंचित है एक भी मनुष्य भाई।
व्यष्टि और समष्टि में समाया वही एक रूप,
चिद्घनआनंद-कंद।

विवेकानंद का भी कहना है कि 'यह माया ही तुममें और हममें, पशुओं और मनुष्यों में, देवताओं में और मनुष्यों में भेदभाव पैदा करती है' और 'जो समग्र जगत के भीतर विद्यमान है, वही मनुष्यों की आत्मा में भी विराजमान है।'

भक्ति का महत्व निराला ने इन शब्दों में प्रतिपादित किया है :

भक्ति-योग-कर्म-ज्ञान एक ही है
यद्यपि अधिकारियों के निकट भिन्न दीखते हैं।
एक ही है, दूसरा नहीं है कुछ—
द्वैतभाव ही है भ्रम।
तो भी प्रिये,
भ्रम के ही भीतर से
भ्रम के पार जाना है।
मुनियों ने मनुष्यों के मन की गति
सोच ली थी पहले ही।
इसीलिए द्वैतभाव-भावुकों में
भक्ति की महिमा भरी।

'वेदांतदर्शन' के तीसरे अध्याय के चौथे पाद के चौंतीसवें सूत्र में कहा गया है : 'सर्वथापि त एवोभयलिंगात्', अर्थात 'किसी कारण से कठिनता प्राप्त होने पर भी वे भक्ति संबंधी कर्म या भागवतधर्म तो सब प्रकार से ही आचरण में लाने योग्य हैं; क्योंकि श्रुति और स्मृति दोनों के निश्चयात्मक वर्णन रूप लिंग (लक्षण) से यही सिद्ध होता है।' 'वेदांतदर्शन' में 'अपि च स्मर्यते' कहकर जिन स्मृतियों की तरफ संकेत किया गया है, उनमें सर्वश्रेष्ठ श्रीमद्भागवद्गीता में कृष्ण ने कहा है : 'मेरी प्राप्ति में वेदाध्ययन, यज्ञानुष्ठान, दान तथा नाना प्रकार की क्रिया और उग्र तप हेतु नहीं है, केवल मात्र अनन्य भक्ति से ही मैं जाना, देखा और प्राप्त किया जा सकता हूं।' 'वेदांतदर्शन' में ही आगे कहा गया है : 'अतस्त्वितरज्यायो लिंगाच्च', अर्थात 'ऊपर बतलाए हुए इन सभी कारणों से (यह सिद्ध हुआ कि) अन्य सब धर्मों की अपेक्षा भगवान की भक्तिविषयक धर्म श्रेष्ठ है; इसके सिवा लक्षणों से (स्मृति-प्रमाण से) भी (यही सिद्ध होता है)।' 'वेदांतदर्शन' के अनुसार परमात्मा निर्गुण और सगुण दोनों लक्षणों वाला (उभयलिंग) है। इसके चौथे अध्याय के पहले पाद में प्रतीकोपासना को भी विहित कहा गया है।

विभिन्न मार्गों की एकता के संबंध में विवेकानंद ने भी लिखा है : 'वेदांत धर्म का

सबसे उदात्त तथ्य यह है कि हम एक ही लक्ष्य पर भिन्न-भिन्न मार्गों से पहुंच सकते हैं। मैंने इन मार्गों को साधारण रूप से चार वर्गों में विभाजित किया है और वे हैं—कर्ममार्ग, भक्तिमार्ग, योगमार्ग और ज्ञानमार्ग। ... अंत में ये सब मार्ग एक ही लक्ष्य में जाकर एक हो जाते हैं। सारे धर्म और कर्म और उपासना की सारी साधन-प्रणालियां हमें उसी एक लक्ष्य की ओर ले जाती हैं।' भक्ति के संबंध में उनका कहना है कि 'हमें तो उस (भक्ति) को अपना सर्वोच्च आदर्श बनाना ही चाहिए और अपनी समस्त इंद्रियों को उस सर्वोच्च आदर्श की ओर ही उन्मुख कर देना चाहिए। इससे यदि हमें अपने साध्य की प्राप्ति न भी होगी, तो कम से कम हम उसके अधिक निकट तो अवश्य पहुंच जाएंगे। संसार और इंद्रियों में से ही धीरे-धीरे अपना रास्ता बनाते हुए हमें ईश्वर तक पहुंचना है।' विवेकानंद ने प्रतीकोपासना की उपयोगिता भी बतलाई है : 'उस अवस्था में पहुंचने के लिए, जिसमें हम ईश्वर का अनुभव कर सकेंगे, हमें साकार वस्तु के माध्यम से जाना होगा—ठीक उसी तरह, जैसे कि बच्चे प्रथम साकार वस्तुओं का अभ्यास करके तदुपरांत क्रमशः भाववाचक की ओर जाते हैं।'

'तुम और मैं' ('परिमल' में संकलित) में निराला ने वेदांत के अनुसार ही ब्रह्म और जीव के स्वरूप का वर्णन किया है।

'वेदांतदर्शन' में कहा गया है : 'अंशोनानाव्यपदेशादन्यथा चापि दाशकितवादित्वमधीयत एके', अर्थात 'श्रुति में जीवों को बहुत और अलग-अलग बताया गया है, इसलिए तथा दूसरे प्रकार से भी (यही सिद्ध होता है कि) जीव ईश्वर का अंश है, क्योंकि एक शाखा वाले ब्रह्म को दाशकितव आदि रूप कहकर अध्ययन करते हैं।'' 'किंतु जिस प्रकार साकार वस्तु के टुकड़ों को उसका अंश कहा जाता है, वैसे जीवों को ईश्वर का अंश नहीं कहा जा सकता; क्योंकि अवयवरहित अखंड परमेश्वर के खंड नहीं हो सकते। अतएव कार्यकारण भाव से ही जीवों को परमेश्वर का अंश मानना उचित है तथा वह कार्यकारण भाव भी इसी रूप में है कि प्रलयकाल में अव्यक्त रूप से परब्रह्म परमेश्वर में विलीन रहने वाले नित्य और चेतन जीव, सृष्टिकाल में उसी परमेश्वर से प्रकट हो जाते हैं और पुनः संहार के समय उन्हीं में उन जीवों का लय होता है तथा उनके शरीरों की उत्पत्ति भी उस ब्रह्म से ही होती है।

'यह बात 'श्रीमद्भगवद्गीता' में इस प्रकार स्पष्ट की गई है :

ममयोनिर्महद्ब्रह्म तस्मिन्गर्भं दधाम्यहम्।
संभवः सर्वभूतानां ततो भवति भारत॥
सर्वयोनिषु कौन्तेय मूर्तयः संभवंति याः।
तासां ब्रह्म महद्योनिरहं बीजप्रदः पिता॥

'हे अर्जुन! मेरी महत ब्रह्मरूप प्रकृति अर्थात त्रिगुणमयी माया संपूर्ण भूतों की योनि है अर्थात गर्भाधान का स्थान है और मैं उस योनि में चेतनरूप बीज को स्थापित करता हूं,

उस जड़-चेतन के संयोग से सब भूतों की उत्पत्ति होती है। तथा हे अर्जुन! नाना प्रकार की सब योनियों में जितनी मूर्तियां अर्थात शरीर उत्पन्न होते हैं, उन सबकी त्रिगुणमयी मेरी प्रकृति तो गर्भ को धारण करने वाली माता है और मैं बीज को स्थापित करने वाला पिता हूं।

'इसलिए पिता और संतान की भांति जीवों को ईश्वर का अंश मानना ही शास्त्र के अनुसार ठीक मालूम होता है और ऐसा होने से जीव तथा ब्रह्म को अभेद कहने वाली श्रुतियों की भी सार्थकता हो जाती है।'

'तुम और मैं' शीर्षक पूरी कविता इसी दर्शन को छंदोबद्ध रूप में उपस्थित करती है। निम्नलिखित पंक्तियों में ब्रह्म और जीव के बीच कार्यकारण संबंध का अत्यंत स्पष्ट रूप में वर्णन है :

तुम तुंग-हिमालय-शृंग
और मैं चंचल-गति सुर-सरिता।
तुम विमल हृदय उच्छ्वास
और मैं कांत-कामिनी-कविता।

अपनी 'प्रकाश' शीर्षक कविता (रचनाकाल : 6 जून 1923; 'अनामिका' (1939 ई.) में संकलित) में निराला ने इस विचार को स्पष्ट किया है कि सभी प्राणियों में एक ही आत्मा व्याप्त है और द्वैतभाव भ्रम है, इसलिए इस संसार में सभी समान हैं, कोई दास और कोई स्वामी नहीं है। इस अभेद-ज्ञान को प्राप्त करके ही ईश्वरीय प्रकाश को समझा जा सकता है। यह कविता 'अधिवास' शीर्षक कविता की पूरक है। इसमें निराला ने कहा है :

और लगाना गले उन्हें—
जो धूलि-धूसरित खड़े हुए हैं—
कब से प्रियतम, है भ्रम?
हुई दुई में अगर कहीं पहचान
तो रस भी क्या—
अपने ही हित का गया न जब अनुमान?
है चेतन का आभास
जिसे, देखा भी उसने कभी किसी को दास?
नहीं चाहिए ज्ञान
जिसे, वह समझा कभी प्रकाश?

यह विवेकानंद का नववेदांतवाद है, जो वेदांत से भिन्न नहीं, बल्कि उसकी नई व्याख्या पर आधारित है। वेदांत के अनुसार ब्रह्म जगत का निमित्त कारण भी है और उपादान

कारण भी। वह संपूर्ण जगत में पूर्णरूप से अनुगत (व्याप्त) है।'अपनी अपरा और परा दोनों शक्तियों से संपन्न वह परब्रह्म परमात्मा ही नाना रूपों में प्रकट हो रहा है।' इसके अतिरिक्त वेदांत में कर्म का भी विधान है : 'अतोऽन्यापि ह्येकेषामुभयोः', अर्थात 'इन (आश्रम के लिए विहित कर्मों) से भिन्न क्रिया भी ज्ञानी और साधक दोनों के लिए ही किसी एक शाखा वालों के मत में विहित है।' 'ज्ञानी लोक-संग्रह के लिए प्रत्येक शुभ कर्म का अनुष्ठान कर्तापन के अहंकार से रहित तथा कर्मासक्ति और फलासक्ति से सर्वथा अतीत हुआ कर सकता है; क्योंकि ज्ञानोत्तरकाल में किए जाने वाले किसी भी कर्म से उसका लोप नहीं होता (गीता 4/22, 18/17)।' ऐसी स्थिति में वेदांतवादी निराला के कर्म और लोक-विमुख होने का प्रश्न नहीं उठता।

'गीतिका' (1936 ई.) के दो गीत 'जग का एक देखा तार' तथा 'पास ही रे, हीरे की खान' निराला के दार्शनिक गीत हैं। पहले गीत में उन्होंने वेदांतदर्शन के अनुसार, भेद में अभेद का प्रतिपादन किया है, जैसे 'जग का एक देखा तार।/कंठ अगणित, देह सप्तक,/मधुर स्वर-झंकार' और दूसरे गीत में उन्होंने हृदय-रूप गुहा में आत्मा के साथ स्थित परमात्मा की ओर संकेत किया है (गुहां प्रविष्टावात्मानौ हि तद्दर्शनात्) : 'पास ही रे, हीरे की खान,/खोजता कहां और नादान?' इसमें निराला ने परमात्मा को उपलब्ध करने के लिए योग, कर्म आदि सबों का महत्व इस प्रकार सूचित किया है :

चक्र के सूक्ष्म छिद्र के पार,
बेधना तुझे मीन शर मार,
चित्त के जल में चित्र निहार,
कर्म का कार्मुक कर में धार,
मिलेगी कृष्णा, सिद्धि महान,
खोजता कहां उसे नादान?

अपने 'दो महाकवि' शीर्षक निबंध में, जिसका हवाला ऊपर दिया गया है, निराला ने रवींद्रनाथ की चर्चा करते हुए कहा है : 'इसमें संदेह नहीं, वे शुद्ध साहित्य के जितने अच्छे कवि हैं, दर्शनमिश्रित साहित्य के उतने अच्छे नहीं।' बाद में उन्होंने इस दृष्टि से तुलसीदास को श्रेष्ठ बतलाते हुए उनके बारे में लिखा है : 'दर्शन लिखते समय उन्होंने साहित्य को प्रधान भी नहीं किया।' इससे यह पता चलता है कि निराला साहित्य और दर्शन में एक अलगाव बनाकर रखना चाहते थे। यदि वे इन दोनों को मिलाना भी चाहते थे, तो इस सावधानी के साथ कि कवि की मौलिकता और निजी अनुभूति से दर्शन का स्वरूप विकृत न हो। दार्शनिक प्रसंग में रवींद्रनाथ की मौलिकता की आलोचना करते हुए उन्होंने लिखा है : 'यहां उनकी मौलिकता स्वयं तो धोखा खाती ही है, किंतु दूसरों को भी धोखा देती है।' निराला ने स्वयं जो थोड़ी सी दार्शनिक कविताएं लिखी हैं, उनमें व्यक्त दर्शन अविकृत है।

निराला ने लिखा है कि 'रहस्यवाद का उत्थान शुद्ध वेदांतवाद से हुआ है।' वेदांतदर्शन इतना व्यापक है कि इसमें ज्ञान-भक्ति, सगुण-निर्गुण, प्रतीकोपासना आदि तमाम बातों का समावेश है। निराला की रहस्यात्मक एवं भक्तिमूलक कविताओं के मूल में यही दर्शन स्थित है। इस दर्शन का प्रभाव उन पर सीधे भी पड़ा था और रामकृष्ण एवं विवेकानंद के माध्यम से भी। उन्होंने लिखा है : 'श्रीरामकृष्ण . . . युगावतार थे, लोक कल्याण के लिए, अनेक धर्मों की एकता-स्थापन के लिए आए हुए थे।' और 'स्वामी विवेकानंद ने सब धर्मों की एकता तथा वेदांत की सार्वभौमिकता का प्रचार किया।' डा. रामविलास शर्मा ने लिखा है कि 'निराला जी की रचनाओं में एक ओर रवींद्रनाथ ठाकुर की रहस्यवादी रचनाओं का प्रभाव दिखाई पड़ता है, तो दूसरी ओर तुलसीदास की भक्ति का।' निराला पर इन दोनों कवियों की कविताओं से पहले वेदांत का प्रभाव है।

निराला की रहस्यात्मक एवं भक्तिमूलक कविताओं का ही वेदांत से संबंध नहीं है, बल्कि उनकी राष्ट्रीयतापरक कविताओं का भी वेदांत से गहरा संबंध है। विवेकानंद ने वेदांत की नई व्याख्या करके उसका संबंध देश और उसकी तत्कालीन परिस्थितियों से जोड़ा था। उन्होंने कहा था : 'अपना सारा ध्यान इसी एक ईश्वर पर लगाओ, हमारा देश ही हमारा जाग्रत देवता है। सर्वत्र उसके हाथ हैं, सर्वत्र उसके पैर हैं और सर्वत्र उसके कान हैं। समझ लो कि दूसरे देवी-देवता सो रहे हैं। जिन व्यर्थ के देवी-देवताओं को हम देख नहीं पाते, उनके पीछे तो हम बेकार दौड़ें और जिस विराट देवता को हम अपने चारों ओर देख रहे हैं, उसकी पूजा ही न करें? जब हम इस प्रत्यक्ष देवता की पूजा कर लेंगे, तभी हम दूसरे देव-देवियों की पूजा करने योग्य होंगे, अन्यथा नहीं।' राष्ट्र के लिए व्यक्तिगत मुक्ति के विचार को उन्होंने त्याज्य बतलाया था : 'वर्तमान समय में ऐसे अनेक मनुष्य हैं, जिन्होंने अपनी ही मुक्ति के लिए संसार का त्याग किया है। तुम सब कुछ दूर फेंको—यहां तक कि अपनी मुक्ति का भी विचार दूर रखो—जाओ, दूसरों की सहायता करो। तुम सदा बड़ी-बड़ी साहसिक बातें करते हो, परंतु अब तुम्हारे सामने यह व्यावहारिक वेदांत रखा गया है। तुम अपने इस तुच्छ जीवन की बलि देने के लिए तैयार हो जाओ। यदि ये राष्ट्र बचे रहे, तो तुम्हारे और हमारे जैसे हजारों आदमियों के भूखों मरने से भी क्या हानि होगी? यह राष्ट्र डूब रहा है।' राजनीतिक दृष्टि से भारत का स्वतंत्र होना उनकी दृष्टि में महत्वपूर्ण था। उन्होंने भारतीय जनता को स्वतंत्रता का संदेश दिया था : 'गुलाम बनना छोड़ो', क्योंकि गुलाम राष्ट्र कभी उठकर खड़ा नहीं हो सकता। सामाजिक पुनर्निर्माण और स्वाधीनता आंदोलन के लिए देशवासियों का अपनी शक्ति से परिचित होना आवश्यक था। यह शक्ति अद्वैतवाद से प्राप्त होती थी। विवेकानंद ने कहा था : 'अद्वैतवाद की साधना से लाभ क्या है? उससे शक्ति प्राप्त होती है।' दूसरी ओर वे आध्यात्मिक साधना को आवश्यक मानते थे और व्यक्तिगत आध्यात्मिक

मुक्ति में ही राष्ट्रीय मुक्ति का दर्शन करते थे। उनका यह विश्वास था कि जीवात्मा की मुक्ति के बाद उसके सम्मुख लौकिक बंधन टिक नहीं सकते। 'समन्वय' (वर्ष 2, अंक 11, सौर अग्रहायण, सं. 1980) में प्रकाशित 'शक्ति-परिचय' शीर्षक निबंध में निराला आध्यात्मिक मुक्ति से राष्ट्रीय मुक्ति को जोड़ते हुए कहते हैं : 'देश की समष्टिगत स्वाधीनता की तो इस प्रसंग में आप मीमांसा हो जाती है। क्योंकि व्यक्तिगत स्वाधीनता ही समष्टिगत स्वाधीनता की जननी है।'' 'समन्वय' (वर्ष 1, अंक 12, सौर पौष, सं. 1909) में ही प्रकाशित 'प्रवाह' शीर्षक निबंध में उन्होंने लिखा है : 'आत्मवाद या मुक्ति ही भारत के जातीय जीवन का लक्ष्य है। मुक्ति प्रवाह या माया के अधिकारों से अलग है। बिना मुक्त हुए जीव स्वतंत्र नहीं हो सकता।' विवेकानंद के अनुसार आध्यात्मिक मुक्ति प्राप्त करना अपने भीतर प्रचंड शक्ति को जन्म देना है। भारतवर्ष आदिकाल से ही मुक्ति की साधना करता रहा है। यहां के लोगों ने मुक्ति का स्वाद प्राप्त किया है। निराला अपनी निम्नलिखित पंक्तियों में भारतीय जनों को इसी बात की याद दिलाते हैं :

तुम हो महान, तुम सदा हो महान,
है नश्वर यह दीन भाव,
कायरता, कामपरता,
ब्रह्म हो तुम,
पद-रज भर भी है नहीं पूरा यह विश्व-भार—
जागो फिर एक बार।

('जागो फिर एक बार' (2), 'परिमल' में संकलित)

अपनी 'जागरण' शीर्षक कविता ('परिमल' में संकलित) में उन्होंने भारतवर्ष के मुंह से यह कहलवाया है : 'स्थित मैं आनंद में चिरकाल/जाल-मुक्त।'

रामकृष्ण मिशन की तरफ से लोकसेवा का कार्यक्रम चलाया गया था। जैसा कि अपनी 'सेवा-प्रारंभ' शीर्षक कविता ('अनामिका' में संकलित) के साथ दी गई टिप्पणी में निराला ने लिखा है, यह स्वामी अखंडानंद जी द्वारा प्रारंभ किया गया था। विवेकानंद को उन्हीं से इसकी प्रेरणा मिली थी। निराला की कविताओं में दीन जनों के प्रति जो करुणा एवं सहानुभूति का भाव देखने को मिलता है, उसके पीछे रामकृष्ण मिशन की सेवा-भावना का प्रभाव भी है। 'पंचवटी-प्रसंग' में भक्ति के साथ सेवा की भी चर्चा है :

प्रेम के पिपासुओं को
सेवाजन्य प्रेम का
जो अति ही पवित्र है,
उपदेश दिया।

सेवा से चित्तशुद्धि होती है।
शुद्ध चित्तात्मा में उगता है प्रेमांकुर।
चित्त यदि निर्मल नहीं
तो वह प्रेम व्यर्थ है—
पशुता की ओर है वह खींचता मनुष्यों को।

अपनी काव्य-रचना के पूर्ववर्ती काल में निराला अपने विचारों में विवेकानंद से पूरी तरह प्रभावित रहे। इस काल में न केवल उनके आध्यात्मिक विचार, बल्कि उनके सामाजिक और राष्ट्रीय विचार भी विवेकानंद के नववेदांतवाद की बुनियाद पर टिके थे। 1939-40 ई. से विवेकानंद का दर्शन उन्हें अपर्याप्त लगने लगता है और वे अपनी कविताओं में ऐसा संकेत देते हैं, जिससे यह पता चलता है कि अब उनके चिंतन के पीछे एक दूसरी विचार-पद्धति स्थित है। अध्यात्म की चेतना उनमें अपने परवर्ती काव्य-काल में भी वर्तमान रही, पर अब वे अध्यात्म के बदले समाज पर बल देने लगे थे। अब तक जैसे उनकी काव्य-रचना का प्रमुख प्रेरक तत्व विवेकानंद का नववेदांतवाद था, अब वह नया समाजशास्त्रीय चिंतन हो गया। विवेकानंद शूद्रों के उद्धार, दैन्य-निवारण और सेवा-भावना पर बहुत जोर देते थे। निराला की अनेक कविताओं में दीनों और दलितों का चित्रण किया गया है। थोड़ा नजदीक से देखने पर यह बात स्पष्ट हुए बिना नहीं रहती कि वे वर्णाश्रम-व्यवस्था में आस्था रखते हुए शूद्रों का कल्याण चाहते हैं। वे उन्हें नए भारत की नई शक्ति मानने को भी तैयार हैं, पर उनकी दशा के लिए गलत अर्थव्यवस्था को दोषी ठहराकर वे उसमें आमूल परिवर्तन लाना नहीं चाहते हैं। इसीलिए उनके प्रति उनके मन में करुणा और सहानुभूति का भाव है, एक गलत अर्थव्यवस्था में उनके न्याय और अधिकारवंचित होने की समाजशास्त्रीय चेतना नहीं। ऐसा इसलिए था कि अब तक निराला समाज और राष्ट्र की कठोर वास्तविकताओं के सामने नहीं आए थे। सारा राष्ट्र जिस प्रकार पुनर्जागरण और स्वाधीनता-संग्राम-काल के कुछ बड़े-बड़े आदर्शवादी स्वप्नों में खोया था, वे भी खोए थे। सभी मनुष्यों में एक ही आत्मा है, भारत विश्व को नया आध्यात्मिक संदेश देगा, यह देश एक नए प्रकार की शक्ति के रूप में उभरेगा आदि स्वप्न ही थे, जो कि वर्तमान शताब्दी के चौथे दशक के अंत और पांचवें दशक के आरंभ-काल में भारतीय प्रदेशों में कांग्रेस के शासन से त्यागपत्र देकर अलग हो जाने, द्वितीय विश्वयुद्ध के आरंभ, भारत छोड़ो आंदोलन, बंगाल के अकाल आदि राष्ट्रीय-अंतर्राष्ट्रीय घटनाओं से ध्वस्त हो गए। इससे छायावादी कवि के सामने आदर्शवादी अमूर्त कल्पनाओं की जगह ठोस सवाल आ गए। स्वतंत्रता-आंदोलन में इस देश की निम्न तथा निम्न-मध्यवर्गीय जनता अब तक उपेक्षित थी। इसी काल में लोगों का ध्यान उसकी तरफ गया और स्वतंत्रता-प्राप्ति के बाद देश के आर्थिक पुनस्संयोजन का सवाल प्रमुख हो उठा। 1936 ई. के अप्रैल में लखनऊ में प्रगतिशील लेखक संघ का पहला

सम्मेलन हो चुका था, जिसके घोषणापत्र में यह कहा गया था कि 'हम चाहते हैं, कि भारत का नया साहित्य जीवन की बुनियादी समस्याओं को अपना विषय बनाए।' यह भारतीय समाज में प्रवाहित उन अंतर्धाराओं की ओर ध्यान ले जाने का आग्रह था, जो निम्न और निम्न-मध्य वर्ग दोनों को आर्थिक दृष्टि से अत्यंत विपन्न एवं दैन्यग्रस्त करती जा रही थीं। 1937 ई. में रचित अपनी 'तोड़ती पत्थर' शीर्षक कविता में एक पत्थर तोड़ती मजदूरिनी को देखकर निराला ने कहा : 'सुनी मैंने वह नहीं जो थी सुनी झंकार।' यह इस बात का सूचक है कि निराला ने यहां आकर समाज-कल्याण की मध्ययुगीन भावना त्यागकर उसके लिए एक ऐसी विचार-पद्धति अपनाने की आवश्यकता महसूस की, जो पूर्णत: आधुनिक हो। कहने की आवश्यकता नहीं कि वह विचार-पद्धति मार्क्सवाद था।

1938-39 ई. में निराला ने 'कुल्ली भाट' की रचना की थी, जिसमें उन्होंने अछूत बच्चों को देखकर लिखा था : 'मैं ईश्वर, सौंदर्य, वैभव और विलास का कवि हूं!—फिर क्रांतिकारी।' उन्हें देखकर उन्होंने महसूस किया : 'जो कुछ पढ़ा है, कुछ नहीं, जो कुछ किया है, व्यर्थ है; जो कुछ सोचा है, स्वप्न।' इस काल से चार-पांच साल पहले रचित कहानी 'देवी' में उन्होंने लिखा है कि 'उसे देखकर मुझे बार-बार महाशक्ति की याद आने लगी।...राम, श्याम और संसार के बड़े-बड़े लोगों का स्वप्न सब इस प्रभात की किरणों में दूर हो गया।...उसके बच्चे में भारत का सच्चा रूप देखा।' यह इस बात से तुलनीय है कि अपनी काव्य-रचना के आरंभ-काल में उन्होंने पर्वत उठाए हनुमान में भारत के नक्शे का दर्शन किया था। निराला की यह अनुभूति विवेकानंद के इन कथनों से कि 'सब मिथ्या देवी-देवताओं को भुला दो' और 'यह हमारी जाति ही एकमात्र ईश्वर है', मेल रखती हुई लग सकती है, पर असलियत यह है कि निराला की अनुभूति के पीछे का तर्क बदल गया है : अब वे वेदांत की चक्करदार गलियों से उबरकर समाज की ठोस और दृश्यमान भूमि पर आ गए हैं और वर्णाश्रम-व्यवस्था पर से उनकी आस्था उठ गई है। सिद्धांतरूप में उन्होंने विवेकानंद से अपना अलगाव न भी सूचित किया हो, पर उनकी परवर्ती कविताओं से यह अलगाव प्रमाणित है।

विवेकानंद अंतत: अध्यात्मवादी थे : लोकसंग्रह उनके लिए साध्य नहीं, साधन था। निराला के प्रसंग में भी पहले यही बात सही थी, पर परवर्ती काल में उन्होंने अध्यात्म और लोकसंग्रह का क्रम उलट दिया। अब उनके लिए भौतिकता साध्य हो गई और अध्यात्म साधन। 9 सितंबर 1945 के 'देशदूत' में कवि 'अंचल' पर एक लेख लिखते हुए उन्होंने कहा था : 'हमारे राजनीति के विद्वान कवियों ने देखा, देश में जैसे रहने की जगह नहीं; तरह-तरह के वाद—जैसे साम्राज्यवाद, पूंजीवाद आदि समाज को निगले जा रहे हैं, सुख के तराने सूखे जा रहे हैं; भजन व्यर्थ है, भोजन नहीं मिलता; मिहनत करने पर भी पेट नहीं भरता, विपन्नता बढ़ती जा रही है, भाषा में बड़ा सिंगार है, शृंगार

करवट बदलना चाहता है; ललकार दूसरी ऐंठ लाना चाहती है; कवियों ने ठाठ बदला।' इसी निबंध में उन्होंने 'अंचल' के प्रसंग में आगे कहा है कि 'विचार आज की सामाजिकता है', अर्थात उनकी कविताओं में पाए जाने वाले विचार तत्कालीन समाजशास्त्रीय चिंतन से संबद्ध थे। निराला की परवर्ती कविताओं में तत्कालीन 'सामाजिकता' का दर्शन प्रचुरता से होता है। यहां तक आते-आते निराला का कवि उनके दार्शनिक से अलग हो जाता है। डा. प्रभाकर माचवे ने जिसे उनके कवि का उनके आलोचक से अलग होना कहा है, वह यही है।

'कुकुरमुत्ता' की रचना 3 अप्रैल 1941 को समाप्त हुई थी। 1943 ई. में पहली बार उसका पुस्तक रूप में प्रकाशन हुआ। पुस्तक में 'कुकुरमुत्ता' के अतिरिक्त छह और कविताएं थीं। उनमें से 'प्रेम-संगीत', 'रानी और कानी', 'गर्म पकौड़ी' और 'मास्को डायलाग्ज' ये कविताएं, जो 'कुकुरमुत्ता' से पहले रची जा चुकी थीं, एक दृष्टि से महत्वपूर्ण हैं। ये विचारात्मक कविताएं नहीं हैं। पर इनके पीछे स्थित किसी विचार-दर्शन की कल्पना की जाए तो वह वर्ण और धर्म के भेद को मिटाकर साधारण जन की भूमि पर स्थित विचार-दर्शन होगा। 'प्रेम-संगीत' में निराला ने कहा है कि 'बम्हन का लड़का/मैं प्यार उसे करता हूं।' इसी प्रकार उन्होंने 'गर्म पकौड़ी' में कहा है कि 'तेरे लिए छोड़ी बम्हन की पकाई/मैंने घी की कचौड़ी।' ये दोनों बातें जिस तरह कही गई हैं, उससे यह पता चलता है कि वे ब्राह्मण वर्ण का उपहास कर रहे हैं और प्राचीन और जर्जर वर्णव्यवस्था में अब उनका विश्वास नहीं रहा। 'रानी और कानी' कविता से यह सूचित होता है कि समाज के उपेक्षित और दलित वर्ग के प्रति उनके मन से करुणा और सहानुभूति समाप्त हो गई है और अब वे उसके साथ गहरी आत्मीयता में बंध गए हैं। अब वे उससे अलग न होकर उसी के अंग हैं। यह कविता चूंकि दुःख के चरम बिंदु पर पहुंचकर लिखी गई है, इसलिए इसमें स्थिति के प्रति एक वैसी तटस्थता है, जैसी इसके पूर्व उनकी कविताओं में नहीं दिखलाई पड़ी थी। उपहास का भाव इसी का परिणाम है। उनकी 'मास्को डायलाग्ज' शीर्षक कविता इस बात का प्रमाण है कि वे नकली मार्क्सवादियों से परिचित थे। उनकी 'कुकुरमुत्ता' शीर्षक कविता उनके सामाजिक चिंतन का घोषणापत्र है, यद्यपि यह भी विचारात्मक की अपेक्षा चित्रात्मक कविता ही है। इसके संबंध में कही जाने वाली यह बात सही है कि इसके 'व्यंग्य की तलवार में धार ही धार है, मूठ नहीं।' प्रगतिशील आलोचकों ने इसे प्रायः प्रगतिवादी कविता समझा था, लेकिन यह उस अर्थ में प्रगतिवादी कविता नहीं है। इसमें निराला ने एक ओर अभिजात वर्ग के प्रतीक गुलाब पर आक्रमण किया है और दूसरी ओर 'सर्वहारा के प्रतीक' कुकुरमुत्ते पर। यदि 'कुकुरमुत्ता' का महत्व है, तो इस बात को लेकर नहीं कि इसमें आकर निराला पूर्णतः 'प्रगतिवादी' कवि हो जाते हैं, बल्कि इस बात को लेकर कि इसका रचयिता इस कृति में आकर काव्य-रचना की सामाजिक भूमि को, जो इस

कारण सही मानी में आधुनिक है कि यह एक ओर विवेकानंद की मध्ययुगीन दृष्टि से मुक्त है और दूसरी ओर प्रगतिशील आंदोलन की संकीर्णता से, पूर्णतः स्वीकार कर लेता है। नई सामाजिकता के कारण ही निराला ने अपनी 'खजोहरा' शीर्षक कविता में रवींद्रनाथ की 'विजयिनी' की हास्यानुकृति प्रस्तुत की है। यह सही मानी में ध्वंस की कविता है। इसी काल में निराला अपनी 'स्फटिक-शिला' शीर्षक कविता में 'रामजी के राज' और 'जानकी के दर्शन' दोनों पर व्यंग्य करते हैं। इसके पहले उन्होंने धर्म-भावना को कभी ऐसी चोट नहीं दी थी।

'अणिमा' (प्रकाशन-काल : 1943 ई.) में संकलित अपनी 'अज्ञता' शीर्षक कविता में निराला ने कहा है : 'मन के तिनके/ नहीं जले अब तक भी जिनके/. . . मिले तार/ उनके औरों से नहीं, नहीं बजती बहार।' अपने मन का तार साधारण जन के मन से मिलाने के बाद उन्हें जो स्वर सुनाई पड़ा है, वह है :

चूंकि यहां दाना है
इसीलिए दीन है, दीवाना है।
लोग हैं, महफिल है
नग्मे हैं, साज है, दिलदार है और दिल है,
शम्म है, परवाना है,
चूंकि यहां दाना है।

पेट के चलते ही यहां सब कुछ है, अर्थात संसार में सर्वाधिक प्रमुख वस्तु है पेट की समस्या, यह निराला का नया तत्वज्ञान है। रामकृष्ण ने अधिक से अधिक इतना कहा था कि 'धर्म खाली पेट लोगों के लिए नहीं है।' निराला उनसे सर्वथा भिन्न दिशा में जाकर धर्म को पूरी तरह से झुठलाते हुए पेट को ही सत्य कहते हैं।

'कुकुरमुत्ता' और 'अणिमा' की नई कविताओं की परंपरा 'नए पत्ते' (प्रकाशन-काल : 1946 ई.) की कविताओं में विकसित हुई। इसमें संकलित 'थोड़ों के पेटे में बहुतों को आना पड़ा' शीर्षक कविता में निराला ने प्रागैतिहासिक काल से लेकर आधुनिक काल तक के मानव-इतिहास की व्याख्या की है, जिस पर मार्क्सवाद के ऐतिहासिक भौतिकवाद का प्रभाव एकदम स्पष्ट है। यूरोप में औद्योगिक क्रांति के बाद विकसित पूंजीवाद की ओर संकेत करते हुए वे कहते हैं :

बानिज के राज ने लछमी को हर लिया।
टापू में ले चलकर रखा और कैद किया।
एक का डंका बजा,
बहुतों की आंख झपी।
लहलही धरती पर रेतिस्तान जैसा तपा।

'राजे ने अपनी रखवाली की' शीर्षक कविता पर भी इतिहास की मार्क्सवादी व्याख्या का प्रभाव दिखलाई पड़ता है। इसमें कहा गया है कि राजा अब तक अपनी ही रक्षा में लगे रहे हैं। जनता के कल्याण से उन्हें कोई मतलब नहीं रहा है। धर्म और युद्ध इन दोनों का इस्तेमाल उन्होंने अपने हितो में ही किया है, अपनी स्थिति सुदृढ़ करने के लिए : 'धर्म का बढ़ावा रहा धोखे से भरा हुआ/लोहा बजा धर्म पर, सभ्यता के नाम पर।' 'कुत्ता भौंकने लगा', 'झींगुर डटकर बोला', 'छलांग मारता चला गया', 'डिप्टी साहब आए' और 'महगू महगा रहा' आदि कविताओं की रचना के पीछे वर्ग संघर्ष की चेतना है। 'झींगुर डटकर बोला' शीर्षक कविता में जमींदार और अंग्रेजी सरकार की दुरभिसंधि का पर्दाफाश (''चूंकि हम किसान-सभा के,/भाईजी के मददगार/जमींदार ने गोली चलवाई') है, 'छलांग मारता चला गया' में भारतीय जनता की अध्यात्म-भावना पर व्यंग्य है ('राक्षस विशालकाय/आध्यात्मिक नसों का/खून चूसता हुआ'), 'डिप्टी साहब आए' में किसानों के संगठन से उत्पन्न ताकत का आभास दिया गया है और 'महगू महगा रहा' में निराला ने कांग्रेस के रेशे उधेड़ते हुए महगू नामक एक किसान से कम्युनिस्टों की ओर संकेत करते हुए कहलवाया है : 'हमारे अपने हैं यहां बहुत छिपे हुए लोग'। 'महगू महगा रहा' शीर्षक कविता में मिल-मालिक और मजदूर-संघर्ष का भी हवाला है, जिसमें किरिया नामक मजदूर पुलिस की गोली से मारा गया था। 'कंपू में किरिया के/गोली जो लगी थी,/उसका कारण पंडित जी (कांग्रेसी नेता) का शागिर्द है' और 'अखबार व्यापारियों की ही संपत्ति है' ये बातें निराला के उस चिंतन का संकेत देती हैं, जो मार्क्सवादी पद्धति पर चल रहा था। इसी के सहारे वे तत्कालीन सामाजिक और राजनीतिक स्थिति को समझ रहे थे और उसका विश्लेषण कर रहे थे। इसी के सहारे उन्होंने संपूर्ण राज्य और अर्थव्यवस्था की गुत्थियों में प्रवेश कर सर्वहाराविरोधी व्यापक पूंजीवादी षड्यंत्र को जाना था। इसमें उनका प्राचीन वेदांतवादी ज्ञान सहायक नहीं हुआ था।

'बेला' (प्रकाशन काल : 1946 ई.) निराला के 'नए पत्ते' काल की ही रचना है, जिसमें उनकी गीत-शैली का विकास हुआ है। जैसा कि 'नए पत्ते' की रचनाओं से स्पष्ट होता है, इस काल में वे अध्यात्म के भीतरी जगत से निकलकर भौतिकता के बाहरी जंगत में आ गए थे। इस बात को वे स्वयं भी महसूस करते थे, पर इसके लिए उन्हें अफसोस नहीं था। एक रचना में उन्होंने कहा है :

> बाहर मैं कर दिया गया हूं।
> भीतर, पर, भर दिया गया हूं।

बाहर और भीतर को वे एक दूसरे से कटा हुआ नहीं समझते थे। बाहर उनकी दृष्टि में भीतर की समृद्धि का कारण था, बल्कि अब वे बाहर को ही असली जीवन मानने लगे थे। एक गीत में उन्होंने भौतिक जीवन के महत्त्व की ओर संकेत करते हुए ही यह कहा है :

मिट्टी की माया छोड़ चुके
जो, वे अपना घट फोड़ चुके।

यही भाव 'बेला' की रचनाओं का केंद्रीय भाव है।

जैसा कि 'नए पत्ते' की रचनाओं से पता चलता है, इस काल का निराला का सामाजिक चिंतन मार्क्सवाद से प्रभावित है। वे देश में मार्क्सवादी पद्धति पर आयोजित संघर्ष को देखते हैं और वे ऐसा विश्वास करते हैं कि उसी पद्धति पर देश के भविष्य का सही ढंग से निर्माण हो सकता है। निराला पूंजी के केंद्रीकरण के विरोधी थे; वे उत्पादन के साधनों पर समाज का अधिकार चाहते थे और समाज में उत्पादन के समान वितरण के सिद्धांत में उनकी आस्था थी। सामाजिक क्रांति के लिए वे मार्क्सवादी तरीके को अपनाने के लिए भी तैयार थे। 'बेला' की निम्नलिखित रचना में उन्होंने स्पष्ट शब्दों में कहा है :

जल्द-जल्द पैर बढ़ाओ, आओ, आओ।

आज अमीरों की हवेली
किसानों की होगी पाठशाला,
धोबी, पासी, चमार, तेली
खोलेंगे अंधेरे का ताला,
एक पाठ पढ़ेंगे, टाट बिछाओ।

यहां जहां सेठ जी बैठे थे,
बनिए की आंख दिखाते हुए,
उनके ऐंठाए ऐंठे थे
धोखे पर धोखा खाते हुए,
बैंक किसानों का खुलाओ।

सारी संपत्ति देश की हो,
सारी आपत्ति देश की बने,
जनता जातीय वेश की हो,
वाद से विवाद यह ठने,
कांटा कांटे से कढ़ाओ।

इस रचना की बलयुक्त पंक्तियां मार्क्सवादी चिंतन का सूत्र उपस्थित करती हैं। 'वाद से विवाद ठने' का तात्पर्य वर्ग संघर्ष को तीव्र करना है। कम्युनिस्ट सर्वहारा का शासन स्थापित करने के लिए अनिवार्य परिस्थितियों में हिंसा और युद्ध का सहारा लेना गलत नहीं समझते। ये दोनों पूंजीपतियों के बड़े अस्त्र हैं। कम्युनिस्ट उन अस्त्रों के आगे आत्म-

समर्पण नहीं करते, बल्कि डटकर उनका मुकाबला करते हैं। इस रचना में निराला इन बातों को स्वीकार करते हुए कहते हैं : 'कांटा कांटे से कढ़ाओ।' यहां तक आते-आते उनका सामाजिक चिंतन विवेकानंद से बहुत आगे निकल जाता है। अब उनका आदर्श वर्णाश्रम धर्म की पुन:स्थापना अथवा अमूर्त रूप से समाज-कल्याण न रहकर, मार्क्सवाद के आधार पर पुनर्निर्मित समाज हो जाता है। एक रचना में उन्होंने द्वितीय राष्ट्रीय जागरण के बारे में लिखा है : 'उठी निगह कि कहां से/कहां हुए हम भी,/दिखा कि ज्योति की छाया में/ह्रास बजता था।' इस समय तक उन्हें जैसे संपूर्ण आर्थिक दुरवस्था के कारण का पता चल जाता है : 'खुला भेद विजयी कहाए हुए जो,/लहू दूसरे का पिए जा रहे हैं।' 'भेद जो खुल जाय वह/सूरत हमारे दिल में है।/देश को मिल जाय जो/पूंजी तुम्हारी मिल में है' कविता भी ऐसी ही है। इसमें निराला ने शोषक वर्ग को यह चेतावनी भी दी है कि सर्वहारा का आंदोलन उसके लिए खतरनाक है : 'हाथ मत डालो, हटाओ/पैर, बिच्छू बिल में है।' इस रचना की अंतिम पंक्तियों में उन्होंने स्पष्टत: शोषण की अवस्था में दूसरों की तरह-तरह की सीख को बेकार कहा है : 'सीख क्या होगी पराई/जब पिसाई सिल में है।' तात्पर्य यह कि जिस सिद्धांत और दर्शन का हमारी स्थिति से कोई संबंध नहीं, वह आज फालतू हो गया है। यहां निराला प्राचीन भारतीय धर्म और सामाजिक चिंतन को भी नकारते हैं। 'राह पर बैठे, उन्हें आबाद तू जब तक न कर' ग़ज़ल में उन्होंने स्पष्ट कहा है : 'बदल शिक्षा-क्रम, बना इतिहास सच्चा।'

पूंजीपतियों की प्रगति से सर्वहारा वर्ग की हालत बिगड़ती जाती है, इस बात को निराला ने एक ग़ज़ल में इस प्रकार कहा है : 'वह चलने से तेरे छुटा जा रहा है।/इसी सोच से दम घुटा जा रहा है।' 'वेश-रूखे, अधर-सूखे, पेट-भूखे, आज आए' रचना में उन्होंने सर्वहारा और रूस की सर्वहारा क्रांति के बारे में लिखा है। सर्वहारा को संबोधित करते हुए वे कहते हैं : 'तिमिर ने जब घेरकर/तुमको प्रकाश हरा तुम्हारा,/इस धरा के पार खोला द्वार/कृति ने, विश्व हारा।' सर्वहारा की शक्ति अपार है। उसके कृतित्व ने रूस में नई सभ्यता का आरंभ किया और सभी पूंजीवादी राष्ट्रों से मोर्चा लिया। निराला ने इस कविता में सर्वहारा की प्रशस्ति इन शब्दों में की है :

> जग गई जनता, हुए लुंठित
>   मुकुट, जीवन सुहाए।
> प्यास पानी से बुझाने को
>   बुझाई रक्त से जब,
> आंख से आया लहू,
>   लोहा बजाया शक्त से जब,
> रुंड मुंडों से भरे हैं खेत,
>   गोलों से बिछाए।

यह रक्त-क्रांति उस अमूर्त रक्त-क्रांति से भिन्न है, जिसकी आकांक्षा निराला ने 'परिमल' की अपनी 'आवाहन' शीर्षक कविता में व्यक्त की थी। यह सर्वहारा द्वारा अपने अधिकारों की प्राप्ति के लिए की गई विशुद्ध राजनीतिक क्रांति है।

इस काल में निराला ने पुराने सामाजिक चिंतन से अपने को इतना तोड़ लिया है कि एक ग़ज़ल में वे कहते हैं :

> नजीरें क्या पुरानी दे रहा है, फैसला किसका ?
> पुराने दाम रहने दे, पुराने नाम रहने दे।

अब वे न पुराने दृष्टांत सुनने को तैयार हैं, न शोषक वर्ग के पुराने हितू लोगों का निर्णय। वे चीजों के पुराने मूल्यों अर्थात उनके संबंध में पुराने खयालों और पुराने समय को एकदम झटक देना चाहते हैं। इसी ग़ज़ल में उन्होंने कहा है कि जो व्यक्ति समय से कटा हुआ है उसकी चर्चा व्यर्थ है : 'जमाने से बिगड़कर चलता हो, वह नाम रहने दे।' अगली ग़ज़ल में उन्होंने सर्वहारा की दीनता छोड़कर क्रोध में आने का संदेश दिया है : 'आंख के आंसू न शोले बन गए तो क्या हुआ?' एक दूसरी ग़ज़ल में भी उन्होंने यही बात कही है : 'आंसू की धार बहाते रहे,/अच्छा ही किया;/धार के आंसू बहाकर/अपने पर छोड़ो।'

'बेला' में अनेक आध्यात्मिक गीत और ग़ज़लें संकलित हैं। 'क्या दुःख, दूर कर दे बंधन' गीत में निराला ने कहा है :

> दीर्घता देहदेश की छोड़,
> मिथ्या अपनापन, मुंह मरोड़,
> केवल चेतन तू जहां, वहीं
> मेरा-तेरा तन-मन-धन-जन।

यहां निराला के विचारों में विरोध प्रतीत होता है। इस विरोध का कारण विवेकानंद का दर्शन है, जिससे उनका पूर्ण संबंध-विच्छेद अंत-अंत तक नहीं हुआ। विवेकानंद इस भौतिक जगत को 'अयथार्थ' मानते हुए भी 'असत्य' नहीं मानते थे। दूसरे, निराला ने 'भीतर' और 'बाहर' में चूल बैठाने की भी कोशिश की थी। उन्होंने 'बेला' की ही एक रचना 'बाहर मैं कर दिया गया हूं' में, जिससे ऊपर उद्धरण दिया गया है, कहा है कि बाहर और भीतर में कोई फर्क नहीं है और यह जान लेने से मुझे अनश्वर कर देने वाला तत्व मिल गया है :

> भीतर, बाहर, बाहर, भीतर,
> देखा जबसे, हुआ अनश्वर।

इसका परिणाम यह हुआ कि उन्होंने कभी आध्यात्मिक जगत को सत्य कहा है और कभी भौतिक जगत को। जब उनकी चेतना पर भौतिक जगत का अधिक दबाव पड़ा

है, उन्होंने सबको झटककर उसी का महत्व स्थापित किया है और जब वे वेदांतदर्शन के प्रभाव में रहे हैं, उन्होंने भौतिक जगत की उपेक्षा की है।

'अर्चना', 'आराधना' और 'गीत-गुंज' के गीतों में निराला के 'बेला' में संकल्पित गीतों का विकास देखने को मिलता है। इन तीनों संकलनों में वे पीछे की ओर लौटकर फिर से अध्यात्म और रहस्य की भावनाओं में नहीं डूब गए हैं, बल्कि इस बार मुख्यत: भक्ति के माध्यम से उन्होंने अपने उस बोध की अभिव्यक्ति की है, जिसमें उनके वैयक्तिक और सामाजिक अनुभव मिलकर एक हो गए थे। नंददुलारे वाजपेयी ने इस काल की उनकी रचनाओं के बारे में जो यह लिखा है कि 'अपने चतुर्थ चरण में उन्होंने फिर से आध्यात्मिक दर्शन का पल्ला पकड़ा था', वह दो दृष्टियों से गलत है। एक इस दृष्टि से कि उन्होंने अध्यात्म को कभी छोड़ा नहीं था और दूसरे इस दृष्टि से कि अपने अंतिम चरण में उन्होंने जो रचनाएं की थीं, उनमें आध्यात्मिकता तो है, पर 'आध्यात्मिक दर्शन' का पल्ला पकड़कर कविता की भूमि पर टिके रहने का भाव नहीं है। उनकी इन रचनाओं में 'दार्शनिकता' नहीं है : दर्शन उनका मुख्य लक्ष्य नहीं है। मुख्य लक्ष्य है, सामाजिक जीवन का वर्णन।

निराला के अंतिम तीनों संकलनों में मुश्किल से एकाध दार्शनिक गीत मिलता है। 'अर्चना' (प्रकाशन-काल : 1950 ई.) के एक गीत 'रमण मन के, मान, के तन!/ तुम्हीं जग के जीव-जीवन!' को इस तरह का गीत कहा जा सकता है। उसमें निराला ने कहा है :

तुम्हीं में है महामाया,
जुड़ी छुटकर विश्वकाया;
कल्पतरु की कनक-छाया
तुम्हारे आनंद-कानन।

'तू दिगंबर, विश्व है घर/ज्ञान तेरा सहज वर कर' गीत अपेक्षया अधिक दार्शनिक है। 'मुंदे नयन, मिले प्राण' में निराला ने कहा है : ''ज्ञान-सूत्र में मिलकर, स्वर्ग से चढ़े ऊपर', लेकिन 'अर्चना' में उनका मार्ग ज्ञान की अपेक्षा उपासना वाला है।

एक गीत में निराला ने कहा है :

कौन फिर तुझको बरेगा
तू न जब उस पथ मरेगा?
निखिल के शर शत्रु हनकर,
क्षत भले कर क्षत्र बनकर,
तू चला जब तक न तनकर,—
धर्म का ध्वज कर न लेगा।

इन पंक्तियों का साक्ष्य देकर यह कहा जा सकता है कि अपने काव्य-विकास के अंतिम दौर में निराला ने यत्र-तत्र विचारों की अभिव्यक्ति की है और उनके ये विचार धर्म को सर्वोपरि तत्व के रूप में स्थापित करने वाले हैं। इस संबंध में यह ज्ञातव्य है कि निराला के इस दौर की रचनाओं में स्वतंत्र रूप से विचारों की अभिव्यक्ति न के बराबर हुई है। इसके बाद भी यदि उनमें दर्शन और विचार ढूंढ़ लिए जा सकते हैं, तो महज इस कारण कि हर रचना का कोई न कोई वैचारिक आधार होता है और इस दृष्टि से हर रचना वैचारिक कृति होती है। दूसरी बात यह है कि निराला की अंतिम चरण की रचनाओं में आध्यात्मिकता है, पर वह नए प्रकार की आध्यात्मिकता है। एक ओर वह भक्ति है, जिसका मतलब यह है कि अब निराला साधारण जन के साधारण यथार्थ के साथ उसकी साधारण धर्म-भावना से भी मिल गए हैं, और दूसरी ओर उसमें सामाजिक अनुभवों की बहुत ज्यादा मिलावट है, अर्थात वह 'विशुद्ध' नहीं है। 'अर्चना' में पुराने ढंग की रहस्यात्मक कविताएं बहुत कम हैं। 'मधुर स्वर तुमने बुलाया,/छद्म से जो मरण आया', 'चलीं निशि में तुम, आईं प्रात;/नवल वीक्षण, नवकर संपात' तथा 'गवना न केरा।/ खाली पैरों रास्ता न चला', जैसी रहस्यात्मक रचनाओं पर 'भज भिखारी, विश्वभरणा', 'दुरित दूर करो नाथ', 'भवसागर से पार करो हे', 'प्रथम बंदूं पद विनिर्मल', 'हरि का मन से गुणगान करो', 'भजन कर हरि के चरण मन', 'पतित हुआ है भव से तार', और 'मां अपने आलोक निखारो' जैसी भक्तिभावयुक्त रचनाओं की ही प्रधानता है।

'अर्चना' के गीत स्वतंत्रता-प्राप्ति के बाद के स्वप्नभंग और राष्ट्रीय चरित्र के विघटन के गीत हैं। निराला ने भारतवर्ष की आर्थिक गिरावट, परमुखापेक्षिता और राष्ट्रीय अपमान सबों का वर्णन किया है। देश के निचले स्तर के लोगों की स्थिति उनके सामने एकदम स्पष्ट थी। युद्ध के ज्वर से ग्रस्त संसार के चित्र भी उनमें मिलते हैं। नाना मायावी रूपों में अपना विस्तार कर पूंजीवादी अर्थतंत्र ने किस प्रकार विश्व के अधिकांश देशों को जकड़ रखा है, यह भी निराला से छिपा न था। इसमें 'अर्चना' की वैचारिक भूमि 'नए पत्ते' की वैचारिक भूमि से भिन्न नहीं प्रतीत होती। इसका एक प्रमाण यह भी है कि 'अर्चना' में निराला न केवल रहस्यवादी की अपेक्षा भक्तरूप में आमने आते हैं, बल्कि वे क्रमशः लोकजीवन और लोकसंस्कृति के भी निकटतर आते जाते हैं।

वैचारिकता की दृष्टि से 'आराधना' (प्रकाशन-काल : 1953 ई.) की स्थिति 'अर्चना' से भिन्न नहीं है। इसमें निराला का भक्तरूप और पुष्ट हुआ है। एक गीत में उन्होंने कहा है : 'सीधी राह मुझे चलने दो।' इसमें उनकी इस प्रकार की भक्ति की रचनाएं देखने को मिलती हैं : 'कृष्ण-कृष्ण राम-राम,/जपे हैं हजार नाम', 'कामरूप, हरो काम,/जपूं नाम, राम,राम', 'राम के हुए तो बने काम', 'विपदा हरणहार हरी हे करो पार', 'अशरण-शराण राम,/काम के छवि-धाम', 'तुमसे लाग लगी जो मन की/ जग की हुई वासना बासी', 'हरि-भजन करो भू-भार हरो' आदि। इस संकलन की

रचनाओं में निराला ने समाज में व्याप्त असंगति और विषमता का भी चित्रण किया है, पूंजीवादी व्यवस्था की पोल भी खोली है और परिवर्तन की वह आकांक्षा भी प्रकट की है, जो शुरू से उनमें दिखलाई पड़ती है।

'आराधना' के बाद 'गीत-गुंज' (परिवर्धित संस्करण, 1959 ई.) के गीतों में निराला ग्राम्यजीवन और ग्राम्य प्रकृति से एकदम मिल गए हैं। इन दोनों का उनके गीतों में अनेक बार अविच्छिन्न रूप में चित्रण हुआ है। गीत-संख्या 31 में उन्होंने सबलों के लिए वैज्ञानिक साधन सुलभ होने की बात लिखी है। इससे निराला की वैचारिक बनावट का संकेत मिलता है। यह समझना एकदम गलत है कि निराला ने अंतिम दिनों में अपने परवर्ती काव्य-विकास से संबंध तोड़ लिया था। 'सांध्य काकली' (प्रकाशन-काल : 1969 ई.) के एक गीत (संख्या 40) में उन्होंने किसानों की पाले से बर्बाद फसल का अत्यंत करुण चित्र खींचा है। फिर एक बत्तीसवें गीत में उन्होंने कहा है : 'उत्पादन के मार्ग लगा दो/साहित्यिक वैज्ञानिक के बल।' 'समन्वय' (वर्ष 7, अंक 9, सौर आश्विन, सं. 1985) में प्रकाशित अपने 'युगावतार भगवान श्रीरामकृष्ण' नामक निबंध में निराला ने विज्ञान-मात्र का विरोध करते हुए लिखा था : "आजकल के विभूतिवाद वाले वैज्ञानिक युग के अंधविज्ञानवेत्ताओं से संसार का वास्तव में उपकार हो रहा है या अपकार, विगत महासमर से लेकर आज तक का सैनिक संगठन इसका उदाहरण है। साधारण ज्ञान वाले साम्यवादी, मजदूर दल आदि की जठर ज्वाला का कारण यह विज्ञान ही है—ये मशीनें, ये कल-कारखाने ही हैं जहां एक के पेट में करोड़ों मनुष्यों का अन्न चला जाता है और उस एक के ऐश्वर्य का ही इंद्रजाल उन पर अनेक को मुग्ध और अंध करता जा रहा है, प्रतिद्वंद्विता में पड़कर वे उसी असुर उपाय का अवलंबन करना श्रेष्ठ समझ रहे हैं।' निराला ने अपना यह विज्ञान-विरोधी मत धीरे-धीरे छोड़ दिया था और जैसा कि ऊपर उद्धृत पंक्तियों से पता चलता है, वे विज्ञान के जनहित में उपयोग के पक्षपाती हो गए थे।

'सांध्य काकली' की एक रुबाई में निराला ने धार्मिक संकीर्णता की जगह रामकृष्ण की धार्मिक उदारता का प्रतिपादन किया है और एक गीत में इस भौतिक संसार की सत्यता पर जोर दिया है। रुबाई और गीत का उद्धरणीय अंश क्रमशः इस प्रकार है :

सभी लोगों में योग-ध्यान बने बैठे हैं,
ज्ञानी के ज्ञान हैं, अज्ञान बने बैठे हैं।
मिले हैं तुमसे द्विजोत्तम बनकर मंदिर में,
अभी मसजिद में मुसलमान बने बैठे हैं।

(संख्या : 27)

विश्व-संसार है तभी है माया,
धर्म-कर्मादि हैं गुण, रूप, काया;

नहीं तो किसी को दो क्या व लो क्या ?

(संख्या : 61)

निराला की दार्शनिकता अथवा वैचारिकता के संबंध में व्यवस्था का प्रश्न उठाया गया है। वाजपेयी जी ने लिखा है कि 'निराला के तृतीय चरण में लौकिक जीवन का कुरूप पक्ष उनकी चेतना को बहुत दूर तक क्षुब्ध कर चुका था और वे जीवन-संबंधी कुरूप-प्रतिक्रियाएं व्यक्त करने लगे थे। हास्य और विनोद के माध्यम से उनका यह तृतीय दार्शनिक चरण अभिव्यक्त हुआ है। इसे हम निराला की विघटित दार्शनिकता का चरण कह सकते हैं। अपने चतुर्थ चरण में उन्होंने फिर से आध्यात्मिक दर्शन का पल्ला पकड़ा था।' 'कवि निराला के काव्य-विकास' शीर्षक अध्याय में उन्होंने स्वयं जैसे निराला पर लगाए जाने वाले अव्यवस्था-संबंधी आरोप का उत्तर देते हुए यह निष्कर्ष प्रतिपादित किया है : 'निराला के व्यक्तित्व में एक ऐसा तत्व है जो युग की समस्त जीवन-भूमिका पर एक समन्वय स्थापित कर सका है। यह विक्षेप पर प्रतिभा की विजय है। पहले वे आशा के स्वर को लेकर चले हैं तो पीछे आक्रोश के स्वर को, और अंत में परमात्मा के आह्वान के स्वर को। अपने व्यक्तित्व और वैयक्तिक साधना के बल पर उनके काव्य में एक सामंजस्य है। यह सामंजस्य की भूमिका मानवतावादी और वेदांती स्तर पर है जीवन के प्रति आस्था पर निर्मित है।' वाजपेयी जी का यह कथन आंशिक रूप में ही सही है। आशा, आक्रोश और ईश्वराह्वान निराला में अमिश्र अथवा विशुद्ध रूप में कभी देखने को नहीं मिलते हैं, पर यह ठीक है कि एक मानवतावादी या और सटीक रूप में कहें तो मानववादी भावना उनके विविध और परस्पर-विरोधी काव्य-प्रयत्नों को एक संदर्भ में संगति प्रदान कर देती है। इसे न समझ पाने के कारण ही सुमित्रानंदन पंत ने 'छायावाद : पुनर्मूल्यांकन' नामक पुस्तक में निराला पर अव्यवस्था-संबंधी आरोप लगाते हुए लिखा है : 'निराला जी के से उद्दाम शक्ति वेग से मंथित व्यक्तित्व में इतना धैर्य, सूक्ष्म विश्लेषण-संश्लेषण की श्रमसाध्य प्रवृत्ति तथा व्यापक ऐतिहासिक अनुभूति की दृष्टि न होने के कारण वह युग-विकास के विभिन्न आयामों में तथा इस युग के बौद्धिक, भाविक तथा प्राणिशास्त्रीय अथवा जैव-मूल्यों के विस्तारों, विवरणों, विविधताओं तथा निगूढ़ताओं में अपनी अद्वैत दृष्टि से अंत:संयोजन भर, अपने कृतित्व में नए मूल्य की सृजन-प्राण प्रतिष्ठा नहीं कर सके।' निराला में वैचारिक असंगतियां या अंतर्विरोध निश्चित रूप से हैं पर उनका मानववाद कहीं कमजोर नहीं है। यह सर्वोपरि स्थित है। यही उनके काव्य में 'नए मूल्य की सृजन-प्राण प्रतिष्ठा' करता है, जिसके कारण उनका काव्य बीसवीं शताब्दी का हिंदी का सर्वाधिक महत्वपूर्ण काव्य है। यही मानवतावाद निराला को विवेकानंद से आगे ले गया है। विवेकानंद वेदांतवादी थे, अत: मानवीय नियति में परिवर्तन की आकांक्षा रखते हुए भी उनकी मूल मान्यता यह थी : 'हम इस संसार में सुख को नहीं बढ़ा सकते, और न दु:ख को ही। इस संसार में शुभ और अशुभ

शक्तियों की समष्टि सदैव समान रहेगी। हम उसे सिर्फ यहां से वहां और वहां से यहां ढकेलते रहते हैं परंतु यह निश्चित है कि वह सदैव समान रहेगी क्योंकि वैसा रहना ही उसका स्वभाव है।' वे पूर्वजन्म और उसके कर्मों में विश्वास करते हुए सोचते थे कि 'हम सब संसार में विभिन्न शक्तियां लेकर आते हैं, कोई बड़ा होकर आता है, कोई छोटा, और इस पूर्वजन्म से निर्धारित दशा का अतिक्रमण करने का कोई मार्ग नहीं है।' निराला की परवर्ती काल की अनेक रचनाएं इसका प्रमाण हैं कि उन्होंने इस वेदांत का अतिक्रमण किया था और सामाजिक दुरवस्था को गलत अर्थव्यवस्था का परिणाम घोषित कर उसमें आमूल परिवर्तन चाहने वाले सिद्धांत में अपनी आस्था आरोपित की थी। अंतर्विरोधों के बावजूद उनकी इसी विचारधारा का महत्व है, क्योंकि इसका संबंध दार्शनिक कल्पनाओं से न होकर जीवन के यथार्थ से है।

4. निराला की वैचारिक क्रांतिकारिता

पिछले दिनों हिंदी में जिन शब्दों का अवमूल्यन हुआ है, उनमें 'क्रांति' शब्द अन्यतम है। इसका प्रमाण यह है कि जो लेखक और नेता क्रांतिकारी नहीं हैं, बल्कि प्रतिक्रांतिकारी हैं, उन्हें भी 'क्रांतिकारी' विशेषण से अलंकृत कर दिया जाता है। यह परम संतोष का विषय है कि निराला के साथ 'क्रांतिकारी' विशेषण का जो प्रयोग किया जाता है, वह पूर्णतः सार्थक है। आकस्मिक नहीं कि हिंदी के एक आलोचक ने निराला पर लिखी गई अपनी एक आरंभिक पुस्तक का नाम ही रखा है—'क्रांतिकारी कवि निराला'। निराला कवि ही नहीं, विचारक भी थे। स्वभावतः उनकी क्रांतिकारिता सृजन के साथ-साथ उनके चिंतन में भी दिखलाई पड़ती है। उनमें चिंतन और सृजन दोनों एक-दूसरे को प्रभावित करते रहते हैं। डा. रामविलास शर्मा ने उनके साहित्य पर जो बृहत् आलोचनात्मक ग्रंथ प्रस्तुत किया है, उसमें उन्होंने उनकी विचारधारा और भावधारा पर अलग-अलग विचार किया है, लेकिन अनेक बार यह कहना मुश्किल होता है कि विचारधारा कहां खत्म होती है और भावधारा कहां शुरू हो जाती है। इसी तरह निराला में अलक्ष्य रूप से भाव भी विचार में रूपांतरित हो जाते हैं। एक मान्यता यह भी है कि विचार यथार्थ की संवेदना से भी प्रसूत होते हैं। इस तरह निराला के विचार और भाव में आत्यंतिक विभेद करना कठिन है, तथापि उनकी कविता की चूंकि बहुत चर्चा हो चुकी है, इसलिए मैं यहां उनके ठोस विचारों की ही चर्चा करना चाहूंगा। दूसरी बात यह कि विषय के अनुरूप निराला के साहित्येतर विचारों पर ही ध्यान केंद्रित करना उचित होगा।

यह जानी हुई बात है कि निराला पर रामकृष्ण और विवेकानंद का घोर प्रभाव था। निराला-पूर्व के भारत में यही दो हस्तियां थीं, जो उन्हें अपनी भावुकता और बौद्धिकता से प्रभावित कर सकती थीं। लेकिन ये दोनों ही हस्तियां वेदांतदर्शन को मानकर चलने वाली थीं। वेदांतदर्शन वह तलवार है, जिसके दोनों तरफ धार है। कहने का मतलब यह कि उसका सकारात्मक पक्ष है, तो एक नकारात्मक पक्ष भी। निराला उक्त दोनों हस्तियों से प्रभावित होते हैं और उनके विचारों के नकारात्मक पक्ष को छोड़ते हुए आगे बढ़ते हैं। निश्चय ही इसमें उन्हें अपने अनुभव और परिवेश के साथ-साथ स्वयं रामकृष्ण और विवेकानंद से भी मदद मिलती है, क्योंकि ये दोनों ही विचारक अत्यंत गतिशील थे, जिससे उन्होंने वेदांतदर्शन को बहुत कुछ नया बना दिया था। आरंभ में निराला ने वेदांत के प्रभाव में ही राष्ट्रीय स्वाधीनता से अधिक महत्व माया के बंधनों से आत्मा के

स्वाधीन होने को दिया था। उनका कहना था कि भीतरी स्वाधीनता प्राप्त हो जाने के बाद बाहरी स्वाधीनता अवश्यंभावी है। लेकिन थोड़े दिनों के बाद ही उन्होंने यह कहते हुए उक्त क्रम को उलट दिया कि 'जो जीवन बाहरी स्वतंत्रता नहीं प्राप्त कर सकता, वह मुक्ति जैसी सार्वभौमिक स्वतंत्रता कब प्राप्त कर सकता है?' कहने की आवश्यकता नहीं कि यह विचार आज भी उतना ही क्रांतिकारी है। यह निराला की संपूर्ण राष्ट्रीय और सामाजिक चेतना का स्रोत है।

रामकृष्ण एक विलक्षण साधक थे। उनहोंने विधिवत विभिन्न धर्मों की साधना की थी और उससे इस निष्कर्ष पर पहुंचे थे कि सारे धार्मिक मार्ग सही हैं और वे एक ही ईश्वर की ओर ले जाते हैं। निराला ने उनके इस संदेश को ग्रहण कर अपने कई लेखों में उसमें निहित क्रांतिकारिता को उजागर किया। उन्होंने सभी धर्मों की समानता को अपने देश की राष्ट्रीय एकता का आधार बनाने की कोशिश की। उन्होंने कहा कि भारत में जो अनेक जातियां बसती हैं, जिन्हें हिंदू अपना शत्रु समझते हैं और जो हिंदुओं से बदले में वैसा ही व्यवहार करती हैं, वे यदि जातीय जीवन का अंग न मानी जाएं तो राष्ट्र की सत्ता कब तक टिकी रह सकेगी? निराला ने रामकृष्ण के धार्मिक उदारतावाद में राष्ट्रीय एकता ही नहीं, विश्व-बंधुत्व की स्थापना के लिए भी एक आधार देखा। इतिहास इस बात का गवाह है कि बीसवीं शताब्दी में विश्व को अनेक युद्धों में जो व्यापक ध्वंस देखना पड़ा है, उसका एक बहुत बड़ा कारण धार्मिक और जातीय विभेद रहे हैं। इस परिप्रेक्ष्य में निराला के विचारों के महत्व को समझा जा सकता है।

अपने देश में सामाजिक चिंतन वर्णों के आधार पर होता रहा है। स्वभावत: विवेकानंद से लेकर निराला तक ने वर्णव्यवस्था पर विचार किया है और उसी में संशोधन करके सामाजिक क्रांति करनी चाही है। इस प्रसंग में निराला ने कई बातें कही हैं। वे ब्राह्मण, क्षत्रिय और वैश्य वर्णों के मिथ्या दंभ से निराश हो चुके थे और विवेकानंद की तरह ही इस निष्कर्ष पर पहुंचे थे कि अब शूद्र और अन्त्यज ही जाग्रत होकर देश को पुनर्जीवन प्रदान कर सकते हैं। पुन: उन्होंने कहा कि वर्ण का निर्धारण कर्म से होना चाहिए, जन्म से नहीं, और वर्णों के चलते समाज में भेदभाव नहीं होना चाहिए। दूसरी तरफ उन्होंने यह भी कहा कि पराधीन लोगों का एक ही वर्ण होता है। इस तरह इस समय भारत में सभी शूद्र हैं, न ब्राह्मण, न क्षत्रिय और न वैश्य। धीरे-धीरे निराला का वर्ण-विचार अपनी अंतर्वस्तु में नया होता गया और अंत में वे वर्ण को 'वर्ग' के रूप में देखने लगे। 'किसान और उनका साहित्य' शीर्षक अपनी टिप्पणी में उन्होंने वैश्य की व्याख्या 'पूंजीपति' के रूप में की है और शूद्र की व्याख्या 'किसान' और 'मजदूर' के रूप में। उनके शब्द हैं : 'विज्ञान ने वैश्य धर्म की ही वृद्धि की है, जिसका आज तक संसार पर आधिपत्य है और जो संसारव्यापी दरिद्रता का एकमात्र कारण है। इस प्रकार अब यह वैश्य धर्म अपने तमाम विज्ञान के साथ होकर भी संसार की शांति को सहारा नहीं दे रहा

है—इसके भी दिन पूरे हो गए।. . . अब किसान और मजदूरों का युग है।' निराला के इस कथन से उनके वर्ण-विचार के आवरण में छिपा हुआ क्रांतिकारी तत्व स्पष्ट है।

जो लोग निराला के पत्रकार-रूप से परिचित हैं, वे जानते हैं कि कैसे उन्होंने अवध में चलने वाले किसान आंदोलन का पक्ष लेकर 'सुधा' में अनेक टिप्पणियां लिखी थीं और उनमें एक तरफ अंग्रेजी शासन पर आक्रमण किया था और दूसरी तरफ स्वाधीनता आंदोलन के प्रगतिशील पक्ष को अपना समर्थन दिया था। उनके सामने यह बात बिलकुल स्पष्ट थी कि भारत अंग्रेजों का उपनिवेश है, जिससे इस देश का शोषण होता है और उनके आर्थिक हित सिद्ध होते हैं। इस समझ का महत्व इस दृष्टि से है कि उस समय भी अनेक ऐसे लोग मौजूद थे, जो भारत की पराधीनता को मूलत: आर्थिक समस्या न मानकर एक सांस्कृतिक समस्या मानते थे। उनकी चिंता भारत को अंग्रेजों की लूट से बचाने को लेकर नहीं, भारतीय संस्कृति की रक्षा को लेकर थी। निराला इस बात को लेकर चिंतित थे कि किसान जो कच्चा माल पैदा करते थे, उसे उन्हें अंगेज व्यापारियों के हाथों बहुत सस्ते दामों पर बेचना पड़ता था, जिससे कि वे रुपयों में लगान की अदायगी कर सकें। स्वभावत: वे अंग्रेजों की मिन्नत करके कुछ अधिकार पा लेने के लिए प्रयत्नशील नेताओं पर चोटें करते हैं और उन्हें 'राजभक्त' की संज्ञा देते हैं। निराला ने अपनी शक्ति के बल पर पूर्ण स्वराज्य-प्राप्ति का लक्ष्य बनाकर चलने वाले नेतृ वर्ग का पक्ष लिया और अपनी आशा युवकों तथा उनके नेता सुभाष बाबू और पं. नेहरू पर टिका दी। 1930 के आरंभ में लाहौर में पं. नेहरू के सभापतित्व में कांग्रेस का अधिवेशन संपन्न हुआ था। उसकी पूर्वसंध्या पर उन्होंने एक टिप्पणी लिखी थी, जिसमें कहा था कि कांग्रेस पर 'मध्य श्रेणी' के राजनीतिज्ञों का प्रभुत्व है। 'मध्य श्रेणी' 'बुर्जुआ क्लास' का हिंदी रूपांतर है। इससे निराला के चिंतन की क्रांतिकारी दिशा का पूरा संकेत मिल जाता है।

निराला की खूबी यह थी कि उनका ध्यान स्वाधीनता आंदोलन के केवल राजनीतिक पक्ष पर नहीं था। उनकी दृष्टि में वह एक व्यापक आंदोलन था, जिसके अनेक पक्ष थे। उनमें एक पक्ष सामाजिक भी था, जो कि राजनीतिक पक्ष से घनिष्ठ रूप से संबद्ध था। 'राजनीति के लिए सामाजिक योग्यता' निराला आवश्यक मानते थे। इससे उनका मतलब था जातीय समीकरण, हिंदू-मुसलिम एकता आदि। यहां मैं हिंदू-मुसलिम एकता के संबंध में ही उनके विचार उद्धृत करना चाहता हूं, क्योंकि इसकी समस्या न केवल अभी तक सुलझाई नहीं गई है, बल्कि दिन पर दिन यह और भी उग्र रूप धारण करती जा रही है। निराला ने इस संबंध में लिखा था : ''हिंदू और मुसलमानों की समस्या इस देश की पराधीनता की सबसे बड़ी समस्या है। वर्तमान समाज का जो रूप है, उसके भीतर से. . . नवीन रूप के निकले बिना, उस समस्या की उलझन नहीं मिट सकती। पहले जब मुसलमान यहां आए थे, तब अज्ञात कुल-शील होने के कारण उस समय उनके साथ जो असहयोग तमाम धार्मिक और सामाजिक कार्यों में किया गया, वह ठीक

था। पर अब वह असहयोग समाज के लिए सदा ही हानिकर होता रहेगा। अब वे इसी देश के मनुष्य हैं।' इस कथन में न केवल यह बात महत्वपूर्ण है कि अब मुसलमान भी भारतीय हैं, बल्कि यह बात उससे भी अधिक महत्वपूर्ण है कि वर्तमान समाज के भीतर से समाज के एक नए रूप का विकास किए बिना हिंदू-मुसलिम एकता की समस्या हल नहीं हो सकती। उन्होंने 'हिंदू' शब्द को स्थानवाचक बतलाते हुए कहा कि मनुष्यों की एक ही जाति हुआ करती है, मनुष्य जहां रहेगा, वहीं का कहलाएगा। बाद में तो हिंदू-मुसलिम एकता की समस्या निराला के लिए इतनी महत्वपूर्ण हो गई कि उन्होंने यहां तक कहा कि इस देश की मनुष्यता का निर्माण और हिंदू-मुसलिम-प्रश्न का हल होना दोनों का मतलब एक है। अब धर्म से उन्हें कोई आशा नहीं रह गई थी। निश्चय ही उनका यह कथन अत्यंत क्रांतिकारी है कि देश और संसार के बारे में केवल मनुष्य सोचता है। धार्मिक लोग तो दूसरी दुनिया के जीव होते हैं, देवता या उससे भी बढ़कर। जिस मनुष्य-देह में मुक्ति प्राप्त होती है, उसमें वे नहीं रहते। उनका मनुष्य संस्कारों की समष्टि है और ऐसे संस्कार उस नवीनता को कभी प्राप्त नहीं करने देते, जो स्वतंत्रता का पर्याय होती है।

हिंदू-मुसलिम एकता की समस्या की तरह ही स्वाधीनता आंदोलन की एक महत्वपूर्ण समस्या राष्ट्रभाषा की समस्या थी। निराला ने हिंदी को ही राष्ट्रभाषा बनाने की सिफारिश की, क्योंकि यही वह भाषा है, जो कमोबेश हिमालय से लेकर कन्याकुमारी तक और सिंध से लेकर असम तक समझी जाती है। लेकिन इस राष्ट्रभाषा को उन्होंने संपर्क भाषा के रूप में देखा, जिससे कि अन्य प्रांतीय भाषाओं की उन्नति के मार्ग में वह बाधक न बने। हिंदी को राष्ट्रभाषा के योग्य बनाने के लिए आज भी यह तर्क दिया जाता है कि उसे संस्कृतनिष्ठ बनाना चाहिए, क्योंकि सस्कृत शब्द भारत की सभी भाषाओं में हैं। निराला ने संस्कृतनिष्ठता की जगह भाषा की सरलता पर जोर दिया और आवश्यक होने पर अन्य प्रांतीय अथवा विदेशी भाषाओं से भी शब्द लेने का प्रस्ताव किया। खास बात यह कि उन्होंने मातृभाषा को शिक्षा का माध्यम बनाने पर जोर दिया, राष्ट्रभाषा को नहीं।

निराला की वैचारिक क्रांतिकारिता की सबसे बड़ी विशेषता यह है कि उसमें विचार और क्रांति दोनों ही चीजें हैं। नहीं है तो विचार-शून्य क्रांति या क्रांति-शून्य विचार!

5. स्वाधीनता आंदोलन और निराला की कविता

छायावाद मुक्ति-चेतना का काव्य था। आचार्य हजारीप्रसाद द्विवेदी ने स्पष्टत: उसके पीछे प्रथम विश्वयुद्ध की प्रेरणा मानी है, जिससे भारत में उपनिवेश-विरोधी भावना का प्रसार हुआ था। ऐसी स्थिति में यह सर्वथा स्वाभाविक था कि छायावादी कविता स्वाधीनता आंदोलन से अंतरंग संबंध बनाकर चलती। वह संबंध प्राय: अप्रकट है, पर कभी-कभी वह प्रकट भी हो उठता है। छायावाद में 'कनक-किरण का अंतराल' ही नहीं है, 'स्वयं प्रभा-समुज्ज्वला स्वतंत्रता' की पुकार भी है!

अपने कवि-जीवन के बिलकुल आरंभ में निराला स्वतंत्रता को दो रूपों में देखते थे—बाहरी स्वतंत्रता और भीतरी स्वतंत्रता, और इन दोनों के बीच द्वंद्वात्मक संबंध की कल्पना करने में असमर्थ थे। अपने 'बाहर और भीतर' शीर्षक निबंध में वे सामाजिक स्वतंत्रता को बाहरी स्वतंत्रता और भौतिक उन्नति का लक्ष्य ध्वंस बतलाते हैं। इसी तरह 'शक्ति-परिचय' शीर्षक निबंध में कहते हैं कि व्यक्तिगत स्वाधीनता ही समष्टिगत स्वाधीनता की जननी है और इस दृष्टि से आज भी भारत में अन्य देशों की अपेक्षा स्वाधीन मनुष्यों की संख्या अधिक होगी। मतलब यह कि आत्मा माया के बंधनों से स्वतंत्र है, तो मनुष्य स्वतंत्र है! स्वतंत्र होने के लिए सामाजिक, आर्थिक और राजनीतिक स्वतंत्रता नहीं, बल्कि आत्मा की स्वतंत्रता चाहिए। वह मिल गई, तो 'बाहरी स्वतंत्रता' अवश्यंभावी है। आश्चर्य नहीं कि 'प्रवाह' शीर्षक एक अन्य निबंध में निराला ने यह कहा कि आत्मवाद या मुक्ति ही भारत के जातीय जीवन का लक्ष्य है। मुक्ति प्रवाह या माया के अधिकारों से अलग है और बिना मुक्त हुए जीव स्वतंत्र नहीं हो सकता।

स्पष्टत: यह विवेकानंद और वेदांत का असर था, जो कई क्षेत्रों में निराला में सकारात्मक रूप में भी दिखलाई पड़ता है। यहां मैं उनके एक और जिस निबंध का हवाला देना चाहता हूं, वह है 'बाहरी स्वाधीनता और स्त्रियां'। इसमें उनके स्वतंत्रता-संबंधी चिंतन में क्रांतिकारी परिवर्तन उपस्थित हो गया है। उनके शब्द हैं : 'जो जीवन बाहरी स्वतंत्रता नहीं प्राप्त कर सकता, वह मुक्ति जैसी सार्वभौमिक स्वतंत्रता कब प्राप्त कर सकता है? उसकी धर्म की साधना भी ढोंग है। धर्म तो वह है जिससे अर्थ, काम तथा मोक्ष, तीनों मिल सकें। सच्चा धर्म इस समय स्त्रियों के सब प्रकार के बंधन ढीले कर देना, उन्हें शिक्षा की ज्योति से निर्मल कर देना ही है, जिससे देश की तमाम कामनाओं की सिद्धि होगी और स्वतंत्र-सुखी जीवन बाह्य स्वतंत्रता से तृप्त होकर आत्मिक मुक्ति के संधान में लगेगा।' यहां बात स्त्रियों की स्वाधीनता के प्रसंग में कही गई है लेकिन उसका

सार्वभौम महत्व है। 'बाहर और भीतर' शीर्षक निबंध में उन्होंने भीतरी स्वतंत्रता को पहले रखा था, बाहरी स्वतंत्रता को बाद में। अब उन्होंने उस क्रम को उलट दिया है। कहा जा सकता है कि इस कथन में भी अतिरेक है, तथापि इससे यह स्पष्ट है कि निराला भारतीय स्वतंत्रता और उसके लिए चलाए जाने वाले आंदोलन के महत्व को समझने लगते हैं और क्रमश: उसके करीब आते जाते हैं। इसका संबंध उसके तेज होते जाने से भी है। जैसे-जैसे वह प्रखर होता गया, बातें साफ होती गईं और तटस्थ तथा दुविधाग्रस्त लोग भी उससे खिंचकर उसकी धारा में शामिल होते गए।

यहीं विवेकानंद का 'भारत का भविष्य' शीर्षक मद्रास में दिया गया अंतिम व्याख्यान स्मरणीय है, जिसमें उन्होंने कहा था : 'आगामी पचास वर्ष के लिए जननी जन्मभूमि भारतमाता ही मानो आराध्य देवी बन जाए। तब तक के लिए हमारे मस्तिष्क से व्यर्थ के देवी-देवताओं के हट जाने में कुछ भी हानि नहीं है। अपना सारा ध्यान इसी एक ईश्वर पर लगाओ, हमारा देश ही हमारा जाग्रत देवता है। सर्वत्र उसके हाथ हैं, सर्वत्र उसके पैर हैं और सर्वत्र उसके कान हैं। समझ लो कि दूसरे देवी-देवता सो रहे हैं। जिन व्यर्थ के देवी-देवताओं को हम देख नहीं पाते, उनके पीछे तो हम बेकार दौड़ें और जिस विराट देवता को हम अपने चारों ओर देख रहे हैं, उसकी पूजा ही न करें? जब हम इस प्रत्यक्ष देवता की पूजा कर लेंगे, तभी हम दूसरे देव-देवियों की पूजा करने योग्य होंगे, अन्यथा नहीं।' इसी का परिणाम था कि देश-कालातीत अनुभूति की बात करने वाले वेदांती निराला ने अपने काव्य 'तुलसीदास' में तुलसीदास के जागरण को देश-कालसापेक्ष बतलाया : 'देश-काल के शर से बिंधकर/यह जागा कवि अशेष-छविधर'।

उनकी राष्ट्रीय भावना सर्वप्रथम देशभक्ति के रूप में सामने आती है। यह तथ्य महत्वपूर्ण है कि उनकी प्रथम प्रकाशित कविता (1920) एक देशभक्तिपूर्ण गीत है, 'जन्मभूमि' शीर्षक, जिसमें उन्होंने पूरी विह्वलता से कहा है: 'जन्मभूमि मेरी है जगन्महारानी'। आचार्य रामचंद्र शुक्ल ने लिखा है कि देशप्रेम के लिए देश से परिचय आवश्यक है। उसी तरह कवि के रूप में स्वाधीनता आंदोलन में योगदान करने के लिए मन में देशभक्ति का भाव होना भी आवश्यक है। वह निराला में गहन रूप में मौजूद था, यह बाद की उनकी अनेक कविताओं से सिद्ध होता है। विलक्षण बात यह है कि उन्हें सत्य का ज्ञान अर्थात राष्ट्र को स्वाधीन रूप में देखने की प्रेरणा हिंदी से प्राप्त हुई, जिसे वे 'राष्ट्रभाषा' कहते हैं: 'सुनी राष्ट्रभाषा की जबसे भव्य मनोहर तान।/मिटी मोह-माया की निद्रा गए रूप पहचान।' राष्ट्रभाषा की पहचान ने कवि को माया से मुक्त कर सत्य की पहचान करा दी! देश-भाषा के सच्चे कवि के लिए यही उचित था कि वह यह माने कि देश स्वतंत्र तब, जब उसकी भाषा स्वतंत्र। अपनी प्रसिद्ध 'सरस्वती-वंदना' में भी निराला यह आकांक्षा प्रकट करते हैं कि देश में अपनी भाषा यानी हिंदी की प्रतिष्ठा हो। उसके लिए हिंदी ही 'स्वतंत्र-रव' है, अंग्रेजी नहीं, और वही नूतन

'अमृत-मंत्र' है! भाषा से स्वतंत्रता का संबंध उन्होंने अन्यत्र भी जोड़ा है, यथा 'भाषा' शीर्षक टिप्पणी में, जिसमें उन्होंने अनुवाद की जगह हिंदी में मौलिक साहित्य-सृजन का आग्रह करते हुए अंत में कहा है : 'अपनी ही भाषा के भीतर से श्रेष्ठत्व साबित करने की प्रचेष्टाएं होनी चाहिए, जिससे स्वतंत्रता के अंकुर उठें।'

'भारति, जय, विजयकरे!' गीत में भारत की अस्मिता की पहचान जनभाषा के माध्यम से की गई है, जब निराला भारत-भूमि को 'शतमुख-शतरव-मुखरे!' कहकर संबोधित करते हैं। 'मित्र के प्रति' कविता में, उन साहित्यकारों से, जो छायावाद की नवीनता का विरोध कर रहे थे, वे मिलकर हिंदी की प्रतिष्ठा का लक्ष्य प्राप्त करने के लिए कहते हैं। उनकी गतिविधि देखकर बहुत दुखी मन से वे उनसे पूछते हैं : 'इसी रूप में रह स्थिर, इसी भाव में घिर-घिर,/करोगे अपार तिमिर-/सागर को पार?' हिंदी और राष्ट्रभाषा का सवाल वे 'परिमल' की भूमिका में ही उठा चुके थे। बाद में भी वे अपने निबंधों और टिप्पणियों में हिंदी की प्रतिष्ठा को स्वतंत्रता की असली पहचान के रूप में पेश करते रहे। यह सुविदित है कि स्वतंत्रता-प्राप्ति से जब उनकी आकांक्षा पूरी नहीं हुई, तो क्षोभ के मारे उन्होंने हिंदी न बोलने और न लिखने की कसम खा ली। वे मनीऑर्डर फॉर्म पर हस्ताक्षर बनाने से भी इनकार कर देते थे और कुछ कहना हुआ, तो अंग्रेजी में कहते थे। उनके इस व्यवहार को उनके मानसिक विक्षेप से जोड़कर देखा गया, जबकि उसका संबंध उनके स्वप्नभंग से था। भारतेंदु ने कहा था : 'निज भाषा उन्नति अहै, सब उन्नति को मूल'। निराला ने उनके कथन का मर्म-विस्तार किया।

आगे उन्होंने दो कविताएं लिखीं, 'खंडहर के प्रति' और 'दिल्ली', अतीत-स्मृति से जुड़ी हुई, जो स्वाधीनता आंदोलन की अनिवार्य विशेषता थी। ऐसा लगता है कि बिना पीछे देखे आजादी की लड़ाई आगे नहीं बढ़ सकती, इसलिए समाज से लेकर साहित्य तक में न केवल भारतीय इतिहास को याद किया गया, बल्कि उसे महिमान्वित भी किया गया। पहली कविता में भारत के प्राचीन गौरव का खंडहर, जो कि जैमिनी-पतंजलि-व्यास जैसे ऋषियों और राम-कृष्ण-भीमार्जुन-भीष्म जैसे नरदेवों का जनक है, भारत को संबोधित कर व्यंग्यपूर्वक कहता है : 'तुमने मुख फेर लिया,/सुख की तृष्णा से अपनाया है गरल,/तो बसे नव छाया में/नव स्वप्न ले जगे,/भूले वे मुक्त प्रान, साम-गान, सुधा-पान।' इन पंक्तियों में 'सुधा-पान' में कविता का रस है, पर रेखांकित करने योग्य शब्द 'मुक्त प्रान' हैं। दूसरी कविता में निराला ने गौरवशाली अतीत वाले भारत की वर्तमान दशा पर आश्चर्य प्रकट किया है और दु:ख के साथ कहा है :

> यह वही देश है
> परिवर्तित होता हुआ ही देखा गया जहां
> भारत का भाग्यचक्र।—
> आकर्षण तृष्णा का

खींचता ही रहा जहां पृथ्वी के देशों को
स्वर्ण-प्रतिमा की ओर।—
उठा जहां शब्द घोर
संसृति के शक्तिमान दस्युयों का अदमनीय,
पुनः पुनः बर्बरता विजय पाती गई
सभ्यता पर, संस्कृति पर,
कांपे सदा रे अधर जहां रक्तधारा लख
आरक्त हो सदैव।

अंततः उनकी राष्ट्रीय चेतना की परिणति उग्र क्रांतिकारी भावना में हुई, जो कि स्वाभाविक था। एक तो बंगाल की धरती, दूसरे, 'मतवाला' का, जिसके संपादकीय विभाग के वे अन्यतम सदस्य थे, राष्ट्रीय क्रांतिकारी आंदोलन का समर्थक होना। रामकृष्ण-विवेकानंद के कारण उन पर शाक्तोपासना का भी प्रभाव था। उन्होंने अपनी प्रसिद्ध कविता लिखी—'आवाहन', जिसमें कहा : 'सामान सभी तैयार,/कितने ही हैं असुर, चाहिए कितने तुझको हार ?/कर मेखला मुंड-मालाओं से, बन मन-अभिरामा—/एक बार बस और नाच तू श्यामा!' स्वाधीनता उनकी चेतना पर इस कदर हावी हो गई कि उन्होंने 'स्वाधीनता पर' शीर्षक से दो कविताएं लिखीं, जिनमें से एक में कहा कि 'आवर्तन-परिवर्तन-नर्तन-सुखकीर्तन में,—/विपुल उल्लासमय विश्व के क्षण-क्षण में,—/भूधर महान और क्षुद्र कण-कण में/एक स्वाधीनता का गूंजता है विपुल हर्ष' और दूसरी में इस बात पर दुःख प्रकट किया कि संपूर्ण प्रकृति स्वतंत्र है, लेकिन 'मेरे साथ मेरे विचार—/मेरे जाति—/मेरे पददलित—/मौन हैं—/निद्रित हैं—स्वप्न में भी पराधीन!' वे इस निष्कर्ष पर पहुंचे कि 'भय ही व्यवस्था का जनक है', इसलिए 'निर्भय अपने को/और दुर्बल समाज को/करके दिखाना है–/'स्वाधीन' का ही/एक और अर्थ 'निर्भय' है।' प्रसंगवश यह कह देना आवश्यक है कि निराला की स्वाधीनता-संबंधी चेतना को प्रखर बनाने में उन पश्चिमी विचारकों का भी हाथ था, जिनका एतद्‌विषयक चिंतन हिंदी में मूल और अनूदित दोनों ही रूपों में प्रसार पा रहा था, उदाहरणार्थ जे.एस. मिल की पुस्तक 'ऑन लिबर्टी', जिसका पं. महावीरप्रसाद द्विवेदी ने 'स्वाधीनता' के नाम से अनुवाद किया था।

कुछ दिनों बाद निराला ने 'जागो फिर एक बार' शीर्षक से अपनी ही उद्‌बोधनात्मक कविताओं की रचना की, जो हिंदी क्षेत्र में काफी प्रसिद्ध हुईं। इन कविताओं की रचना की प्रेरणा भी उन्हें विवेकानंद से ही मिली थी, उनकी अंग्रेजी कविता 'टु दि एवेकेंड इंडिया' से, जिसमें उन्होंने कहा था : 'वन्स मोर एवेक!' उल्लेखनीय यह है कि टेक की इस पंक्ति को छोड़ दें, तो निराला की इन दो कविताओं की अंतर्वस्तु पर विवेक़ानंद की कविता का कोई प्रभाव नहीं है। पहली कविता में निराला ने

आध्यात्मिक जागरण के लिए भारत का उद्‌बोधन किया है और दूसरी कविता में राष्ट्रीय जागरण के लिए, इन दोनों ही जागरणों को परस्पर संबद्ध और आवश्यक मानते हुए। पहली कविता में वे कहते हैं : 'गया दिन, आई रात,/गई रात, खुला दिन,/ऐसे ही संसार के बीते दिन, पक्ष, मास,/वर्ष कितने ही हजार—/जागो फिर एक बार!' दूसरी कविता में उनका स्वर बहुत ही प्रखर है। भारतीयों को उनकी ऐतिहासिक वीरता की याद दिलाते हुए वे उन्हें वह कहकर ललकारते हैं कि 'शेरों की मांद में/आया है आज स्यार—जागो फिर एक बार!' अंग्रेजों को वे सियार इसलिए कहते हैं कि चोरदरवाजे से घुसकर वे इस देश का शासक बने थे। इसके साथ-साथ इस कविता में भी वे वेदांत का हवाला देते हैं और कहते हैं : 'मुक्त हो सदा ही तुम,/बाधा-विहीन बंध छंद ज्यों,/डूबे आनंद में सच्चिदानंदरूप' तथा 'ब्रह्म हो तुम,/पद-रज-भर भी है नहीं/पूरा यह विश्व-भार'। खास बात यह कि वे यह कहना भी नहीं भूलते कि 'पशु नहीं, वीर तुम,/समरशूर, क्रूर नहीं', जिसका मतलब यह है कि उनकी भारतीय मूल्य-चेतना निरंतर जाग्रत रहती है। वे वीरता को सदा एक नैतिक आधार प्रदान करने का पक्ष लेते हैं।

इसी के आसपास उन्होंने मिर्जा राजा जयसिंह के नाम लिखे गए शिवाजी के फारसी पत्र का हिंदी में मुक्तछंद में अनुवाद प्रस्तुत किया। यह कविता इस दृष्टि से उल्लेखनीय है कि इसमें यथास्थान उन्होंने संपादन ही नहीं, परिवर्द्धन भी किया है, जो बहुत ही महत्वपूर्ण है। मूल पत्र में इस तरह की बात कही गई है—'बड़ा खेद तो यह है कि मुसलमानों के खून पीने के अतिरिक्त किसी अन्य कार्य के निमित्त मेरी तलवार को मियान से निकलना पड़े।' इसमें निराला को तीव्र सांप्रदायिक घृणा की अभिव्यक्ति दिखलाई पड़ी, इसलिए उन्होंने अपनी कविता 'महाराज शिवाजी का पत्र' में इस अंश को छोड़ दिया और उसकी जगह अंग्रेजी साम्राज्यवाद का विरोध कर कविता को एक सामयिक संदर्भ प्रदान करने का प्रयास किया। उदाहरण के लिए उनका यह कथन द्रष्टव्य है : 'जितने विचार आज/मारते तरंगें हैं/साम्राज्यवादियों की भोग-वासनाओं में,/नष्ट होंगे चिरकाल के लिए।/आएगी भाल पर/भारत की गई ज्योति,/हिंदुस्तान मुक्त होगा घोर अपमान से,/दासता के पाश कट जाएंगे।' हिंदू-मुसलिम एकता के अलावा स्वाधीनता आंदोलन के जो अन्य रचनात्मक कार्यक्रम थे, यथा छुआछूत का विरोध, अछूतोद्धार,स्त्री-शिक्षा का प्रचार आदि, उनको सफल बनाने के लिए भी उन्होंने कई रूपों में योगदान किया, मुख्यत: कथाकार और पत्रकार के रूप में।

उनकी राष्ट्र-भावना निरंतर दृढ़ होती गई, इसकी सूचना 'गीतिका' के अनेक गीत देते हैं। 'नरजीवन के स्वार्थ सकल' गीत में वे मातृभूमि से कहते हैं :

क्लेदयुक्त अपना तन दूंगा,
मुक्त करूंगा तुझे अटल,

तेरे चरणों पर देकर बलि
सकल-श्रेय—श्रम-संचित फल।

'भारति, जय, विजयकरे!' और 'बंदूं पद सुंदर तव' गीत मातृभूमि का स्तवन हैं। 'शत-शत वर्षों का मग' गीत में देश-दशा पर चिंता प्रकट की गई है। उसकी लूट पर, और उसे आध्यात्मिक ज्ञान लेकर उठ खड़ा होने के लिए प्रेरित किया गया है। निराला के मानस पर राष्ट्र किस कदर छाया हुआ है, इसका पता उनके दो गीत 'जागो, जीवन-धनिके!' ('दुःख-भार भारत तम-केवल,/वीर्य-सूर्य के ढके सकल दल,/खोलो उषा-पटल निज कर अयि,/छविमय, दिन-मणिके!) और 'जला दे जीर्ण-शीर्ण प्राचीन' ('मां, तू भारत की पृथ्वी पर/उतर रूपमय माया तन धर,/देवव्रत नरवर पैदा कर,/फैला शक्ति नवीन') देते हैं।

हिंदी को स्वतंत्रता की पहचान मानने की बात का जिक्र ऊपर हो चुका है। धीरे-धीरे निराला के मानस में स्वाधीनता और स्वाधीनता आंदोलन अपने पूरे सामाजिक और आर्थिक संदर्भों के साथ ठोस शक्ल अख्तियार करते जाते हैं, इसका पहला प्रमाण उनकी 1937 में रचित कविता 'तोड़ती पत्थर' है। पं. नंददुलारे वाजपेयी ने लिखा है कि 'इलाहाबाद के पथ पर पत्थर तोड़ती हुई स्त्री को निराला ने 'स्वराज्यभवन' या 'आनंदभवन' के सामने की सड़क पर देखा था।' उससे यह कविता एक साधारण प्रगतिशील कविता न रहकर कांग्रेस के नेतृतव में चलने वाले स्वाधीनता आंदोलन की तीखी आलोचना बन जाती है। अब इन पंक्तियों का सही अर्थ सामने आता है—'गुरु हथौड़ा हाथ,/करती बार-बार प्रहार :—/सामने तरु मालिका अट्टालिका, प्राकार।' आलोचकों ने ठीक ही कहा है कि मजदूरिनी के हथौड़े की चोट पत्थर पर ही नहीं, सामने की अट्टालिका पर भी पड़ती है। साधारण भारतीय जन के प्रति निराला का गहरा लगाव शुरू से था। स्वभावत: वे उपनिवेश-विरोधी ही नहीं, सामंत-विरोधी भी थे, जिसका प्रमाण उनकी 'बादल-राग' श्रृंखला की अंतिम कविता की ये सुपरिचित पंक्तियां हैं : 'जीर्ण बाहु, है शीर्ण शरीर,/तुझे बुलाता कृषक अधीर,/ऐ विप्लव के वीर!/चूस लिया है उसका सार,/हाड़-मात्र ही है आधार,/ऐ जीवन के पारावार!' 1930 के बाद जब स्वाधीनता आंदोलन में वर्गीय चेतना का समावेश होता है, तो चतुर्दिक यह प्रश्न उठने लगता है कि आजादी किसे मिलेगी और आजाद भारत में नवनिर्माण का क्या रूप होगा? जैसे प्रेमचंद गद्दी पर जॉन की जगह गोविंद को बिठाने के विरुद्ध थे, निराला भी। उन्होंने अपनी दृष्टि भारतीय जनता पर केंद्रित की और उसी की कसौटी पर स्वाधीनता और स्वाधीनता आंदोलन को देखना शुरू किया। 'वन-बेला' उनकी ऐसी ही कविता है, जिसमें छायावादी मिथक और छायावादोत्तर यथार्थ का अंतर्विरोध बहुत तीव्र हो जाता है और जिसके बाद ही उनकी कविता में यथार्थवादी मोड़ उपस्थित होता है। इस कविता में स्वाधीनता आंदोलन

के कांग्रेसी नेतृत्व के ढोंग, पाखंड और आडंबर का बहुत निर्मम चित्रण है। कला भी निराला की ऐसी है कि वे एक प्रसिद्ध कांग्रेसी नेता का व्यंग्य-चित्र अपने माध्यम से अंकित करते हैं। इसी की कड़ी में 'बेला' की एक ग़ज़ल 'किसकी तलाश में हो,' में उन्होंने कहा : 'पटली है बैठने को गोरे की सांवले से'। यह कांग्रेस के वर्ग-सामंजस्य पर चोट थी।

उपर्युक्त दृश्य देखकर 1942 में उन्होंने बहुत निराशा के साथ एक गीत लिखा– 'गहन है यह अंध कारा', जिसमें पुनः बहुत दु:ख के साथ यह कहा कि स्वार्थ हमारे ऊपर इस कदर हावी हो गया है कि राष्ट्र की पराधीनता की चेतना ही खो गई है। उन्होंने ईश्वर से प्रार्थना की : 'प्रिय, मुझे वह चेतना दो देह की,/याद जिससे रहे वंचित गेह की,/खोजता फिरता, न पाता हुआ,/मेरा हृदय हारा'। इन पंक्तियों में 'देह' और 'गेह' दोनों ही ध्यान देने लायक शब्द हैं। 'देह' को 'आत्मा' के विरोध में रखकर देखना चाहिए। यह भौतिकता का वाचक है, जैसे 'गेह' देश का। 'मेरा हृदय हारा' में कवि का स्वर करुण हो उठा है। एक तरफ 'वन-बेला' का व्यंग्य और दूसरी तरफ यह करुणा। एक जगह भिन्न रूप में कही गई जायसी की बात चरितार्थ होती है– 'एक दिसि आग दोसर दिसि पानी'। गहराई में झांकने पर एक कविता में भी ये दोनों बातें मिल जाएंगी।

'नए पत्ते' की दो कविताएं खासतौर से इस प्रसंग में उल्लेखनीय हैं–'झींगुर डटकर बोला' और 'महगू महगा रहा'। पहली कविता में गांधीवाद की आलोचना है, जिसमें वर्ग-विग्रह की जगह वर्ग-सहयोग की वकालत की जाती थी। उसके दृष्टांत के रूप में एक घटना का वर्णन है। पुलिस और जमींदार की मिलीभगत से किसानों पर इसलिए गोली चलाई जाती है कि वे किसान सभा से जुड़े हुए हैं और उसके नेता भाई जी के मददगार। एक वर्गचेतन किसान झींगुर इस नीति को समझता है और उसे इस कविता में बेपर्दा करता है : 'चूंकि हम किसान सभा के,/भाई जी के मददगार,/जमींदार ने गोली चलवाई/पुलिस के हुक्म की तामीली को।' दूसरी कविता में कांग्रेस और उसके नेता पं. नेहरू के वर्ग-चरित्र का खुलासा है। पहले नेता :

राजों के बाजू पकड़, बाप की वकालत से;
कुर्सी रखने वाले अनुल्लंघ्य विद्या से
देशी जनों के बीच;
लेंड़ी ज़मींदारों को आंखों तले रखे हुए;
मिलों के मुनाफ़े खाने वालों के अभिन्न मित्र;
देश के किसानों, मज़दूरों के भी अपने सगे
विलायती राष्ट्र से समझौते के लिए।
गले का चढ़ाव बोर्ज़ुआजी का नहीं गया।

धाक, रूस के बल से ढीली भी, जमी हुई;
आंख पर वही पानी;
स्वर पर वही संवार।

फिर पार्टी :

महगू ने कहा, हां, कंपू में किरिया के
गोली जो लगी थी,
उसका कारण पंडितजी का शागिर्द है;
रामदास को कांग्रेसमैन बनाने वाला,
जो मिल का मालिक है।
यहां भी वह जमींदार, बाजू से लगा ही है।
कहते हैं, इनके रुपए से ये चलते हैं,
कभी-कभी लाखों पर हाथ साफ करते हैं।

यह निराला की 1946 की कविता है, स्वाधीनता-प्राप्ति के करीब एक वर्ष पहले की। स्वाधीनता कैसे आई, सबको मालूम है—देश का विभाजन, हत्या, आगजनी, आबादी के एक बड़े हिस्से का बेघरबार हो जाना, अंग्रेजी की पुनःप्रतिष्ठा, जमींदारों और मिल-मालिकों को अभयदान तथा शासन के भीतर एवं बाहर अवसरवाद और भ्रष्टाचार की बाढ़। स्वाधीनता-प्राप्ति पर निराला चुप रहे, जैसे महात्मा गांधी। चुप्पी उन्होंने करीब ढाई साल के बाद तोड़ी, एक गीत में, जो स्वाधीनता से उनके पूरे मोहभंग की सूचना देता है। वह गीत पूरा उद्धरणीय है :

आशा-आशा मरे
लोग देश के हरे!

देश पड़ा है जहां,
सभी झूठ है वहां,
भूख प्यास सत्य,
        होंठ सूख रहे हैं अरे!

आस कहां से बंधे?
सांस कहां से सधे?
एक-एक दास,
        मनस्काम कहां से सरे?

रूप-नाम है नहीं,
कौन काम तो सही?

महीं-गगन एक,
कौन पैर तो यहां धरे ?

उन्हें इस बात से बहुत तकलीफ है कि देश के विकास का कोई प्रारूप मौजूद नहीं, जिससे यह पता नहीं चलता कि जो किया जा रहा है, उसमें क्या सही और क्या गलत है। उन्हें और ज्यादा तकलीफ इस बात से है कि नेतागण हवाई जहाज से जमीन-आसमान को एक किए हुए हैं, उन्हें जमीन पर पैर रखने की फुर्सत ही नहीं, जिससे वे यथार्थ यानी राष्ट्र की आवश्यकता को समझ सकें।

6. निराला और नई रचनाशीलता

पिछली पीढ़ी के कवियों की तरह ही नई पीढ़ी के कवियों को भी निराला बहुत प्रिय हैं। इनके मन में मुक्तिबोध के प्रति भी गहरी आत्मीयता है, लेकिन निराला जैसी स्वीकृति संभवत: मुक्तिबोध को अभी तक नहीं मिली। इसका एक कारण तो यही है कि मुक्तिबोध की विश्वदृष्टि जहां मार्क्सवादी है, वहां एक दौर में मार्क्सवाद से प्रभावित होने के बावजूद निराला मूलत: मानववादी कवि हैं। मानववाद और मार्क्सवाद परस्पर विरोधी चीजें नहीं हैं, लेकिन आज इसे लेकर दो मत नहीं हो सकते कि मानववाद मार्क्सवाद से अधिक व्यापक है और कदाचित कविता का असली क्षेत्र मानवीय संवेदना का क्षेत्र ही है, कोई दर्शन या विचारधारा नहीं। कोई दर्शन या विचारधारा मानवीय संवेदना को उत्कर्ष भी प्रदान कर सकती है और उसे प्रणालीबद्ध कर कुंठित भी कर दे सकती है। दूसरी तरफ मानवीय संवेदना सच्ची और गहरी होने पर स्पष्ट रूप से किसी विचारधारा का अवलंब लिए बिना भी कृतकार्य होती है। निराला-काव्य को आत्मसात कर नई रचनाशीलता उससे क्या ग्रहण कर सकती है?

कविता में व्यक्ति और समाज का झगड़ा काफी दिनों से चलता रहा है। दिनकर जी कहा करते थे कि जैसे प्रवृत्ति और निवृत्ति धर्म की राजनीति है, वैसे ही क्लासिसिज्म और रोमांटिसिज्म कविता की राजनीति। पुरानी कविता में, जिसे क्लासिकी कविता कहा जाता है, कवि अपने व्यक्तित्व को पीछे रखकर समाज को अभिव्यक्त किया करता था, जबकि आधुनिक काल की रोमांटिक कविता में वह आत्माभिव्यक्ति को प्रमुखता देने लगा। यह प्रसन्नता की बात है कि हिंदी की बिलकुल नई कविता में व्यक्ति और समाज को लेकर कोई द्वंद्व नहीं दिखलाई पड़ता है। आज जो कवि प्रगीतात्मक कविता लिखते हैं, वे भी समाज की उपेक्षा करके नहीं चलते और अपनी आत्माभिव्यक्ति में ही विचित्र प्रकार से समाज की अभिव्यक्ति किया करते हैं। हिंदी कवियों में व्यक्तित्व की सर्वाधिक प्रखर चेतना निराला में थी। वैसे तो सभी छायावादी कवि व्यक्तित्व-संपन्न थे, लेकिन निराला की कविता तो उनके व्यक्तित्व से इस कदर जुड़ी हुई है कि उसे छोड़कर उसे समझा ही नहीं जा सकता। 'परिमल' के 'डोलती नाव, प्रखर है धार' से लेकर 'सांध्य काकली' तक के गीत निराला की दुखपूर्ण जीवन-कथा कहते हैं। उनकी 'सरोजस्मृति' जैसी महान कविता तो उनके व्यक्तिगत जीवन से प्रत्यक्ष रूप से जुड़ी हुई है ही, उनकी 'राम की शक्तिपूजा' जैसी कविता भी उनके जीवन से जुड़ी हुई है, भले ही नाटकीय ढंग से। आलोचकों ने ठीक ही 'देखता रहा मैं खड़ा अपल,/

वह शर-क्षेप, वह रण-कौशल' ('सरोजस्मृति') और 'विद्धांग-बद्ध-कोदंड-मुष्टि-खर-रुधिर-स्राव' (शक्तिपूजा) में समानता देखी है। लेकिन निराला की सफलता इस बात में है कि उनकी आत्मपरकता में वस्तुपरकता है, जैसे उनकी वस्तुपरकता आत्मपरकता से युक्त है। यह तथ्य इस बात का साक्ष्य प्रस्तुत करता है कि वस्तु-सत्य व्यक्ति-सत्य की गहराई में निहित होता है। यदि व्यक्ति-सत्य को ठीक-ठीक समझा गया तो वह समाज-सत्य को प्रकट कर देगा। मुक्तिबोध के मुहावरे में कहें, तो धरित्री अपने रत्न उगल देगी है! स्वयं मुंक्तिबोध हिंदी के प्रगतिशील कवियों में सर्वाधिक व्यक्तित्व-संपन्न कवि हैं। उनकी कविता की शक्ति इसी बात में निहित है। नए कवि सतही सामाजिकता और सतही वैयक्तिकता से अलग होकर इस तथ्य को समझें तो उनका कवि-व्यक्तित्व उत्कर्ष प्राप्त कर अधिक प्रभावशाली बन सकता है।

छायावादी कवियों ने परंपरा के विरुद्ध एक अभियान चलाया था। 'पल्लव' की भूमिका मे सुमित्रानंदन पंत ने ही ब्रजभाषा-काव्य पर दायित्व-शून्य आक्षेप नहीं किए थे, निराला ने भी बिहारी और रवींद्रनाथ की कविता की तुलना कर रवींद्रनाथ को आदर्श कवि के रूप में स्थापित किया था। छायावादी आंदोलन वस्तुतः स्वच्छंदतावादी आंदोलन था, जिसका एक मुख्य लक्षण था शास्त्रीयता से विद्रोह। छायावादी कवियों ने कविता के पुराने विषयों का बहिष्कार किया, पुरानी भाषा छोड़ी और छंद-प्रयोग के क्षेत्र में मुक्तछंद तक चले गए। लेकिन इस घटना का एक दूसरा पहलू भी है, जो निराला में ज्यादा साफ तौर पर दिखलाई पड़ता है। निराला भी रीतिकाव्य के विरोधी थे, लेकिन जब पंत ने उसके प्रति निषेधवादी रुख अपनाया, तो उन्होंने 'पंत और पल्लव' नामक एक लंबा लेख लिखकर उनकी आलोचना की और ब्रजभाषा-काव्य की उपलब्धियों की तरफ अपनी पीढ़ी के कवियों का ध्यान आकर्षित किया। एक बार नामवर जी के आवास पर निराला को लेकर बातचीत हो रही थी। वे 'गीतिका' के शृंगारिक वर्णन वाले गीतों का हवाला देकर यह सिद्ध करने की कोशिश कर रहे थे कि निराला की काव्य-संवेदना एक बड़ी हद तक रीतिकालीन थी। वह हो या नहीं, लेकिन यह सही है कि निराला ब्रजभाषा-काव्य के संपूर्ण दाय को आत्मसात कर आगे बढ़े हैं। उनके शृंगारिक वर्णनों में ऐंद्रियता ही नहीं है, उनकी शब्द-योजना पर भी तुलसीदास के साथ रीतिकालीन कवियों का प्रभाव है। यह तो जानी हुई बात है कि पद्माकर छात्र-जीवन से ही उनके प्रिय कवि थे, जिससे उन्होंने इंट्रेंस परीक्षा में अपनी गणित की कापी को उनके कवित्तों से चुहचुहा दिया था! पद्माकर के कवित्तों का संगीत उनके मन में इस कदर गूंजता रहता था कि उसी की लय का आधार लेकर उन्होंने मुक्तछंद की सृष्टि की, जो आधुनिक हिंदी कविता में पुनः एक बार आधुनिकता का द्वार उन्मुक्त करता है। नई पीढ़ी के कवि अपनी रचनाशीलता को निराला के परंपरा-प्रेम से प्रेरणा लेकर संवर्धित कर सकते हैं। परंपरा-प्रेम का मतलब परंपरा का अनुकरण नहीं, बल्कि उसके साथ

निरंतर संवाद की स्थिति में रहना है। तभी कोई कवि या कवि-पीढ़ी अपनी जातीय परंपरा का अंग बन सकती है। आज हिंदी कविता खड़ी बोली तक सीमित हो गई है, जो कि बहुत कुछ एक मूलविहीन भाषा है। इस भाषा को जीवनीशक्ति जिन स्रोतों से प्राप्त होती है, उनमें ब्रजभाषा-काव्य मुख्य है। ब्रजभाषा-काव्य में जीवन और भाषा का जो रस सुरक्षित है, उसका पान कर यदि हिंदी कविता आगे बढ़ी, तो निश्चय ही वह सही अर्थों में सूर, तुलसी, बिहारी, पद्माकर और भारतेंदु की उदात्त काव्य-परंपरा का विकास कर सकेगी। आज जिन कवियों की बहुत चर्चा है, उदाहरणार्थ शमशेर, केदार, नागार्जुन, त्रिलोचन और मुक्तिबोध, वे अलग-अलग ब्रजभाषा, अवधी, मैथिली और उर्दू की काव्य-परंपराओं को अपने रक्त में मिलाकर आगे बढ़े हैं।

इलियट ने महान कवि के जो तीन लक्षण बतलाए हैं, उनमें एक विविधता भी है। विविधता की दृष्टि से निराला हिंदी के आधुनिक कवियों में सर्वाधिक उल्लेखनीय हैं। उन्होंने कविता के क्षेत्र में जितने प्रयोग किए, उतने किसी अन्य कवि ने नहीं। सहसा यह विश्वास नहीं होता कि 'राम की शक्तिपूजा' और 'कुकुरमुत्ता' का रचयिता एक ही है। इसी तरह 'जुही की कली' जैसी कविता और 'महगू महगा रहा' जैसी कविता के बीच भी अकल्पनीय दूरी है। निराला ने गीत भी लिखे, कविताएं भी; कठिन छंदों का भी प्रयोग किया और मुक्तछंद ही नहीं, गद्य-छंद की भी रचना की। उनमें जो यह विविधता है, वह हरिऔध जी वाली प्रदर्शनप्रियता की देन नहीं है। इस विविधता का संबंध निराला के गतिशील यथार्थबोध से है। उन्होंने भारतीय स्वाधीनता आंदोलन के उग्रता के दौर में प्रवेश करने के साथ कविता लिखना शुरू किया था और भारतीय स्वाधीनता के मोहभंग तक अबाध गति से लिखते रहे। बीच में कांग्रेसी राजनीति का समझौतापरस्त रूप सामने आया, द्वितीय विश्वयुद्ध छिड़ा, वामपंथी किसान-मजदूर आंदोलन ने प्रसार पाया, स्वाधीनता प्राप्त हुई, देश का विभाजन हुआ और सत्तासीन होकर कांग्रेसी नेताओं ने सुखभोग के लिए भ्रष्टाचार तक का सहारा लिया। निराला-काव्य चार दशकों में घटने वाली इन घटनाओं का ज्वलंत दस्तावेज है। स्वभावत: उनके यथार्थबोध के दबाव से उनके काव्यरूप और उनकी काव्यभाषा बदलती गई। 'नए पत्ते' की कविताएं यथार्थवादी गद्य की भाषा में ही लिखी जा सकती थीं, 'प्रेयसी' अथवा 'तुलसीदास' की भाषा में नहीं। इस तरह निराला की नई भाषा उनके लिए नए काव्यरूप की देन है और उनके नए काव्यरूप उनके नए यथार्थबोध की देन। ऐसी गतिशीलता आज के कवियों में नहीं दिखलाई पड़ती। रघुवीर सहाय और केदारनाथ सिंह जैसे कवियों में अपने ढंग का विकास परिलक्षित होता है लेकिन उसमें निराला जैसी गति नहीं है, जबकि पिछले चालीस वर्षों में देश और दुनिया ज्यादा तेजी से बदली है। नए कवि इस बात को समझकर अपने यथार्थबोध का प्रसार कर सकते हैं। उनका यथार्थबोध बहुत सीमित है, यह तो इसी से स्पष्ट है कि सारी दुनिया में विचारधारा से लेकर राजनीति तक के क्षेत्र में जब

भूकंप आया हुआ है, वे लगभग निश्चिंतता की मुद्रा में हैं। ज्यादा से ज्यादा यही देखने में आता है कि कहीं कोई पत्ती जरा सी हिल जाती है, बस! निराला और मुक्तिबोध की कविता वाली हलचल कहीं दिखलाई नहीं पड़ती।

निराला की काव्यभाषा के संबंध में अलग से कुछ कहना जरूरी है। उन्होंने कविता में भाषा की सभी शक्तियों से काम लिया है, लेकिन हिंदी भाषा के अपने स्वरूप को कभी विकृत नहीं किया। कारण यह कि वे उसकी शक्ति और सुंदरता से परिचित थे और उसी को बढ़ाना उनका लक्ष्य था। नई कविता के दौर में भाषा की बहुत चर्चा हुई, जिसका एक ही मतलब था—हिंदी की अपनी प्रकृति से हटकर उसमें आधुनिक मुहावरे ढालना। धूमिल ठेठ भाषा को हिंदी में लाए, तो उसका मतलब लगाया गया भाषिक आभिजात्य को तिलांजलि दे देना। अस्सी के बाद जब कविता की कथित वापसी हुई, तो नागार्जुन और त्रिलोचन की काव्यभाषा के देसीपन की तरफ पाठकों और आलोचकों को ध्यान गया। यह देसीपन आधुनिकता का नहीं, बल्कि छद्म-आधुनिकता का विरोधी है। विदेशी साहित्य से हिंदी कवियों का सरोकार भारतेंदु और श्रीधर पाठक के जमाने से ही रहा है, लेकिन नई कविता के पहले के कवियों ने कभी सर्वथा अजनबी भाषा में बातचीत नहीं की। पंत जी ने कुछ अंग्रेजी मुहावरों की हिंदी में नकल की तो उनमें से बहुत थोड़े से मुहावरे हिंदी में स्वीकृत हुए और उन्होंने भी धीरे-धीरे हिंदी भाषा के स्वरूप को समझकर उसमें कविता लिखना शुरू किया। निराला की काव्यभाषा की सबसे बड़ी विशेषता उसका देसीपन है। वे अभिधा में लिख रहे हों, या लक्षणा में, या व्यंजना में, उनकी भाषा कभी अजनबी नहीं होती। इसी तरह जितनी आत्मीय उनकी समस्त पदावली वाली भाषा है, उतनी ही आत्मीय उनकी 'नए पत्ते' की कविताओं में प्रयुक्त गद्यात्मक भाषा भी। 'नए पत्ते' की कविताओं में तो उन्होंने नई यर्थाथवादी कविता के विषय और भाषा दोनों की संभावनाओं के क्षेत्र उद्घाटित किए हैं। यहां मैं उसकी किसान-संबंधी कविताओं की ओर खास तौर से संकेत करना चाहूंगा। निराला की भाषा के देसीपन का पता उनके गद्य-साहित्य की भाषा से ज्यादा अच्छी तरह से चलता है। यहां भी हम देखते हैं कि उनका आरंभिक गद्य जहां छायावादी झंकृति और चित्रात्मकता से युक्त है, वहां परवर्ती गद्य म्यान से बाहर तलवार की तरह निकला हुआ है। 'चतुरी चमार', 'कुल्ली भाट' और 'बिल्लेसुर बकरिहा' का गद्य अपनी जमीन से पैदा हुआ ऐसा गद्य है, जो प्रेमचंद के गद्य से आगे जाता है। उसमें प्रेमचंद के गद्य से कसाव भी अधिक है और नए ढंग का कवित्व भी। 'नए पत्ते' की किसान-संबंधी कविताओं में उस गद्य की शक्ति और सुंदरता का एक अंश ही आ सका है। नई पीढ़ी के कवि यदि निराला के माध्यम से हिंदी के अपने गद्य में निहित सृजनात्मकता को पहचानें और अपने सृजन-कर्म से उसे विकसित करें, तो यह निराला के दाय को सही ढंग से ग्रहण करना होगा।

7. प्रेयसी : एक मुक्त प्रेम की कविता

प्रेम निराला के लिए कविता का एक महत्वपूर्ण विषय था। इसकी अनुभूति व्यक्ति को युवावस्था के आगमन के साथ होती है। स्वभावतः इस प्रसंग को लेकर उन्होंने अपनी काव्य-रचना के पहले दौर में 'रेखा' शीर्षक से तीन कविताएं लिखीं, जो 'सुधा', 'इंदु' और 'माधुरी' के 1927-28 के अंकों में प्रकाशित हुईं। उनमें से पहली कविता को पूर्णतर मानकर उन्होंने द्वितीय 'अनामिका' में संगृहीत किया और बाकी दो को छोड़ दिया। अब वे तीनों ही कविताएं क्रम से 'निराला रचनावली' के प्रथम खंड में संकलित हैं। 'गीतिका' के गीतों के रचना-काल में भी निराला ने 'प्रेम के प्रति' शीर्षक एक कविता लिखी। इसे भी उन्होंने द्वितीय 'अनामिका' में ही शामिल किया।

यहां 'रेखा' शीर्षक कविताओं की संक्षेप में चर्चा आवश्यक है। पहली कविता में निराला ने सर्वप्रथम युवावस्था के आरंभ के साथ उत्पन्न होने वाली प्रेम-भावना का वर्णन किया है, जो कि जितना ही सूक्ष्म है, उतना ही मनोवैज्ञानिक। जब युवाचित्त में प्रेम-भावना उत्पन्न होती है, तो वेदांत-प्रभावित युवक सोचता है कि कहीं ऐसा तो नहीं है कि वह जिसे प्रेम समझ रहा है, वह उसे सौ-सौ मोहक बंधनों में जकड़ने वाली जड़ता हो? उसे आश्चर्य होता है :

तृष्णा की जागृति का
मूर्त राग नयनों में।
हुताशन विश्व के शब्द-रस-रूप-गंध
दीपक-पतंग-से अंध थे आ रहे
एक आकर्षण में
और यह प्रेम था!

वह प्रेम को सारवान समझता था, लेकिन उसे जो अनुभव हो रहा था, उससे लगता था कि वह तो असार तृष्णा या वासना-मात्र है। बाद में वह इस नतीजे पर पहुचंता है कि नहीं, उसके हृदय में जो उत्पन्न हुआ था, वह प्रेम ही था : 'खींचा उसी ने था हृदय यह,/जड़ों में चेतन-गति कर्षण मिलता कहां?' तत्पश्चात निराला ने युवक की प्रेम-प्राप्ति अर्थात प्रेमिका प्राप्त होने के बाद का जो वर्णन किया है, वह कई दृष्टियों से महत्वपूर्ण है। पहले तो उन्होंने यह कहा है :

पाया आधार

भार-गुरुता मिटाने को,
था जो तरंगों में बहता हुआ,
कल्पना में निरवलंब,
पर्यटक एक अटवी का अज्ञात,
पाया किरण-प्रभात--
पथ उज्ज्वल, सहर्ष गति।

फिर यह कि--

केंद्र दो आ मिले
एक ही तत्व के,
सृष्टि के कारण वे,
कविता के काम-बीज।
कौन फिर फिर जाता?
बंधा हुआ पाश में ही
सोचता जो सुख-मुक्ति कल्पना के मार्ग से,
स्थित भी जो चलता है,
पार करता है गिरिशृंग, सागर-तरंग,
अगम गहन अलंघ्य पथ...

यह निराला का प्रेम-दर्शन है। प्रेम वह चीज है, जो बंधन में भी मुक्ति प्रदान करता है। यह कोई हवाई चीज नहीं, बल्कि ठोस हकीकत है, जो दो व्यक्तियों—पुरुष और स्त्री—के समान हृदयों या भावों के मिलन का परिणाम होता है। निराला उन भावों के बारे में कहते हैं : 'सृष्टि के कारण वे,/कविता के काम-बीज।' जाहिर है कि यह प्रेम बहुत कुछ 'कामायनी' की वह 'प्रेम-कला' है, जिसका संदेश सुनाने के लिए, काम के अनुसार, इस संसार में श्रद्धा का अवतरण हुआ था।

'रेखा' शीर्षक बाकी दो कविताएं अपेक्षाकृत छोटी हैं, लेकिन उनकी अंतर्वस्तु भी वही है, जो पहली कविता की। दूसरी कविता में युवक को प्रेम का आश्वासन उन पथिकों से प्राप्त होता है, जो 'मन थे सौंपे हुए गृह की सीमा में/प्रियतमा को चुपचाप', यानी जो संन्यासी नहीं, गृही थे। जो पक्षी की तरह आकाश में उड़ानें भरते थे, लेकिन जिनकी नत दृष्टि अपने घोंसले से लगी हुई थी। निराला के शब्दों में : 'प्रेम की असीमता ने/प्लावित कर दी सीमा/बंधन आनंदमय हो रहा'। तीसरी कविता में प्रेम का रूप अत्यधिक व्यापक है। इसमें प्रेमिका कवि को देवी की तरह मिलती है, जिससे उसका पहले का जड़ और दीन-हीन जीवन बिलकुल बदल जाता है। वह कहता है : 'ज्योति में तेरी प्रिय/परिचय अपना हुआ,—/उसी दिन देखा था मैंने ऐश्वर्य निज,/शक्ति निज,/निज अमूल्य वैभव का फैला संसार'। इतना ही नहीं, वह यह भी कहता है कि उससे मिलने

के बाद भीतर और बाहर दोनों में साम्य दिखलाई पड़ा, यानी जो भीतर था, वह बाहर। इस प्रेमिका को वस्तुत: 'देवी' समझने का भ्रम न हो, इसलिए इस कविता के आरंभिक अंश को देखना जरूरी है :

रेखा जीवन की !—
अयि प्रथम परिचय की प्रिया !—
ज्योति में अपनी जब
स्वप्न एक सुप्ति की सजल,
चिर-चंद्रिका, कुमारी तू
नग्न-पद,
आई अयि चंचल,
ह्रदय के सब सुप्त दल खुल गए,
अंध अंतर में वह प्रथम प्रभात आया।

'प्रेम के प्रति' शीर्षक कविता में भी निराला ने प्रेम से ही सृष्टि की शुरुआत मानी है और कहा है कि वह दो प्राणियों को जोड़ने वाला सूत्र होकर भी असूत्र है ! प्रेम वासना नहीं है; वह वासना होकर भी उससे परे है ! वह दिव्य है, लेकिन उनके अनुसार उसकी दिव्यता मनुष्यनिरपेक्ष नहीं।

यहां रवींद्रनाथ के 'मानव-सत्य' को स्मरण करना आवश्यक है। इसी शीर्षक के अपने व्याख्यान में सार रूप में उन्होंने जो कहा है, वह थोड़ा लंबा होने पर भी उद्धरणीय है : 'जो सारे जगत का भूमा है उसे उपलब्ध करने की साधना में कभी-कभी यह उपदेश मिलता है : 'लोकालय छोड़ो, गुहा में जाओ।' इस साधना के विषय में कुछ कहने का मुझे अधिकार नहीं है। लेकिन मेरा मन जिस साधना को स्वीकार करता है वह कहती है—अपना त्याग न करो; अपने बीच ही उस महान पुरुष को उपलब्ध करने का क्षेत्र है; वह निखिल मानव-जाति का आत्मा है। उसकी उपेक्षा करते हुए किसी अमानवीय या अतिमानवीय सत्य तक पहुंचने की बात यदि कोई करे तो उसे समझने की शक्ति मेरे पास नहीं है। मेरी बुद्धि मानवीय बुद्धि है, मेरा ह्रदय मानवीय ह्रदय है, मेरी कल्पना मानवीय कल्पना है। उसको मैं कितना ही परिमार्जित करूं, है वह मानवचित्त। जिसे हम विज्ञान कहते हैं वह मानव-बुद्धि से ही प्रमाणित है, जिसे ब्रह्मानंद कहते हैं वह भी मानव-चैतन्य में व्यक्त आनंद है। इस बुद्धि में, इस आनंद में, जिसको हम उपलब्ध करते हैं वह भूमा है—लेकिन वह 'मानवीय भूमा' है। उसके बाहर कुछ होना या न होना मनुष्य के लिए बराबर है। मनुष्य को विलुप्त करके ही यदि मुझे मुक्ति मिल सकती है, तो मैं मनुष्य हुआ ही क्यों ?' इस उद्धरण में कहीं प्रेम का जिक्र नहीं है, लेकिन सचेत पाठक महसूस करेंगे कि निराला की प्रेम-भावना रवींद्रनाथ की इस भावना से बाहर की चीज नहीं है। असल चीज है, मानवीय अनुभूति में ही दिव्य अनुभूति की

प्राप्ति, बंधन में ही मुक्ति की उपलब्धि। जैसे उनकी कवि-दृष्टि के निर्माण में विवेकानंद का हाथ था, वैसे ही रवींद्रनाथ का भी, यह असंदिग्ध है।

'रेखा' शीर्षक कविताओं में निराला ने जो कहना चाहा था, उसी को उन्होंने बाद में 'प्रेयसी' शीर्षक कविता में बेहतर और पूर्णतर ढंग से प्रस्तुत किया। यह कविता 'माधुरी' के नवंबर, 1935 के अंक में प्रकाशित हुई। कहा जा चुका है कि यह वह कविता है, जिसकी रचना निराला ने 'सरोजस्मृति' की रचना के एक सप्ताह बाद ही की थी। यह इस बात का प्रमाण है कि बड़े से बड़े आघात से भी उनका रचनात्मक व्यक्तित्व विघटित नहीं होता था, बल्कि वह उससे और संगठित हो जाता था, जिसका मतलब यह है कि कविता उनके लिए व्यक्तित्व के प्रक्षेपण का ही नहीं, उसे संगठित करने का भी माध्यम थी। 'प्रेयसी' स्पष्टतः 'रेखा' शीर्षक कविताओं की ही भाव-भूमि की कविता है लेकिन उनसे अधिक ललित और उदात्त। यह निराला की उल्लेखनीय कविताओं में से एक है क्योंकि इसमें उन्होंने प्रेम का वर्णन उसकी अथाह गहराइयों में जाकर किया है। बड़ी बात यह है कि यह प्रेम मुक्तिप्रदाता होते हुए भी मानवीय जीवन के बंधन में बंधा हुआ है; दिव्य होते हुए भी लौकिक अथवा सांसारिक है। कविता में एक कथा है, जिसका परिदृश्य पूर्णतः सामाजिक है। 'रेखा' शीर्षक कविताओं से एक भिन्नता इसमें यह है कि वे कविताएं जहां प्रेमिका के प्रति प्रेमी का आत्मनिवेदन हैं, यह प्रेमी के प्रति प्रेमिका का।

2

'प्रेयसी' प्रसंगानुसार पांच छोटे-बड़े खंडों में विभाजित कविता है। पहले खंड में यौवनागम के साथ प्रेयसी में प्रेम-भावना के उदय और अपने प्रेमी के साथ उसकी मुलाकात का वर्णन है, दूसरे खंड में उस मुलाकात की कथा है, तीसरे खंड में प्रेम के बाद की स्थिति का, चौथे खंड में प्रेमी के साथ उसके पलायन अथवा मुक्ति प्राप्त करने का और पांचवें खंड में उसके परवर्ती जीवन का वृत्तांत है। इस विभाजन का संकेत 'अनामिका' के प्रथम संस्करण के पाठ में है, उसके बाद के संस्करणों में नहीं। कविता आकार में 'रेखा' शीर्षक पहली कविता से बड़ी नहीं है, लेकिन जैसा कि अभी-अभी संकेत किया गया है, इसके वर्णन में अत्यधिक गहराई है, इसे कवि ने ठोस सामाजिक आधार प्रदान किया है और इसकी कलात्मक प्रौढ़ि भी प्रकर्ष पर पहुंची हुई है।

सर्वप्रथम प्रेयसी अपने ऊपर युवावस्था के अवतरण का वर्णन करती है। कहती है कि मेरे अंग-अंग को घेरकर तरुणाई की तरंग लहरा उठी, तो मुझे ऐसा प्रतीत हुआ कि मैं एक ज्योतिर्मयी लता में रूपांतरित हो गई हूं, जिसने मेरे शरीररूपी वृक्ष को लपेट लिया है! प्रेयसी अपने को 'युवती' या 'तरुणी' के रूप में पा रही है : शरीर भी उसी

का है लेकिन जैसे उससे अलग। वसंतागम के साथ उस लता में गुच्छ-गुच्छ नए सुगंधित फूल खिल उठे। यह वसंतागम स्पष्टतः यौवनागम है। निराला की पहले की उक्ति स्मरणीय है—'अभी-अभी ही तो आया है/मेरे वन में मृदुल वसंत', जिसमें वसंत 'यौवन' के लिए ही प्रयुक्त हुआ है। यहां वे वसंत को इसलिए ले आए हैं कि लता में फूल खिलने का प्रसंग है। स्पष्टतः इसके द्वारा वे युवावस्था के आगमन के साथ शरीर में होने वाले विकास की ओर संकेत हैं। उनके शब्दों में :

घेर अंग-अंग को
लहरी तरंग वह प्रथम तारुण्य की,
ज्योतिर्मयी-लता-सी हुई मैं तत्काल
घेर निज तरु-तन।
खिले नव पुष्प जग प्रथम सुगंध के,
प्रथम वसंत में गुच्छ-गुच्छ।

विद्वानों ने ठीक ही संकेत किया है कि प्रथम दो पंक्तियों पर रवींद्रनाथ की प्रसिद्ध कविता 'विजयिनी' की इस पंक्ति का प्रभाव है–'अंगे-अंगे यौवनेर तरंग उच्छल', जिसका निराला ने 'तट पर' शीर्षक कविता में इस रूप में अनुवाद किया है–'अंग-अंग में नव-यौवन उच्छृंखल' लेकिन उनका कहना यह भी है कि निराला द्वारा प्रस्तुत 'घेर' शब्द उनकी उक्ति को मौलिकता का स्पर्श प्रदान कर देता है। इस 'घेर' शब्द की व्यंजना यह है कि प्रेयसी यौवनागम के साथ शरीर में होने वाले परिवर्तनों के आगे विवश थी, उससे चकित। आगे की पंक्तियों में उसे जो पुष्पित लता के रूप में कल्पित किया गया है, उस पर कुमारसंभव के इस श्लोक का प्रभाव है :

आवर्जिता किंचिदिव स्तनाभ्यां वासो वसाना तरुणार्करागम्।
पर्याप्तपुष्पस्तवकावनम्रा संचारिणी पल्लविनी लतेव।

यौवनाभार से झुके हुए तन पर तरुण सूर्य के समान लाल रंग के कपड़े पहने हुए पार्वती ऐसी लग रही थीं, मानो वे फूलों के गुच्छों के भार से विनम्र नई लाल कोंपलों वाली चलती-फिरती लता हों।

कालिदास ने शकुंतला को भी लता के रूप में चित्रित किया है, यथा अभिज्ञान-शाकुंतल के इस श्लोक में :

अधरः किसलयरागः कोमलविटपानुकारिणी बाहू।
कुसुममिव लोभनीयं यौवनमङ्गेषु संनद्धम्॥

अधर किसलय की तरह लाल है, बाहु कोमल शाखाओं की तरह हैं और युवावस्था ने, जो कि फूल की तरह आकर्षक है, उसके सभी अंगों को व्याप्त कर रखा है।

निराला के वर्णन की कालिदास के वर्णनों से तुलना करने पर दोनों का अंतर भी स्पष्ट हो जाता है। वह यह कि छायावादी कवि की प्रवृत्ति के अनुरूप निराला ने स्थूलता से बचने का प्रयास किया है और संकेतों से अधिक काम लिया है। असल चीज है तरुणी की वनस्पति के रूप में कल्पना, जो कि हम एजरा पाउंड में भी पाते हैं, उदाहरण के लिए उनकी 'द गर्ल' शीर्षक प्रसिद्ध कविता में। 'खिले नव पुष्प जग प्रथम सुगंध के' में जो 'जग' है, 'जगकर' के लिए, वह वही है, जो निराला के प्रसिद्ध गीत 'रंग गई पग-पग धन्य धरा,—/*जग* जगमग मनोहरा' में है। ताज्जुब नहीं कि आगे की पंक्तियों में 'जग' से तुक मिलाने वाला शब्द 'रंग' भी मौजूद है।

यौवनागम के साथ प्रेयसी के हृदय में प्रणय-भावना उत्पन्न होती है, जिसका निराला ने बहुत ही सुंदर वर्णन किया है :

> दृगों को रंग गई प्रथम प्रणय-रश्मि,—
> चूर्ण हो विच्छुरित
> विश्व-ऐश्वर्य को स्फुरित करती रही
> बहु रंग-भाव भर
> शिशिर ज्यों पत्र पर कनक-प्रभात के,
> किरण-संपात से।

हृदय में प्रणय-भावना उत्पन्न हुई, तो उससे आंखें अनुरंजित हो गईं। उनसे फूटकर अनेक प्रकार के रंग और भाव चतुर्दिक विकीर्ण होने लगे। वे रंग और भाव जैसे विश्व-ऐश्वर्य के सूचक थे, क्योंकि उनका संबंध प्रेम से था, जिसे निराला सृष्टि की सबसे मूल्यवान संपदा मानते हैं। इसकी उन्होंने बहुत ही सटीक उपमा दी है। वह दृश्य ऐसा था, जैसे प्रभात-काल में पत्ते पर पड़े हुए ओसबिंदुओं पर सूर्य की किरण के पड़ने से उनसे फूटकर अनेक रंग बिखर रहे हों।

प्रेयसी के सौंदर्य की चर्चा चारों ओर होने लगी, जिसके परिणामस्वरूप उसकी एक झलक भर पाने के लिए व्याकुल होकर चारों तरफ से युवक आने लगे, जैसे भ्रमर-समूह। वे सुंदर मुख वाले और कोमल गुंजार वाले थे। गुंजार वे दो तरह से कर रहे थे—प्रकट और अप्रकट। जो प्रकट थे, वे प्रसन्न होकर उसकी सुंदरता की प्रशंसा कर रहे थे और जो अप्रकट थे, वे मन में तो बोल रहे थे, पर ऊपर से चुप थे। 'गुंजार' का अर्थ यहां स्वतः स्पष्ट है। भौंरों की उपमा निराला ने पतंग से इसलिए दी है कि वे दीपक पर मर मिटते हैं। 'हरे' शब्द का अर्थ है 'प्रसंन्न'। यह इस अर्थ में प्रयुक्त होने वाला निराला का प्रिय शब्द है। 'वन-बेला' शीर्षक अपनी कविता में भी उन्होंने कहा है : 'भाव में हरा मैं, देख मंद हंस दी बेला'। मधुर संगीत-सृष्टि की दृष्टि से वह बंद देखने योग्य है :

दर्शन-समुत्सुक युवाकुल पतंग ज्यों
विचरते मंजु-मुख
गुंज-मृदु अलि-पुंज
मुखर-उर मौन वा स्तुति-गीत में हरे।

युवावस्था की देहली पर पदक्षेप करके प्रेयसी काफी प्रसन्न थी। उसके लिए यह बहुत ही आनंददायक अनुभव था। जैसे चारों ओर आनंद के झरने झर रहे थे। उनकी फुहारें अंतर को बार-बार रोमांचित कर रही थीं। चतुर्दिक झरनों के झरने से मंडलाकार कलरव की जो तरंगें उठ रही थीं, उनके बीच वह अपने को समुद्र से ऊपर उठती उर्वशी की तरह महसूस कर रही थी। उसमें निराधार उसकी छरहरी काया कांप रही थी। प्रेम उसके भीतर उत्पन्न हो चुका था, लेकिन अभी अभीप्सित प्रेमी नहीं मिला था, इसलिए उसकी दृष्टि क्षितिज के पार के प्रिय से ही बंधी हुई थी। वह प्रिय अरूप था, यानी हाड़-मांस का मनुष्य नहीं, शुद्ध कल्पना। निश्चय ही यहां 'अरूप' में इस बात की ध्वनि है कि निराला का प्रेम रूप की तलाश करता है, लेकिन वह उसी तक सीमित रहने वाला नहीं। बंद इस प्रकार है :

प्रस्रवरण झरते आनंद के चतुर्दिक्—
भरते अंतर पुलकराशि से बार-बार
चक्राकार कलरव-तरंगों के मध्य मैं
उठी हुई उर्वशी-सी,
कंपित प्रतनु-भार,
विस्तुत दिगंत के पार प्रिय-बद्ध-दृष्टि
निश्चल अरूप में।

इसमें उर्वशीवाला जो प्रसंग है, वह रवींद्रनाथ की 'उर्वशी' के इस अंश की याद दिलाता है:

आदिम वसंतप्राते उठेछिले मंथित सागरे,
डान हाते सुधापात्र, विषभांड लए वाम करे—
तरंगित महासिंधु मंत्रशांत भुजंगेर मतो
पड़ेछिल पदप्रांते उच्छ्वसित फणा लक्षशत
करि अवनत।

आदिम वसंत प्रभात को तुम मंथित समुद्र से ऊपर उठी थीं, दाहिने हाथ में सुधापात्र और बाएं हाथ में विषघट लिए हुए। तरंगित समुद्र मंत्रमुग्ध भुजंग के समान अपने फूत्कार से भरे लाखों फणों को झुकाकर तुम्हारे चरणों में पड़ा था।

निराला ने पूरा चित्र नहीं लिया, इससे सिर्फ 'उठेछिले' लिया है, जो अपने ऊपर उनकी विलक्षण नियंत्रण-क्षमता का परिचायक है। यह चित्र किंचित भिन्न रूप में 'वन-

बेला' में भी है : जैसे पार कर क्षार सागर/अप्सरा सुघर/सिक्त-तन-केस, शत लहरों पर/कांपती विश्व के चकित दृश्य के दर्शन-शर।' निराला ने अपने चित्र को अपने ढंग से नादपूर्ण बनाया है। हमारा ध्यान जिस बात की तरफ जाता है, वह यह है कि पूरे बंद में सिर्फ 'र' जैसे घोष वर्ण का बीस बार प्रयोग है।

इसी अवस्था में प्रेयसी की मुलाकात युवक से होती है। वह कहती है :

हुआ रूप-दर्शन
जब कृतविद्य तुम मिले
विद्या को दृगों से,
मिले लावण्य ज्यों मूर्ति को मोहकर,—
शेफालिका को शुभ्र हीरक-सुमन-हार,—
श्रृंगार
शुचिदृष्टि मूक रस-सृष्टि को।

यह 'रूप दर्शन' ऊपर के अरूप से संबद्ध है। अब तक प्रेयसी की प्रेम-भावना अमूर्त से बंधी हुई थी, अब उसे मूर्त आधार प्राप्त हुआ। पूरी कविता के मेल में इसमें यह ध्वनि भी है कि युवक के रूप में जैसे अरूप ने ही रूप धारण कर लिया था। प्रेयसी को प्रेमी का साक्षात्कार हुआ, तो उसने ऐसा महसूस किया, जैसे विद्या को विद्वान मिल गया है, मूर्ति को मोहक लावण्य की प्राप्ति हो गई है, हरसिंगार का वृक्ष हीरे के समान उज्ज्वल फूलों के हार से लद गया है और पवित्र दृष्टि वाली मौन युवती का श्रृंगार कर दिया गया है, जिससे वह बोलती हुई लग रही है। विद्या पहले भी थी, लेकिन उसका उचित ग्राहक न था। मूर्ति भी बनकर तैयार थी, लेकिन जैसे उस पर अंतिम ओप नहीं चढ़ाई गई थी। हरसिंगार का वृक्ष भी खड़ा था लेकिन फूलों के कारण 'हंसती री डाली-डाली' वाली स्थिति न थी। 'रस-सृष्टि' का अर्थ 'युवती' है। युवती भी थी लेकिन सज्जाहीन। अब जैसे पूरा दृश्यांतर हो गया था। हरसिंगार के सफेद फूलों के लिए निराला की उपमा 'शुभ्र हीरक-सुमन हार' बहुत मोहक है। मुक्तिबोध ने अपनी एक प्रेम-कविता 'एक दूसरे से हैं कितने दूर' में प्रेमिका के लिए कहा है : 'राहगीर को जैसे साथी मिल जाता है/बंजारे को जैसे गाहक/पंडित को जैसे लघुसिद्धांतकौमुदी मिलती/वैसे तुम मिल चुके मुझे/बस इतना काफी/भूल-चूक की माफी!!' लेकिन इन पंक्तियों में जहां रोमांटिक ताजगी है, वहां निराला की उक्ति में क्लासिकी गरिमा और सौंदर्य।

कविता के रूप में अपने प्रेमी के प्रति प्रेयसी का यह आत्मनिवेदन बहुत बाद का है, इसलिए कविता के दूसरे खंड में वह स्मृति का सहारा लेते हुए बतलाती है, विस्तार से कि किस प्राकृतिक परिवेश में और किस अवस्था में उससे उसकी मुलाकात हुई तथा उसकी उस पर क्या प्रतिक्रिया हुई। पहला वाक्य सत्रह पंक्तियों का है। उसके साथ दो पंक्तियों का एक और वाक्य उद्धृत करना जरूरी है :

याद है, उष:काल,—
प्रथम-किरण-कंप प्राची के दृगों में,
प्रथम पुलक फुल्ल चुंबित वसंत की
मंजरित लता पर,
प्रथम विहग-बालिकाओं का मुखर स्वर—
प्रणय-मिलन-गान,
प्रथम विकच कलि वृंत पर नग्न-तनु
प्राथमिक पवन के स्पर्श से कांपती;
करती विहार
उपवन में मैं, छिन्न-हार
मुक्ता-सी नि:संग,
बहु रूप-रंग वे देखती, सोचती;
मिले तुम एकाएक;
देख मैं रुक गई—
चल पद हुए अचल,
आप ही अपल दृष्टि,
फैला समष्टि में खिंच स्तब्ध मन हुआ।
दिए नहीं प्राण जो इच्छा से दूसरे को,
इच्छा से प्राण वे दूसरे के हो गए!

इस उक्ति में सर्वप्रथम प्राकृतिक परिवेश का वर्णन है। वह उष:काल था। पूर्वदिशा की आंखों में सूर्य की पहली किरण का कंपन था। उससे चुंबित वसंत की मंजरित और प्रसन्न लता रोमांचित थी। विहग-कुमारिकाएं बोल रही थीं, जैसे वे उनके मिलन का गान गा रही हों। अपनी टहनी पर अभी-अभी प्रस्फुटित कली सुबह की पहली-पहली हवा के स्पर्श से कांप रही थी। ध्यातव्य है कि इस वर्णन का एक-एक चित्र गतिशील·या क्रियाशील है। किरण कंपायमान है, लता रोमांचित, चिड़ियां गायनरत और कली भी कांपती हुई। जैसे रोमांटिक कवि का भावावेश तमाम चीजों में दौड़ रहा हो। निराला ओजस्वी और मधुर दोनों प्रकार के दृश्यांकन में पूर्ण समर्थ थे इसका ज्ञान तब होता है, जब हम 'प्रथम किरण-कंप प्राची के दृगों में' को 'राम की शक्तिपूजा' की उक्ति 'निशि हुई विगत : नभ के ललाट पर प्रथम किरण' से मिलाकर देखते हैं। पहली उक्ति जहां माधुर्यपूर्ण है, वहां दूसरी ओजपूर्ण। कारण स्पष्ट है। पहली उक्ति का संदर्भ प्रेम है, जबकि दूसरी का युद्ध या शक्ति-साधना। विहग-बालिकाओं के 'प्रणय-मिलन-गान' और 'शक्ति-पूजा' के 'गाते खग नव-जीवन-परिचय' में पूर्ण समानता है क्योंकि दोनों का संदर्भ एक ही है, प्रेम। अंतिम चित्र भी, यानी कली के प्रभात-वायु के स्पर्श से वृंत पर कांपने वाला, 'वन-बेला' के उस चित्र से तुलनीय है,

जिसमें कवि ने बेला से कहा है : 'नाचतीं वृंत पर तुम, ऊपर/होता जब उपल-प्रहार प्रखर!' यहां भी पहला चित्र कोमल है, तो दूसरा कठोर क्योंकि पहला प्रेम-प्रसंग में आया है, जबकि दूसरा जीवनोत्सर्ग के प्रसंग में। पहले चित्र में जो लक्ष्य करने योग्य बात है, वह यह कि उसमें कली को एक नवोढ़ा नायिका का रूप दिया गया है, जो नायक के स्पर्श से, जिसने उसे निर्वसन कर दिया है, कांप रही है! निराला ने समझ-बूझकर यहां 'नग्न-तनु' शब्द का प्रयोग किया है। डा. रामविलास शर्मा का यह कथन बहुत सही है कि उनके चित्र चित्र से अधिक मूर्ति होते हैं, इसलिए उनके बिंब-विधान को मूर्ति-विधान कहना अधिक सार्थक है। जैसे 'जुही की कली' में नायक-नायिका पवन और कली हैं, यहां भी। ऐसा लगता है कि प्रकृति की 'प्रेम-क्रीड़ा' निराला को विशेष आकर्षित करती थी।

आनंद और उल्लास से पूर्ण उक्त उषःकाल में प्रकृति के विभिन्न प्रकार के दृश्यों का अवलोकन करती हुई प्रेयसी पुष्पोद्यान में विचरण कर रही थी। उसे चूंकि अपना प्रिय नहीं मिला था, चाहने पर भी, इसलिए वह अपने को एकाकिनी अनुभव कर रही थी, जैसे वह टूटी हुई माला से अलग पड़ी एक मुक्ता हो। उसके चिंतनलीन होने का यही कारण था। इसी अवस्था में अचानक उसकी दृष्टि अपने भावी प्रेमी पर पड़ी। उसके कदम रुक गए, दृष्टि स्वयं स्थिर हो गई। जो मन समष्टि में फैला हुआ था, वह चारों ओर से खिंचकर व्यष्टि में, अपने आप में,केंद्रित हो गया, साथ ही स्तब्ध। प्रेयसी कहती है, एक चमत्कार घटित हुआ, मैं पहले किसी और को अपना मन सौंपने का निष्फल प्रयास कर चुकी थी, इस बार वह मन अप्रयास किसी और को समर्पित हो गया! इससे यह प्रमाणित है कि यौवन की पहली अवस्था में मन में प्रेम जगता है, मन इधर-उधर भटकता भी है, लेकिन उसे प्रेमी या प्रेमिका नहीं मिलती। बाद में जब प्रेम को लौकिक आधार प्राप्त हो जाता है, वह सार्थकता लाभ करता है। प्रेयसी के साथ भी यही हुआ था। निराला ने दोनों अवस्थाओं का बहुत ही सटीक वर्णन किया है। उनकी इस वर्णन-शैली पर रवींद्रनाथ की प्रसिद्ध कविता 'बिदाय-अभिशाप' की शैली का प्रभाव है, जो उसके नीचे दिए जा रहे उद्धरण से स्पष्ट है। इसमें देवयानी कच से विदा मांगते समय उसके साथ अपनी पहली मुलाकात के बारे में कहती है :

आछे मन—
येदिन प्रथम तुमि आसिले हेथाय
किशोर ब्राह्मण, तरुण अरुण प्राय
गौरवर्ण तनुखानि स्निग्ध दीप्तिढाला,
चंदने चर्चित भाल,कंठे पुष्पमाला,
परिहित पट्टवास, अधरे नयने
प्रसन्न सरल हासि, होथा पुष्पवने
दांड़ाले आसिया—

मुझे वह दिन याद है, जब तुम पहली बार यहां आए थे। ब्राह्मण-किशोर, नवोदित सूर्य के समान! गौरवर्ण शरीर, स्निग्ध दीप्ति में ढला हुआ। चंदनचर्चित भाल, गले में पुष्पमाला। रेशमी परिधान धारण किए हुए। होंठों और आंखों में प्रसन्न एवं सरल हास। तुम वहां पुष्पोद्यान में जाकर खड़े हुए।

वहां भी मुलाकात आकस्मिक थी, यहां भी है। वहां भी मिलन-स्थल पुष्पोद्यान था, यहां भी है। प्रसंग भी एक ही है, पवित्र और गहन प्रेम का उदय। देवयानी की तरह ही यहां निवेदन भी प्रेयसी का ही है और कच की तरह ही अपने प्रेमी के प्रति। उसी तरह काफी दिनों के बाद भी, स्मृति के आधार पर।

प्रेयसी आगे कहती है कि उसके हृदय में प्रेम उत्पन्न हुआ, तो ऐसा अनुभव हुआ कि वह जो अपने से ही दूर पड़ी हुई थी, अब खिंचकर अपने समीप आ गई और लेन-देन की जो दुनिया उसे घेरे हुए थी, वह उससे दूर चली गई। प्रेम निश्चय ही व्यक्ति को आत्मोन्मुख बनाता है। इसमें जैसे अपने आपसे उसका साक्षात्कार होता है। इसी बिंदु पर उसे वैसी अनुभूति होती है, जैसी अन्यथा अपवादस्वरूप ही कभी संभव होती है। वहीं अनुभूति गहन होकर धीरे-धीरे व्यक्ति के हृदय का विस्तार कर उसे पूर्णत: सीमा-मुक्त कर देती है। विवेकानंद के शब्दों में, 'मानव-प्रेम की प्रकृति में भी (देवी तत्व उपस्थित होते हैं) तीव्र प्रेम के आरंभिक क्षण में समस्त संसार तुम्हारे हृदय के साथ स्वर मिलाता ज्ञात होता है। ब्रह्मांड के सब पक्षी तुम्हारे प्रेम को गाते हैं, फूल तुम्हारे लिए खिलते हैं। यह स्वयं अनंत नित्य प्रेम है, जिसमें से (मानव) प्रेम आता है।' यहां प्रेयसी के अपने प्रेमी से मिलन का और उसकी तन्मयता का निराला ने जो वर्णन किया है, वह जितना ही सटीक है, उतना ही सुंदर और उतना ही भव्य भी। वह इस प्रकार है :

मिली-ज्योति-छवि से तुम्हारी
ज्योति-छवि मेरी,
नीलिमा ज्यों शून्य से;
बंधकर मैं रह गई;
डूब गए प्राणों में
पल्लव-लता-भार
वन-पुष्प-तरु-हार
कूजन-मधुर चल विश्व के दृश्य सब,—
सुंदर गगन के भी रूप-दर्शन सकल—
सूर्य-हीरकधरा प्रकृति नीलांबरा,
संदेशवाहक बलाहक विदेश के।
प्रणय के प्रलय में सीमा सब खो गई!

युवक की सौंदर्य-ज्योति से प्रेयसी की सौंदर्य-ज्योति मिलकर एक हो गई, जैसे नीलिमा आकाश से अभिन्न रूप से मिली हुई है। पहले वह दिगंत के पार के अरूप प्रिय से बद्ध थी, अब वह इस रूपवान प्रिय से पूर्णतः बंध गई। उसके बाद प्रेम-भावना ने उसे इस तरह से आच्छादित कर लिया कि जिस प्राकृतिक परिवेश में वह खड़ी थी, वह उसमें पूर्णतः लीन हो गया। उसका मन इतना फैल गया कि उसमें पल्लवों और लताओं का पुंज, अपनी टहनियों पर खिले हुए उपवन के पुष्प और वृक्ष-राजि तथा पक्षियों के कलरव से मधुर इस विश्व के सारे चंचल दृश्य डूब गए। इतना ही नहीं, जैसे पृथ्वी के दृश्य उसमें लय हो गए, वैसे ही सुंदर आकाश के दृश्य भी। हृदय पर हीरे की तरह सूर्य को धारण किए हुए नीलवसना प्रकृति तथा आकाश-मार्ग से विदेश को संदेशा ले जाते हुए बादल भी उसके विस्तार में आ गए। यह प्रणय का प्रलय था, जिसने प्रेयसी के हृदय को इस कदर व्याप्त कर लिया कि उसकी सारी सीमाएं खो गईं। 'पंचवटी-प्रसंग' में लक्ष्मण के पूछने पर कि 'प्रलय किसे कहते हैं?', राम उन्हें बतलाते हैं कि 'मन, बुद्धि, और अहंकार का लय प्रलय है।' डा. शर्मा ने लिखा है कि प्रेयसी के भीतर घटित होने वाला प्रलय वेदांत के प्रलय के समानांतर प्रणय का प्रलय है। निश्चय ही दार्शनिक गहराई से युक्त होते हुए भी यह प्रणय-प्रलय योगियों के उस प्रलय से भिन्न है, जो उनके 'सप्तम सोपान' पर पहुंचने के बाद ही होता है। 'रेखा' शीर्षक कविता की वे पंक्तियां ऊपर उद्धृत की जा चुकी हैं,जिनमें कवि ने प्रेम की असीमता द्वारा सीमा के प्लावित होने और बंधन के आनंदमय बन जाने की बात कही है।

'नीलिमा ज्यों शून्य से' में आकाश की जगह 'शून्य' शब्द का प्रयोग पर्याप्त अर्थव्यंजक है, जिससे यह संकेत मिलता है कि प्रेमी जीव होते हुए भी उससे ऊपर था। 'पल्लव-लता-भार/वन-पुष्प-तरु-हार' ये दस-दस मात्राओं से बने हुए दो चरण हैं, तुकांत भी, जो इस मुक्तछंद की कविता में अपने आप निर्मित हो गए हैं और उसे यहां अतिरिक्त रूप से झंकृत कर दिया है। समस्त शब्द-योजना से पत्र-पुष्पों के लदाव की व्यंजना होती है। 'तरु-हार' 'तोड़ती पत्थर' की 'तरु-मालिका' है। 'सूर्य-हीरकधरा' में जो सूर्य है, वह हीरे की तरह, यानी उसकी लालिमा समाप्त हो चुकी है। अब उषःकाल नहीं रहा। इसी बीच सूर्य उठकर ऊपर आ गया है और उसका रूप हीरे की तरह दमकने लगा है। 'सूर्य-हीरकधरा प्रकृति नीलांबरा'—यह बहुत ही उदात्त बिंब है, जो कविता के स्तर को बहुत ऊपर उठा देता है। उसी के साथ पाठक का रसानुभव भी ऊंचाई पर पहुंच जाता है। 'नीलांबरा' में 'अंबर' का अर्थ वस्त्र है और उससे नीले आकाश की ओर भी संकेत है। इससे तुलना करने पर महादेवी जी का 'शीशफूल कर शशि का नूतन' वाला बिंब सुंदर प्रतीत होता है, उदात्त नहीं। इस मनोरम प्रसंग में निराला ने बादलों को 'संदेशवाहक' बनाकर कालिदास के मेघदूत को सही जगह पर याद किया है। 'सूर्य-हीरकधरा' के साथ 'नीलांबरा', 'संदेशवाहक' के साथ 'बलाहक' और 'प्रणय'

के साथ 'प्रलय' की सानुप्रास पद-योजना कविता के तारों को दुबारे झंकृत कर देती है।

प्रेयसी युवक से बद्ध खड़ी रही। उसके भीतर जो कुछ घटित हुआ था उससे विस्मित वह बार-बार पृथ्वी को निहारने लगी। 'पृथ्वी' शब्द का प्रयोग निराला कभी-कभी 'दुनिया' के अर्थ में करते हैं, यथा 'सफलता' शीर्षक अपनी कहानी के अंतिम अनुच्छेद में : 'एक दिन, बाहर की पृथ्वी में प्रकाश की तरह प्रसिद्ध हो चुकने पर...'। यहां भी वही है। प्रेयसी ने पाया कि सब कुछ बदल गया था। पहले जो घटा थी, अब बरस रही थी। वह समझ नहीं पाई कि उसकी आंखों में दृष्टि को परिवर्तित कर देने वाला यह कैसा रंगहीन अंजन लग गया है : 'पहले की घन-घटा वर्षण बनी हुई,/कैसा निरंजन यह अंजन आ लग गया!' 'रेखा' शीर्षक दूसरी कविता में भी प्रेम की अनुभूति घटा से वर्षा बनकर कवि को बहा ले जाती है। रामकृष्ण अपने वार्तालाप में 'अनुराग-अंजन' का जिक्र करते थे। यह वह अंजन है, जिसे आंखों में लगा लेने से राधा को सर्वत्र कृष्ण ही दिखलाई पड़ते थे। प्रेयसी की आंखों में भी वही अंजन आ लगा था—'निरंजन अंजन!' इन संगीतपूर्ण शब्दों के उच्चारण से ही लगता है कि उससे जरूर यह चमत्कार घटित हो सकता है। स्मरणीय है कि 'निरंजन' शब्द पूर्वप्रयुक्त 'अरूप' और 'शून्य' जैसे शब्दों के मेल में है, जिससे इस कविता को एक दार्शनिक स्पर्श प्राप्त हुआ है। वैसे स्थिति सहज और सामान्य है, जो अन्य कवियों में भी वर्णित है। उदाहरण के लिए त्रिलोचन 'दिगंत' के पहले ही सॉनेट में प्यार के टोने का वर्णन इस रूप में करते हैं : 'जिससे यह सारी दुनिया फिर राई-रत्ती/और दिखाई देने लगती है। क्या जाने/कौन राग छाती में लगता है अकुलाने/इंद्रधनुष-सी लहराती है पत्ती-पत्ती।' स्वाभाविक रूप से अपने परिदृश्य पर दृष्टि डालती हुई प्रेयसी जड़ीभूत हो गई, यानी जैसे समाधि की अवस्था में चली गई। थोड़ी देर के बाद उसे अपनी देह की सुध हुई, फिर घर की याद आई, तो लज्जा का अनुभव करते हुए वह घर की तरफ चल पड़ी। निराला के शब्दों में, 'उठे चरण दूसरी ओर को—/विमुख अपने से हुई!' यह 'दूसरी ओर' प्रेम की विपरीत दिशा है, लेन-देन वाली दुनिया की ओर; यह अपनी ओर से हटाने वाली भी है। युवक से साक्षात्कार के बाद प्रेयसी ने अनुभव किया था कि 'दूर थी,/खिंचकर समीप ज्यों मैं हुई/अपनी ही दृष्टि में।' अब फिर वह आत्मोन्मुख से परोन्मुख हो रही थी। वह चुपचाप घर की तरफ चली, यद्यपि हृदय में संताप भी था और उस पर प्रेम का भारी बोझ भी : 'चली चुपचाप,/मूक संताप हृदय में,/पृथुल प्रणय-भार'। इन तीन छोटी पंक्तियों में 'चुपचाप' और 'संताप' का अनुप्रास तो है ही; जो ध्यातव्य है, वह तीसरी पंक्ति की शब्द-योजना, जो वस्तुतः भार या बोझ की सूचना देती है।

लेकिन कविता में केंद्रीय महत्व की पंक्तियां आगे आती हैं, जब प्रेयसी कहती है :

देखते निमेषहीन नयनों से तुम मुझे
रखने को चिरकाल बांधकर दृष्टि से

अपना ही नारी रूप, अपनाने के लिए,
मर्त्य में स्वर्गसुख पाने के अर्थ, प्रिय,
पीने को अमृत अंगों से झरता हुआ।

प्रेयसी ने जब अपने घर के लिए प्रस्थान किया, तो युवक निर्निमेष दृष्टि से उसे देखता रहा, जैसे हमेशा के लिए उसे बांधकर अपने पास रख लेना चाहता हो। यहां 'अपना ही नारी रूप' उक्ति बहुत ही मार्मिक है। 'कालिदास और लालित्य' शीर्षक अपने निबंध में आचार्य हजारीप्रसाद द्विवेदी ने लिखा है, 'केवलात्मा ब्रह्म विशुद्ध चैतन्य है, केवल ज्ञानरूप। उसकी सिसृक्षा ने ही उसे स्त्री और पुरुष में द्विधाविभक्त होने को प्रवृत्त किया था। एक ही केवलात्मा का द्विधाविभक्त होकर परस्पर आकृष्ट करने का जो सिलसिला किसी समय आरंभ हुआ था, वही विश्वब्रह्मांड के प्रत्येक पिंड में आज भी चल रहा है।' इस प्रसंग में उन्होंने कालिदास के कुमारसंभव का यह श्लोक उद्धृत किया है—'स्त्रीपुंसावात्मभागौ ते भिन्नमूर्तेः सिसृक्षया।/ प्रसूतिभाजः सर्गस्व तावेव पितरौ स्मृतौ॥' श्रीरामकृष्णवचनामृत में भी एक स्थल पर रामकृष्ण कहते हैं : 'सच्चिदानंद ने स्वयं ही अपना रसास्वादन करने के लिए राधिका की सृष्टि की थी। राधिका सच्चिदानंद कृष्ण के अंग से निकली थीं। 'आधार' सच्चिदानंद कृष्ण ही हैं और श्रीमती के रूप में स्वयं ही 'आधेय' हैं—अपना रसास्वादन करने के लिए अर्थात सच्चिदानंद को प्यार करके आनंद-संभोग करने के लिए।' यह 'अपना ही नारी रूप' के साथ 'अपनाने के लिए' की दार्शनिक पृष्ठभूमि को पूर्णतः स्पष्ट कर देता है, लेकिन उक्ति में निराला का उद्देश्य दर्शन का आख्यान करना नहीं है। वे प्रेयसी और युवक के मानवीय प्रेम में जो दार्शनिक गहराई थी, उसे सूचित करना चाहते हैं। आगे की दो पंक्तियां इसकी पुष्टि करती हैं, खास तौर से दूसरी पंक्ति, जिसमें प्रेयसी के अंगों से झरने वाली सौंदर्यसुधा का वर्णन है और जो मानवीय ऊष्मा से भरपूर है। कहने की आवश्यकता नहीं कि इस वर्णन में विलक्षण पारदर्शिता है। निराला के लिए दैहिक सुख का हमेशा महत्व रहा है, इसलिए उनके प्रेम में भरपूर ऐंद्रियता है। उस सुख का महत्व पुरुष के लिए भी है, यथा 'मली मुख-चुंबन-रोली', और स्त्री के लिए भी, यथा 'मौन पान करती अधरासव/कंठ लगी उरगी'। पहली पंक्ति का आशय यह है कि इस मर्त्यलोक में कोई स्वर्गीय वस्तु है, तो वह प्रेम है। निराला स्वर्ग और अमृत के संबंध को भी ध्यान में रखते हैं।

प्रेमी की निर्निमेष दृष्टि ऐसी थी कि प्रेयसी उसे भूलती नहीं और बाद में देर तक उसका वर्णन करती रहती है, उसकी स्मृतियों में निमग्न :

कैसी निरलस दृष्टि!
सजल शिशिर-धौत पुष्प ज्यों प्रात में
देखता है एकटक किरण-कुमारी को।—
पृथ्वी का प्यार, सर्वस्व उपहार देता

नभ की निरुपमा को,
पलकों पर रख नयन
करता प्रणयन, शब्द—
भावों में विशृंखल बहता हुआ भी स्थिर।

वह दृष्टि अतिशय तत्पर थी, स्फूर्ति से युक्त, प्रेमी की आकांक्षा को उदग्रता से व्यक्त करती हुई। निराला उपमा देते हैं, जैसे ओस से धुला हुआ आर्द्र पुष्प प्रभात-काल में एकटक किरण-सुंदरी को देख रहा हो! 'शिशिर-धौत' में दृष्टि की पवित्रता व्यंजित है और 'सजल' में उसकी स्निग्धता। ऊपर भी उन्होंने अंगों से झरने वाले अमृत का वर्णन किया है, मद्य का नहीं। फूल का तल्लीनतापूर्वक सुबह की किरण को देखना—यह चित्र अपने आप में जितना सजीव है, उतना ही सुंदर। यह उन्हें विवेकानंद की कविता 'गाई गीत शुनाते तोमाय' से मिला था, जिसका 'गाता हूं गीत मैं तुम्हें ही सुनाने को' शीर्षक से उन्होंने हिंदी में अनुवाद किया है। इस कविता के बिलकुल अंत में यह चित्र आता है : 'शिशिर से धुले फुल्ल मुख को उठाकर वे तकते रह जाते हैं भास्कर को सुमन-बृंद।' (मूल में : 'तोले मुख शिशिर-मार्जित फुल्ल फुल रवि-पाने।') पहले निराला किरण को कुमारी कहते हैं, फिर विलक्षण प्रकृति-प्रेम का परिचय देते हुए 'नभ की निरुपमा'। फूल किरण की ओर टकटकी क्या लगाए है, जैसे अपने रूप में आकाश-सुंदरी को पृथ्वी का संपूर्ण प्यार सौंप रहा हो, सर्वस्व समर्पित कर रहा हो! तात्पर्य यह कि प्रेमी की दृष्टि में तृष्णा और आकांक्षा ही नहीं थी, पूर्ण समर्पण का भाव भी था। उसकी आंखें विस्फारित थीं, जैसे पुष्प पूर्णत: प्रस्फुटित हो, उसकी पंखुड़ियां बिलकुल खुली हुई हों। उन आंखों से वह शाब्दिक निवेदन कर रहा था। शब्द स्थिर थे, यद्यपि भाव मुक्त रूप से प्रवहमान। भाव शब्द से अलग नहीं होते, इसलिए उनके साथ शब्द भी बह रहे थे, लेकिन चूंकि वे अपनी जगह से हटते नहीं, इसलिए स्थिर भी थे। यह है भाषा में शब्दों की लीला। 'सजल-शिशिर', 'किरण-कुमारी', 'प्यार-उपहार', 'नभ-निरुपमा' और 'नयन-प्रणयन' यह शब्द-चयन अनेक प्रकार से वर्णन को अलंकृत कर उसे आकर्षक बनाता है।

अंत में प्रेयसी बहुत ही व्यथा के साथ कहती है :

देकर न दिया ध्यान मैंने उस गीत पर
कुल-मान-ग्रंथि में बंधकर चली गई;
जीते संस्कार वे बद्ध संसार के—
उनकी ही मैं हुई!
समझ नहीं सकी, हाय,
बंधा सत्य अंचल से
खुलकर कहां गिरा।

ये पंक्तियां इस दृष्टि से महत्वपूर्ण हैं कि ये कविता के सामाजिक संदर्भ को पूरी तरह से सामने ले आती हैं। इनसे ये स्पष्ट है कि यह जीव और ब्रह्म अथवा शक्ति और शिव की प्रेम-कथा नहीं है, बल्कि दो मनुष्यों की प्रेम-कथा है, जिसे निराला ने आध्यात्मिक ऊंचाई प्रदान कर दी है। प्रेयसी कहती है कि उसने अपने प्रेमी के निवेदन पर ध्यान नहीं दिया और कुल और मान का खयाल कर अपनी टुच्ची दुनिया में लौट गई। अंतत: इस माया-लोक के संस्कार ही उस पर विजयी हुए। वह समझ नहीं सकी कि प्रेम का जो सत्य उसे प्राप्त हुआ था, वह उसके अंचल से खुलकर कहां गिर गया। 'बद्ध संसार' से निराला का खास मतलब है। यह संपूर्ण लौकिक जगत की अस्वीकृति नहीं है। जो चीज भक्तकवियों में है, वही उनमें। भक्तकवि इस संसार को स्वीकार करते थे, लेकिन उसमें मनुष्य को छोटा बनाने वाले जो संस्कार थे, उनके विरुद्ध थे। उन्हीं संस्कारों में कुल, मान, जाति, धर्म आदि के विचार हैं। निराला के अनुसार ये सब असत्य हैं और सत्य प्रेम है, जो इन सबका अतिक्रमण करता है; जो इनमें बंधता नहीं, जो चिरमुक्त है। इस तरह 'बद्ध संसार' इस प्रेम का प्रति-संसार है। इस बंद के आरंभ में जो 'गीत' है, वह पिछले बंद का 'शब्द' है, वस्तुत: कबीर का 'सबद'। 'शब्द' के साथ इस बंद की अंतिम पंक्तियों में 'सत्य' शब्द का प्रयोग कविता के उस उच्च स्तर को सुरक्षित रखता है, जिस पर यह शुरू से चल रही है। ये पंक्तियां छली गई एक घरेलू नारी को उसके पूरे दर्द के साथ हमारे सामने उपस्थित कर देती हैं। यह दर्द निराला की कविता की खास पहचान है।

कविता के तीसरे खंड में प्रेयसी युवक से अलग होकर अपने घर आने के बाद का अपना हाल बयान करती है :

> बीता कुछ काल,
> देह-ज्वाला बढ़ने लगी,
> नंदन-निकुंज की रति को ज्यों मिला मरु,
> उतरकर पर्वत से निर्झरी भूमि पर
> पंकिल हुई, सलिल-देह कलुषित हुआ।
> करुणा को अनिमेष दृष्टि मेरी खुली,
> किंतु अरुणार्क, प्रिय, झुलसाते ही रहे-
> भर नहीं सके प्राण, रूप-बिंदु-दान से।

जैसे-जैसे समय बीतने लगा, उसकी देह-ज्वाला बढ़ने लगी। परिवार और पुराने समाज में रहना असह्य हो गया। उसके भीतर मुक्ति की प्रबल आकांक्षा थी लेकिन निकलना आसान न था। वह जैसे लपटों में घिर गई। उसकी हालत बहुत खराब थी। स्वर्ग के उद्यान में विहार करने वाली रति को जैसे मरुस्थल में ढकेल दिया गया था। अपने प्रेमी से मिलकर वह क्या लौटी थी, उसे महसूस हो रहा था कि निर्झरिणी पहाड़ से नीचे

उतरकर कीचड़ से सन गई थी। अब उसका जल निर्मल न रह गया था। 'भूमि परत भा ढाबर पानी'। दाह से छुटकारा पाने के लिए वह एकटक आसमान की ओर देख रही थी, लेकिन वहां तो बाल-सूर्य भी झुलसाने वाला ही था, फिर उससे वर्षा की शीतल बूंदों की प्राप्ति कैसे संभव थी? यहां निराला ने 'अरुणार्क' शब्द का जान-बूझकर प्रयोग किया है, क्योंकि इसकी कर्कश ध्वनि ग्रीष्म के प्रात:सूर्य का बोध कराती है, जिसकी किरणें भी झुलसा देने वाली होती हैं। दिन के सूर्य के बारे में तो कुछ कहना ही नहीं था। यह वह उष:काल न था, जिसमें 'प्रथम किरण-कंप प्राची के दृगों में' दिखलाई पड़ा था और तत्पश्चात नीलवसना प्रकृति 'सूर्य-हीरकधरा' के रूप में सामने आई थी। यह प्रथम मिलन का नहीं, वियोग का विकट काल था, जिसमें परिस्थिति बिलकुल बदल गई थी। अंतिम पंक्तियों की व्यंजना यह भी है कि जैसे सुबह में उसकी अपने प्रेमी से मुलाकात हुई थी, वह प्रत्येक सुबह अपने मन में यह आशा संजोती थी कि वह आकर उसका दाह दूर करेगा, लेकिन वह कभी न हुआ, उसने कभी दर्शन न दिया। 'रूप बिंदु-दान' का मतलब है रूप का बिंदु दान, यानी दर्शन देकर शीतल बूंदों से उसकी जलन कम करना।

जब युवक से प्रेयसी का पुन: साक्षात्कार नहीं हुआ, तो स्वभावत: वह मानसिक रूप से उसके चिंतन में व्यस्त हो गई : 'तब तुम लघुपद-विहार/अनिल ज्यों बार-बार/ वक्ष के सजे तार झंकृत करने लगे/सांसों से, भावों से, चिंता से कर प्रवेश।' उसने उसके मन में उसकी सांसों, भावों और चिंतन के माध्यम से प्रवेश किया। इनमें शरीर भी है, हृदय भी और मस्तिष्क भी। यहां 'चिंता' बंगला की तरह 'चिंतन' के अर्थ में प्रयुक्त है। उसका प्रवेश धमाके के साथ नहीं, बल्कि लघुपद-विहार यानी मंद-मंद चलने वाली वायु की तरह हुआ था। वायु की उपमा सटीक है क्योंकि युवक मुक्त था, जबकि प्रेयसी अनेक बंधनों में जकड़ी थी। उसके मन के भीतर जाकर वह उसकी हृत्तंत्री के तारों को झंकृत करने लगा। 'सजे तार' यानी चढ़े हुए तार। यही प्रयोग 'तोड़ती पत्थर' में भी है—'सजा सहज सितार।' अब प्रेयसी के भीतर से भी वह गीत-स्वर उठने लगा, जिसके बारे में वह पहले कह चुकी है, 'देकर न दिया ध्यान मैंने उस गीत पर।' यह वियोग प्रेम को और पक्का करने वाला है, समर्पण को और प्रगाढ़। उस गीत-स्वर ने प्रेयसी के सभी कष्टों को भुला दिया, जो उसे इस ओछी दुनिया से मिल रहे थे। वह अपने प्रिय से पूर्णत: आबद्ध उस गीत-स्वर के सुख में 'श्लथ-गात' यानी शिथिलशरीर हो गई :

अपने उस गीत पर
सुखद मनोहर उस तान की माया में
लहरों में हृदय की
भूल-सी मैं गई

संसृति के दु:ख-घात,
श्लथ-गात, तुममें ज्यों
रही मैं बद्ध हो।

'हृदय में लहरों की'! हृदय में आनंद की लहरें उठने लगीं। उन लहरों के आघातों में वह संसृति के दु:खद आघातों को भूल गई।

लेकिन यह तो प्रेयसी की मानसिक स्थिति थी। शारीरिक रूप से तो वह उसी दुनिया में कैद थी, जिसका जिक्र ऊपर किया जा चुका है। जब तक वह निस्सीम कल्पना-लोक में रहती थी, वायु में उन्मुक्त विहार करती रहती थी, लेकिन जैसे इस संसार में कदम रखती थी, रूढ़ि, धर्म, कुल, मान, शील, ज्ञान आदि की ऊंची-ऊंची दीवारें उसे बार-बार घेर लेती थीं। ये कितनी शक्तिशाली थीं, इसकी सूचना निराला ने इनके लिए 'उच्च प्राचीर' जैसे ओजपूर्ण ध्वनि वाले शब्दों के प्रयोग से दी है। कल्पना का प्रयोग वे एक बहुत ही सकारात्मक वस्तु के रूप में करते हैं। उनके अनुसार इस कल्पना के बिना मुक्ति संभव नहीं है, क्योंकि इसी के द्वारा हम इस तुच्छ वस्तु-जगत से ऊपर उठ सकते हैं, बावजूद इसके कि कल्पना और वास्तविकता में एक विरोध की स्थिति है। 'रेखा' शीर्षक पहली कविता की जो कुछ पंक्तियां शुरू में उद्धृत की गई हैं, उनमें भी उन्होंने कहा है—'बंधा हुआ पाश में ही/सोचता जो सुख-मुक्ति कल्पना के मार्ग से'। तत्पश्चात कविता हमारे और निकट आ जाती है, जब प्रेयसी अपनी समस्या सामने रखती है। उसकी समस्या सामाजिक है, यह स्पष्ट है :

दोनों हम भिन्न-वर्ण,
भिन्न-जाति, भिन्न-रूप,
भिन्न-धर्मभाव, पर
केवल अपनाव से, प्राणों से एक थे।
किंतु दिन-रात का,
जल और पृथ्वी का
भिन्न सौंदर्य से बंधन स्वर्गीय है
समझे यह नहीं लोग
व्यर्थ अभिमान के!

प्रेयसी और युवक दोनों ही अलग-अलग वर्णों, अलग-अलग जातियों, अलग-अलग रूप-रंगों और अलग-अलग धार्मिक विश्वासों के थे। समानता उनमें सिर्फ यह थी कि दोनों एक दूसरे को प्यार करते थे। उनके सिर्फ मन मिले हुए थे, और कुछ नहीं। ऐसी स्थिति में पुराने संस्कारों और बंधनों वाले समाज में उनका वैवाहिक संबंध मुश्किल था। निराला प्रेयसी के माध्यम से बहुत दु:ख के साथ कहते हैं कि लोग सर्वत्र समानता खोजते हैं और समानता में ही सौंदर्य देखते हैं, जबकि असली सौंदर्य असमान अथवा

भिन्न वस्तुओं के मिलन में है। दिन और रात तथा समुद्र और पृथ्वी एक दूसरे से बिलकुल भिन्न हैं लेकिन इस भिन्नता के कारण ही इनका पारस्परिक संबंध अलौकिक है। इस बात को पुराने यानी सामंती मूल्यों के मिथ्याभिमान में लोग समझने को तैयार नहीं। यहां उनकी पूर्वोल्लिखित कहानी 'सफलता' याद आती है, जिसमें नरेंद्र नामक एक विधुर युवक आभा नामक एक विधवा युवती को, समाज को चुनौती देते हुए, अपने गांव से दिल्ली भगा ले जाता है और वहां वे दोनों कला की साधना करते हुए सुखी वैवाहिक जीवन बिताते हैं। यह कहानी 'सुधा' के अक्टूबर 1934 के अंक में निकली थी, यानी इसकी रचना 'प्रेयसी' कविता के पहले हो चुकी थी। इसमें निराला नरेंद्र के बारे में कहते हैं : 'जो कुछ उसने धारण किया था, वह था मनुष्य-धर्म, जिसे अंग्रेजी में Religion of man नए स्वरपात से, जोर देकर कहते हैं। इसमें भूत, वर्तमान और भविष्य के सब धर्म वह धर देता था।' रवींद्रनाथ को पहले ही उद्धृत किया जा चुका है। उनका मनुष्य-धर्म मनुष्य तक ही सीमित नहीं लेकिन वह मनुष्य पर ही टिका है और उसी में उस महान पुरुष को उपलब्ध करने पर बल देता है, जो मनुष्य को उसकी प्रचलित सीमाओं से ऊपर उठाकर मुक्त करता है। वे प्रचलित सीमाएं वही हैं, जिनका उल्लेख निराला ने रूढ़ि, धर्म, कुल, मान, शील, ज्ञान, वर्ण, जाति, रूप आदि के रूप में किया है। प्रेयसी की समस्या से लगता है कि वह मूलत: अंतर्जातीय विवाह की समस्या थी। निराला अंतर्जातीय विवाह के समर्थक थे, यह उनके 'वर्तमान हिंदू-समाज' शीर्षक निबंध से पता चलता है, जिसमें वे कहते हैं, "वर्तमान सामाजिक परिस्थिति पूर्ण मात्रा में उदार न होने पर भी विवाह आदि में जो उल्लंघन कहीं-कहीं देखने को मिलते हैं, वे भविष्य के ही शुभ चिह्न प्रकट कर रहे हैं। संसार की प्रगति से भारत को घनिष्ठता जितनी ही बढ़ेगी, स्वतंत्रता का बाह्य रूप जितना ही विकसित होगा, असवर्ण विवाह का प्रचलन भी उतना ही होता जाएगा। देश के कल्याणकामी यदि इन अनेक गौण बातों पर ध्यान न दें, एक शिक्षा के विस्तार के लिए प्रबंध करें, इतर जातियों में शिक्षा का प्रसार हो, तो असवर्ण विवाह की प्रथा भी जोरों से चल पड़े।' इस तरह निराला कविता में जो कुछ कहते हैं, वह मात्र उनका भावोच्छ्वास नहीं होता। उसके पीछे समाज और देश से जुड़े हुए उनके दर्शन और विचार की सुदृढ़ भूमि होती है।

कविता की ऊपर उद्धृत पंक्तियां भाव की दृष्टि से जितनी सुंदर हैं, उतनी ही कला की दृष्टि से भी। जब उन्होंने भिन्नता का वर्णन किया है तो वर्णों की ऐसी योजना की है, जिनमें कोई साम्य नहीं, यथा 'भिन्न-वर्ण', 'भिन्न-जाति' आदि लेकिन जब भिन्नता के बीच एकता का वर्णन किया है, तो 'धर्मभाव' के साथ 'अपनाव'—जैसे सानुप्रास शब्द ले आए हैं! दिन और रात तथा समुद्र और पृथ्वी के बीच परिणय-बंधन की कल्पना भी बहुत ही मनोरम है। इस चित्र में औदात्य भी है।

चौथा खंड बहुत छोटा है, यद्यपि अत्यधिक मनोरम। प्रेयसी का हृदय अंधकार से ग्रस्त था, दु:ख के भार से झुका हुआ, असामान्य स्थिति में। घर के लोग काम पर गए

हुए थे। इसी समय युवक उसके दरवाजे पर हाजिर हुआ, जैसे अंधकार में प्रभात आ गया हो। युवक ने इशारे से उसे बुलाया और भाग चलने के लिए प्रेरित किया। यह प्रेरणा प्रभात-काल में घोंसले से निकलकर अपने साथ आकाश में मुक्त उड़ानें भरने के लिए उस पक्षी को दी गई थी, जो अभी तक उसी में सुरक्षित था। प्रेयसी ने वह प्रिय कंठ-स्वर सुना और दरवाजे पर आ गई। उसने अनुभव किया कि यह वही स्वर था, जो उसकी जीवन-वीणा में निनादित होता रहा था, उसे झंकृत करता हुआ। यह अश्रुत था लेकिन वह उसे लगातार सुनती रही थी। उसने उस युवक को पहचाना, युवक ने बढ़कर उसका हाथ पकड़ लिया, फिर वह उसके साथ चल पड़ी। अब वह मुक्त थी। उसने पुरानी दुनिया के बंधन को तोड़ दिया था और क्षुद्र भावों की सीमा का अतिक्रमण कर प्रेम की निस्सीम भूमि में आ गई थी। निराला के शब्दों में :

अंधकार था हृदय
अपने ही भार से झुका हुआ, विपर्यस्त।
गृह-जन थे कर्म पर।
मधुर प्रभात ज्यों द्वार पर आए तुम,
नीड़-सुख छोड़कर मुक्त उड़ने को संग
किया आह्वान मुझे व्यंग के शब्द में।
आई मैं द्वार पर सुन प्रिय कंठ-स्वर
अश्रुत जो बजता रहा था झंकार भर
जीवन की वीणा में,
सुनती थी मैं जिसे।
पहचाना मैंने, हाथ बढ़कर तुमने गहा।
चल दी मैं मुक्त, साथ।

पहली पंक्ति में 'हृदय' के बाद 'में' विभक्ति का प्रयोग निराला ने नहीं किया, जैसा अपनी काव्य-भाषा को संश्लिष्ट बनाने के लिए वे प्रायः करते हैं। 'मधुर प्रभात ज्यों द्वार पर आए तुम'—इस वर्णन की मनोरमता इस बात में है कि यह अंधकार को भगा देने वाला ही नहीं है, युवक की दिव्यता को उजागर कर देने वाला है। 'ज्यों' शब्द का प्रयोग निराला प्रायः 'के समान' के लिए करते हैं। यह उनका खास प्रयोग है, जो 'उच्चप्राचीर ज्यों घेरे जो थे मुझे' में भी दिखलाई पड़ता है। 'व्यंग्य' के बदले में उसका तद्भव रूप 'व्यंग' 'संग' से तुक मिलाने के लिए प्रयुक्त हुआ है। इससे जैसे मृदंग पर दुबारे थाप पड़ती है। यहां 'व्यंग' शब्द का अर्थ 'ताना' नहीं, बल्कि 'संकेत' है। जैसे 'संग' और 'व्यंग' में अनुप्रास है, वैसे ही आगे की पंक्तियों में 'पर', 'स्वर' और 'भर' में भी। अंतिम पंक्तियों में 'हाथ' और 'साथ' में भी वही चीज है। यह वह दिखलाने के लिए काफी है कि निराला की कविता में संगीत हमेशा गंभीर ही नहीं होता, बहुत बार वह

हलका भी होता है, जैसे हलके से हवा बह गई हो। 'वक्ष के सजे तार' यानी हृदय की वीणा यहां आते-आते जीवन-वीणा बन गई है, यह भी ध्यातव्य है।

कविता का अंतिम खंड और छोटा है। इसमें प्रेयसी बहुत संक्षेप में अपने मुक्त दिनों की गाथा सुनाती है, जब वह युवक के साथ रह रही है। निराला ने दोनों के विवाह का वर्णन नहीं किया है, क्योंकि उनकी दृष्टि में महत्व हृदय या आत्मा के बंधन का था, विवाह-बंधन का नहीं, जो कि ऊपरी सामाजिक बंधन होता है। प्रणय-बंधन में बंधी हुई प्रेयसी कहती है कि युवक ने एक बार उसका उद्धार किया था, उसने प्रतिज्ञा की कि इस ऋण का शोध वह आगे बढ़कर सौ बार करेगी। अपनी प्रतिज्ञा का उसने पूरा पालन किया, जिसका उसे आज गर्व है। कैसे किया उसने ऋण-शोध? उसी की जुबानी :

> रूप के द्वार पर
> मोह की माधुरी
> कितने ही बार पी मूर्च्छित हुए हो, प्रिय,
> जागती मैं रही,
> गह बांह, बांह में भरकर संभाला तुम्हें।

ये पंक्तियां इस बात का अकाट्य प्रमाण हैं कि प्रेयसी और युवक मनुष्य ही हैं जीव और ब्रह्म नहीं, क्योंकि प्रणयोत्तर काल में युवक प्रेयसी के रूप-सौंदर्य पर इस कदर आशिक हो जाता है कि अनेक बार वह अपने होश गंवा बैठता है। निराला के सशक्त शब्दों में, रूपासक्ति की माधुरी का पान कर 'मूर्च्छित' हो जाता है। यह भी स्वाभाविक है, क्योंकि अनेक बार बहुत गहरे और भावात्मक आकर्षण की परिणति भी इस रूप में होते देखी गई है। लेकिन प्रेम रूपासक्ति का भी अतिक्रमण करता है। युवक उसके गड्ढे में बार-बार गिर जाता था, लेकिन प्रेयसी चूंकि पूर्ण मुक्ति लाभ कर चुकी थी, इसलिए न केवल यह कि वह उसका शिकार नहीं होती बल्कि वह हर बार युवक को सहारा देकर, प्यार से, उसे संभालती है। यही आगे जाकर उसके प्रति किया गया उसका ऋणशोध है। कहा जा सकता है कि निराला ने छायावाद के अनुरूप यहां नारी को ही गौरव दिया है,जैसे प्रसाद ने 'कामायनी' में मनु को रास्ते से लगाने का काम श्रद्धा से कराया है, या फिर स्वयं निराला ने ही 'तुलसीदास' में तुलसीदास की मार्ग निर्देशिका रत्नावली को बनाया है लेकिन विचार करने पर यह घटना भी स्वाभाविक ही प्रतीत होती है। व्यावहारिक जीवन का हमारा सामान्य अनुभव है कि रूपासक्ति पुरुषों की तुलना में स्त्रियों में कम होती है और उसी अनुपात में कर्तव्य-बोध ज्यादा।

इस प्रसंग में 'चांद' के नारी आंदोलन अंक (नवंबर 1934) में प्रकाशित निराला के एक असंकलित लेख 'भारत की देवियां' की कुछ पंक्तियां द्रष्टव्य हैं। उनमें वे युवकों और युवतियों के नए संबंध की कल्पना इस रूप में करते हैं: 'युवक युवतियों के आश्रय होंगे और नवीन युवतियां युवकों की शक्ति। समाज की दृष्टि में नई किरण

फूटेगी। वे बसेंगे, रहेंगे हम उनके, वे हमारे।' निश्चय ही 'प्रेयसी' कविता के अंत पर निराला के इन विचारों की छाया है।

पहले कहा जा चुका है कि निराला उक्ति को प्रभावशाली बनाने के लिए व्यंजन-वर्णों के साथ-साथ स्वर-वर्णों की योजना पर भी ध्यान देते हैं। पूरे अंतिम खंड में 'ई' स्वर की तेरह बार आवृत्ति की गई है, जिससे पंक्तियां हवा चलने से फसलों की तरह एक दिशा में झुक गई हैं। ऊपर उद्धृत पंक्तियों में भी 'ई' स्वर छह बार आया है। इसके साथ 'मोह-माधुरी' जैसा अनुप्रास भी है, जो उक्ति में माधुरी भर देता है।

यह कविता मुक्तछंद में रचित निराला की लंबी कविताओं में सर्वाधिक सुंदर है और इसीलिए सर्वाधिक महत्वपूर्ण। यह उनकी सुंदर ही नहीं, एक सशक्त रचना भी है क्योंकि इसे उन्होंने न केवल पूरे मनोयोग से रचा है बल्कि मनोवेग से भी। इसमें भावना की अथाह गहराई है और उसी से यह दार्शनिक स्तर तक उठ गई है। इसकी प्रभावोत्पादकता का स्रोत इसमें परस्पर विरोधी वस्तुओं के बीच का खिंचाव या तनाव है। एक तरफ इस कविता की विषय-वस्तु में स्वच्छंदता है और दूसरी तरफ नए युग का मूल्य और दायित्वबोध। इसी तरह एक तरफ इसमें गहन भावावेश है और दूसरी तरफ प्रकृष्ट बौद्धिकता। कल्पनाशीलता और यथार्थवादिता तथा दार्शनिकता और भौतिकता के बीच भी तनाव है। इसकी शैली में भी परस्पर विरोधी गुण हैं। एक तरफ यह कविता कथात्मक है और दूसरी तरफ प्रगीतात्मक। इसी कारण इसमें नाटकीयता भी है और यह आत्माभिव्यक्तिमूलक भी है। पूरी कविता एक तरफ प्रेयसी का संवाद है और दूसरी तरफ उसका स्वगत चिंतन। छंद के संबंध में भी यही बात है। मुक्तछंद में लिखी गई यह कविता अपनी संगीतपूर्ण शब्द-योजना के कारण 'सुवादित' वीणा की तरह है। ये तमाम बातें वस्तु और रूप दोनों ही दृष्टियों से इसे एक अत्यंत जटिल और श्रेष्ठ कविता बनाती हैं।

8. राम की शक्तिपूजा : एक व्यक्तिगत प्रतिक्रिया

हिंदी में इसको लेकर लगभग आम सहमति है कि निराला की कविता 'राम की शक्ति-पूजा' खड़ी बोली की सर्वश्रेष्ठ कविता है। आलोचक तो इस बात को मानते ही हैं, भिन्न-भिन्न संवेदना के रचनाकार भी मानते हैं। निराला दिनकर और अज्ञेय की काव्य-रुचि के कभी अनुकुल नहीं रहे, पर इन रचनाकारों की दृष्टि में भी यह कविता हिंदी की एक अद्वितीय रचना है।

विद्वानों के अनुसार किसी भी कविता के साथ पाठकों या उसके आस्वादनकर्ताओं का संबंध अनेक प्रकार का होता है। लेकिन मेरा अनुभव है कि उसके साथ पाठकों का असली संबंध व्यक्तिगत होता है। हिंदी में छोटी-बड़ी अनेक महान कविताएं मौजूद हैं,लेकिन उनमें जितनी प्रिय मुझे 'शक्तिपूजा' है, उतनी और कोई नहीं। निश्चय ही यह इसके साथ मेरे निजी और ऐकांतिक संबंध के कारण है। पहली बार यह कविता मैंने 1958 की गर्मियों में पढ़ी थी, रवींद्रनाथ की अंग्रेजी गीतांजलि और तुलसीदास का रामचरितमानस पढ़ने के बाद। इन दोनों काव्यों का मेरे ऊपर ऐसा गहरा प्रभाव पड़ा था कि मैंने अपने छोटे से संग्रह में से अनेक कवियों की पुस्तकें हटाकर उन्हें गांव के पुस्तकालय को दे दिया था। उस समय मैं पटना कालेज में इंटरमीडिएट का विद्यार्थी था। विद्यार्थी इसलिए कि अंतिम परीक्षा में मैं बैठ चुका था लेकिन अभी परीक्षाफल नहीं निकला था। रवींद्रनाथ और तुलसीदास की ऊंचाई से परिचित होने के बाद बड़ी उत्सुकता और तड़प के साथ मैंने निराला की यह कविता पढ़ी, यह देखने के लिए कि इन दोनों के मुकाबले यह कवि कहां खड़ा है। अपनी अपरिपक्व बुद्धि से इस कविता को मैंने कितना समझा, नहीं कह सकता, लेकिन इसका मेरे मन और मस्तिष्क पर जो असर पड़ा, वह उस दिन से लगातार गहरा ही होता गया है। पता नहीं तब से कितनी बार मैंने यह कविता पढ़ी है, लोगों को पढ़कर सुनाई है और इसके अंशों को मन ही मन दुहराया है। आज भी जब मैं इस कविता को पढ़ता और पढ़ाता हूं, तो मुझे गजब की मानसिक स्फूर्ति का अनुभव होता है। मैं पूरी तरह समझ नहीं पाता हूं कि हिंदी में अत्यंत कठिन मानी जाने वाली इस कविता में ऐसा क्या है, जो मुझे रोमांचित ही नहीं करता है, सिर से लेकर तलवे तक झंकृत कर देता है। मेरा शरीर जैसे रवाव बन जाता है और मेरी नसें तांत। इस कविता के रचना-काल से लेकर आज तक हिंदी में कई काव्यांदोलन आए हैं और कविता का फैशन लगभग पूरा बदल चुका है। फिर भी यह कविता अपनी जगह पर कायम है, बल्कि जैसे-जैसे समय बीतता जाता है, इसकी रंग

और सुगंध से भरी पंखुड़ियां खुलती जाती हैं। यदि इसे एक वृक्ष मानें, तो हर पाठ में इसमें नए-नए कल्ले फूटते हैं, नए-नए पत्ते निकलते हैं। 'शक्तिपूजा' का कोई पाठ पूरा अथवा अंतिम नहीं हो सकता, क्योंकि हर अगले पाठ में ऐसा महसूस होता है कि पिछली बार कुछ छूट गया था। हर बार अनेक शब्दों से अर्थ की नई-नई झंकृतियां फूटती हैं और संदर्भों से नए-नए संकेत प्रकट होते हैं। गेटे की यह उक्ति प्रसिद्ध है कि सिद्धांत पीला पड़ता है, लेकिन जीवन का वृक्ष हमेशा हरा रहता है। 'राम की शक्ति-पूजा' नामक निराला की यह कविता जीवन नहीं है, उसकी अनुकृति या प्रतिकृति है, लेकिन इतनी सटीक कि यह जीवन की तरह ही सदाबहार है।

यह सही है कि कविता की रचना की तरह उसके आस्वादन की प्रक्रिया भी अभी तक बहुत कुछ रहस्यात्मक बनी हुई है। इस व्याख्यान में 'राम की शक्तिपूजा' के प्रसंग में मैं उस रहस्यात्मकता का यथासंभव भेदन करने का प्रयास करूंगा।

कविता के आस्वादन का मतलब है उसकी भाषा के प्रति संवेदनशील होना। यह बात कितनी भी उलटी क्यों न लगे लेकिन यह सत्य है कि कविता अंततः भाषा है। जो भाषा के प्रति संवेदनशील नहीं, वह उसका आनंद नहीं ले सकता। यह इससे भी प्रमाणित है कि कविता को उसकी भाषा से अलग नहीं किया जा सकता। वस्तुतः कविता और गद्य का असली अंतर यही है कि गद्य की कोई रचना अपनी भाषा से अलग होकर भी किसी हद तक जीवित रह सकती है लेकिन कविता नहीं। कविता को अपनी भाषा से अलग करने का मतलब है कि उसकी मृत्यु, जो टीकाओं और भाष्यों में आसानी से देखने को मिल सकती है। इसका कारण दह है कि गद्य में जहां भाषा बहुत कुछ साधन होती है, वहां कविता में साधन भी और साध्य भी। आकस्मिक नहीं कि फ्रांसीसी कवि मलार्मे ने कविता को यह कहकर परिभाषित किया था कि कविता उसे कहेंगे, जिसका अनुवाद न किया जा सके। दिनकर जी ने एक जगह लिखा है कि कविता की सारी आलोचना वस्तुतः उसकी भाषा की आलोचना है। भारतीय काव्यशास्त्र का साक्ष्य लें, तो उसमें बहुलांश में काव्यभाषा का ही विश्लेषण है। अलंकार, रीति, वक्रोक्ति और ध्वनि भाषा की ही तो विशेषताएं हैं! स्वभावतः निराला की 'शक्ति-पूजा' सबसे पहले मुझे अपनी भाषा के लिए प्रिय है। इस भाषा के अनेक स्तर इस कविता में देखने को मिलते हैं। युद्ध-वर्णन की शब्दावली ओजपूर्ण है, तो पुष्पवाटिका-प्रसंग के वर्णन की माधुर्यपूर्ण। सरल भाषा के नमूने 'लौटे युग दल। राक्षस-पदतल पृथ्वी टलमल,/बिंध महोल्लास से बार-बार आकाश विकल' से लेकर 'द्विपहर रात्रि, साकार हुईं दुर्गा छिपकर,/हंस उठा ले गईं पूजा का प्रिय इंदीवर' तक बिखरे हुए हैं। बीच-बीच में 'है अमानिशा; उगलता गगन घन अंधकार', 'लांछन को ले जैसे शशांक नभ में अशंक', 'फिर खोले पलक कमल-ज्योतिर्दल ध्यान-लग्न', 'बोले भावस्थ चंद्रमुख-निंदित रामचंद्र' अथवा 'दक्षिण गणेश, कार्तिक बाएं रण-रंग-

राग' जैसी पंक्तियां मिलती हैं, जो कविता को तरह-तरह के स्वर से निनादित करती चलती हैं। भिन्न संदर्भ में प्रयुक्त मुक्तिबोध का एक शब्द लेकर कहें तो यह कविता 'शत-ध्वनि-संगम-संगीत' है। इस दृष्टि से खड़ी बोली की कोई कविता उसके समकक्ष नहीं रखी जा सकती।

ऐसी स्थिति में यह देखकर आश्चर्य होता है कि इस कविता पर सर्वाधिक प्रहार इसकी भाषा को लेकर ही किया गया है। उसमें विद्वानों का लक्ष्य इसकी आरंभिक अट्ठारह पंक्तियां रही हैं, जो प्राय: संस्कृतनिष्ठ समस्त पदावली में रचित हैं। पं. रामनरेश त्रिपाठी स्वयं अच्छे कवि थे, फिर भी उन्होंने इन पंक्तियों से भड़ककर कहा था कि यह कविता नहीं, सांप झाड़ने का मंत्र है! त्रिपाठी जी तो द्विवेदीयुगीन कवि थे, लेकिन पं. नंददुलारे वाजपेयी छायावादी संवेदना के आलोचक, साथ ही हिंदी कविता में निराला को स्थापित करने वालों में, लेकिन उन्होंने भी 'शक्तिपूजा' के आरंभिक अंश के लिए निराला को नहीं बख्शा और कहा कि उसमें 'भाषा की कवायद' प्रदर्शन-भाव से कराई गई है, यानी यह दिखलाने के लिए कि हिंदी में ऐसी भाषा भी लिखी जा सकती है। सचाई यह है कि यह अंश इस कविता की रचनात्मकता की मांग का परिणाम है। ज्ञातव्य है कि लंका का राम-रावण युद्ध इस कविता का विषय नहीं है। वह है सीता की मुक्ति। स्वभावत: युद्ध-वर्णन इसमें पृष्ठभूमि के रूप में आया है। इससे निराला जल्दी से जल्दी उसका वर्णन समाप्त कर कविता के मुख्य विषय पर आ जाना चाहते हैं। इसकी सामासिकता उसी की देन है। नादपूर्ण शब्दों की योजना उन्होंने इसलिए की है कि उससे युद्ध का कोलाहल मूर्त हो सके। विद्वानों ने 'शक्तिपूजा' की आरंभिक कथित दुरूह पंक्तियों की 'रचनात्मकता' को तो नहीं ही समझा, अंधविरोध में उनमें अंकित राम की इस नवीन और अत्यंत सजीव मूर्ति को भी नहीं देखा :

अनिमेष-राम-विश्वजिद्दिव्य-शर-भंग-भाव—
विद्धांग-बद्ध-कोदंड-मुष्टि-खर-रुधिर-स्राव

कहने की आवश्यकता नहीं कि भाषा के विभिन्न स्तरों का वैषम्य इस कविता की अभिव्यक्ति को पंत या महादेवी की अभिव्यक्ति की तरह एकरस होने से बचाता है और उसे हमेशा ताजादम बनाकर रखता है।

भाषा की विषमस्तरीयता के अलावा यह कविता मुझे एक और कारण से प्रिय है। वह यह कि यह गलत स्तर पर सचेत रहने वाले किसी पंडित कवि की सर्वथा सुगढ़ तथा निर्दोष रचना नहीं है। लोंजाइनस ने कहा था कि पूर्ण निर्दोषता टुच्ची रचना का गुण है, उदात्त रचना का नहीं। 'शक्तिपूजा' की भाषा की एक बड़ी विशेषता इसका अनगढ़पन है, एक लापरवाही, जो निराला ने उसे रचने में बरती है। निराला में पांडित्य भी था और वे 'सजग कलाकार' भी थे। उनकी अनेक रचनाएं इसका सशक्त प्रमाण उपस्थित करती

हैं। लेकिन 'शक्तिपूजा' से जैसे वे अपने काव्य में एक नई शुरुआत करते हैं जिसकी परिणति आगे चलकर 'देवी सरस्वती' जैसी लंबी कविता और अंतिम दौर के उनके गीतों में होती है। यहां कवि का ध्यान भाषा के माध्यम से अधिकतम मात्रा में अपने को अभिव्यक्त करने पर है, उसके परिष्कार या ढलाव पर नहीं। अनगढ़पन और लापरवाही 'शक्तिपूजा' की भाषा की जान है। एक-दो उदाहरणों से ही यह बात स्पष्ट हो जाएगी। इस कविता के आरंभ में ही निराला संस्कृत के 'व्यूह', 'समूह' और 'प्रत्यूह' के साथ हिंदी के ठेठ ध्वनिसूचक 'हूह' शब्द का प्रयोग करते हैं, वह भी समस्त पद में 'क्रुद्ध-कपि-विषम-हूह'। कहने की आवश्यकता नहीं कि यहां 'हूह' शब्द ने जो काम किया है, वह संस्कृत का कोई तत्सम शब्द नहीं कर सकता था। इसी तरह 'है अमानिशा' वाले वर्णन में उन्होंने संस्कृत शब्दों के बीच अरबी के 'मशाल' शब्द का प्रयोग किया है–'भूधर ज्यों ध्यान-मग्न; केवल जलती मशाल'। इस शब्द के साथ 'उगलता गगन घन अंधकार' में जो 'उगलता' है, हिंदी का ठेठ ही नहीं,भदेस प्रयोग, उस पर भी हमारा ध्यान जाना चाहिए। ये दोनों ही शब्द यहां बहुत ही समर्थ हैं। निराला अच्छे संस्कृतज्ञ थे, लेकिन भाषा के मामले में शुद्धतावादी नहीं। उनकी मान्यता थी कि कोई भी जुबान नापाक नहीं होती। इसी कारण यह संभव हुआ कि वे 'शक्तिपूजा' में अरबी-फारसी के शब्दों से लेकर हिंदी के भदेस शब्दों तक का प्रयोग कर सके। यहां मुझे इस कविता की दो और पंक्तियां याद आ रही हैं, जिनमें 'मंत्रपूत' शब्दों के बीच फारसी के 'वार' शब्द का बेहिचक प्रयोग किया गया है–'हत मंत्रपूत शर संवत करतीं बार-बार,/ निष्फल होते लक्ष्य पर क्षिप्र वार पर वार!' निराला तो इसकी परवाह भी नहीं करते कि 'विशाल' के साथ उन्होंने 'मशाल' शब्द की जो तुक मिलाई है, वह अधम कोटि की है। डा. रामविलास शर्मा ने ठीक लक्ष्य किया है कि निराला के समास के भी अपने नियम हैं। इसका उदाहरण है 'मेघनाद-जित-रण'। ऐसे अनेक उदाहरण इस कविता में मिलेंगे। मुझे तो ऐसा लगता है कि कवि जितना भाषा को बनाकर पाता है, उससे कम उसे बिगाड़कर नहीं। बस उसके लिए साहस चाहिए, जो निराला में भरपूर है, और उसके साथ सर्जनात्मकता का आग्रह, जिसकी पहचान खड़ी बोली के कवियों में उनके पास सबसे ज्यादा थी।

कभी-कभी ऐसा होता है कि आपको कोई कविता बहुत पसंद है, लेकिन बहुत चाहकर भी आप उसका कारण नहीं जान पाते। ऐसी स्थिति में कोई मर्मज्ञ पाठक या कोई विद्वान उस कविता पर टिप्पणी करता है, तो आपको लगता है कि उसने आपके मन की बात कह दी, अंधेरे में आप जो चीज टटोल रहे थे, उसे उसने उजागर कर दिया। पिछले दिनों डा. नामवर सिंह ने निराला की 'शक्तिपूजा' पर जब यह टिप्पणी की कि यह 'आधुनिक रामचरितमानस' है, तो मुझे ऐसा ही प्रतीत हुआ। लेकिन मुझे 'शक्तिपूजा' के आकार के कारण यह उक्ति अतिरंजित भी लगी। फिर मेरे ध्यान में प्रो.

केसरी कुमार का यह वाक्य आया कि यह कविता 'सूत्र-महाकाव्य' है। लेकिन महाकाव्य में जहां संपूर्ण कथा होती है, वहां इस कविता में रामकथा का सिर्फ एक प्रसंग वर्णित है। ऐसी स्थिति में क्या इसे महाकाव्य मानना उचित होगा? मैं इस विषय पर लगातार सोचता रहा और जब कविता को सामने रखकर उस पर विचार करना शुरू किया, तो यह देखकर विस्मित रह गया कि वर्ण्य भले इसमें एक प्रसंग हो, लेकिन वस्तुत: इसमें संपूर्ण रामकथा समाई हुई है। यह एक अत्यंत ही संकेतगर्भित कविता है, जिससे रामकथा के आगे-पीछे की अनेकानेक घटनाओं का संदर्भ संकेतिक होता चलता है। मुझे दिनकर जी का 'कुरुक्षेत्र' याद आया। इसमें सिर्फ युधिष्ठिर और भीष्म का संवाद है लेकिन उसमें संपूर्ण महाभारत की घटनाओं को इस रूप में संदर्भ आया है कि यह काव्य महाभारत का पुनराख्यान हो गया है। यही कारण है कि इसे पढ़ते समय पाठक केवल विचार-काव्य का आस्वादन नहीं करता, कथा-काव्य का रस लेता चलता है। तात्पर्य यह कि 'कुरुक्षेत्र' में विचारों की दीप्ति ही नहीं, कथा का रस भी है। ठीक इसी तरह निराला की 'शक्तिपूजा' एक प्रसंग पर आधारित होते हुए भी रामकथा के लगभग सभी सूत्रों को समेटे हुए है। यह जरूर है कि इसमें संपूर्ण रामकथा क्रम से नहीं आई है बल्कि यह बिखरी हुई है। चूंकि वह कथा अत्यंत सुपरिचित है, इसलिए उसके सूत्रों को पकड़ने में पाठकों को कोई कठिनाई नहीं होती। ऐसी स्थिति में रामचरितमानस से इसकी तुलना उतनी अतिरंजित नहीं है।

यहां मैं 'शक्तिपूजा' के कुछ संकेतों को स्पष्ट करना चाहता हूं, जिससे कि मेरी बात की पुष्टि हो सके। इस कविता के आरंभिक अंश में प्रकट रूप में लंका के युद्ध का वर्णन है और 'ऐसे क्षण अंधकार घन में जैसे विद्युत' से आरंभ होकर 'जानकी-नयन-कमनीय प्रथम कंपन तुरीय' तक चलने वाले अंश में जनकपुर के पुष्पवाटिका-प्रसंग का। इन अंशों के आगे-पीछे अनेक ऐसी पंक्तियां आती हैं, जो दूसरे प्रसंगों को सफलतापूर्वक हमारी आंखों के आगे मूर्त कर देती हैं। उदाहरण के लिए हनुमान से संबंधित इस पंक्ति को लें—'जानकी-भीरु-उर-आशाभर-रावण-संवर'। आज रावण के साथ जो युद्ध हुआ, उसमें राम-सहित सारे योद्धा परास्त हो गए। अपवाद केवल हनुमान थे। रावण को रोकने की क्षमता उन्हीं में थी। लेकिन निराला ने उन्हें यहां जो 'जानकी-भीरु-उर-आशाभर' कहा है, उसमें हनुमान के वीरतापूर्ण पूर्व कृत्यों की तरफ भी संकेत है। वे सीता के नारीसुलभ भीरु उर में आशा का संचार करने वाले इसलिए थे कि उन्होंने समुद्र लांघने का असंभव कार्य ही नहीं किया था, लंका को जलाकर क्षार भी कर दिया था। आगे उन्हें 'एकादश रुद्र' कहा गया है। यह भी अपने भीतर एक कथात्मक संदर्भ छिपाए हुए है। विष्णु जब रावण-वध के लिए राम के रूप में अवतरित हुए, तो शिव ने हनुमान के रूप में पृथ्वी पर आकर उनके कार्य में सहायता की। इस पौराणिक प्रसंग से पाठक परिचित हैं। इसी तरह 'हर धनुर्भंग को पुनर्वार ज्यों उठा

हस्त' में राम द्वारा सीता के लिए आयोजित स्वयंवर में शिव का धनुष तोड़ने की घटना की ओर इशारा है और 'वे आए याद दिव्य शर अगणित मंत्रपूत' से लेकर 'ताड़का, सुबाहु, विराध, शिरस्त्रय, दूषण, खर' तक जो अंश है, उसमें विश्वामित्र के आश्रम से लेकर पंचवटी तक के आश्रम तक राम ने जो असुर-संहार किया था, उसका संदर्भ है। स्मरणीय है कि ताड़का और सुबाहु को उन्होंने विश्वामित्र के आश्रम में मारा था और खर और दूषण को पंचवटी में।

रामकथा के सर्वाधिक दिलचस्प पात्र विभीषण हैं, जिन्हें रावण ने प्रताड़ित करके अपनी सभा से निकाल दिया था और जिनका राम ने लंका-विजय के पहले ही लंका के राजा के रूप में राज्याभिषेक कर दिया था। स्वभावतः रावण के साथ युद्ध में राम की तरफ से कोई भी ढिलाई होती थी, तो सबसे ज्यादा घबराहट उन्हीं को होती थी। रामकथा का यह दिलचस्प पात्र अपनी पूरी कथा और अपने पूरे चरित्र के साथ 'राम की शक्ति-पूजा' में राम के साथ अपने किंचित लंबे संवाद के माध्यम से उपस्थित है। अपने संवाद में विभीषण जब यह कहते हैं कि 'कितना श्रम हुआ व्यर्थ!', तो समुद्र पर पुल बांधने की घटना की ओर संकेत करते हैं। 'जिसने हित कहते किया मुझे पाद-प्रहार' इसका संकेत बिलकुल स्पष्ट है, जैसे 'मैं बना किंतु लंकापति' का। 'तुम फेर रहे हो पीठ हो रहा जब जय रण'—विभीषण का यह कथन वास्तविकता से अधिक कूटनीति पर आधारित है क्योंकि वे किसी तरह राम को उत्साह दिलाकर उन्हें युद्धोन्मुख बनाए रखना चाहते थे, अंत में उन्होंने राम के सामने युद्धोपरांत के एक दृश्य की कल्पना उपस्थित कर उनके मर्म पर जोरदार प्रहार किया। निराला की सर्जनात्मक कल्पना की शक्ति से परिचित होने के लिए भी उस दृश्य को देखना जरूरी है। रावण के बारे में वे कहते हैं :

> बैठा वैभव में देगा दुख सीता को फिर,—
> कहता रण की जय-कथा पारिषद दल से घिर;—
> सुनता वसंत में उपवन में कल-कूजित पिक,
> मैं बना किंतु लंकापति, धिक्, राघव, धिक्-धिक् !

इन पंक्तियों में से पहली पंक्ति में 'फिर' शब्द का जो प्रयोग किया गया है, उससे यह बात जाहिर हो जाती है कि रावण ने सीता को पहले भी यातनाएं दी थीं, अब वह उन्हें फिर पीड़ित करेगा। प्रकटतः विभीषण यहां अपने को धिक्कारते हैं लेकिन उनका लक्ष्य राम हैं, जिन्होंने उन्हें राजा तो बना दिया लेकिन राज्य देने में असमर्थ साबित हो रहे हैं। यह रामकथा में विभीषण की जो विषमतापूर्ण स्थिति है, उसे पूरी तरह से उजागर कर देता है।

इस कविता में स्वाभाविक रूप से लक्ष्मण का भी जिक्र है। यह जिक्र भी संकेतगर्भित है। 'चमका लक्ष्मण तेजः प्रचंड' यह लक्ष्मण के धनुषभंग के पहले के रूप को सामने

लाता है और उन्हें 'मेघनाद-जित रण' कहना उनके युद्धकाल के उस रूप को, जिसमें उन्होंने मेघनाद जैसे अप्रतिम योद्धा को धूल चटा दी थी। 'धिक् जीवन को जो पाता ही आया विरोध/धिक् साधन जिसके लिए सदा ही किया शोध!'–निराशा से ग्रस्त राम की यह उक्ति तो उनके संपूर्ण त्रासद जीवन पर प्रकाश निक्षेप करती है। बाल्यावस्था में ही उनका माता-पिता से बिछुड़कर विश्वामित्र के आश्रम में जाना, जनकपुर में धनुषभंग के बाद उन्हें मार डालने के लिए परशुराम का फरसा लेकर खड़े हो जाना, विवाहोपरांत अयोध्या लौटने पर राज्याभिषेक के बदले नवपरिणीता पत्नी के साथ उनका वन के लिए प्रस्थान, वन में रावण द्वारा सीता का हरण और अब सीता की मुक्ति के लिए जो अंतिम आशा थी उसका भी नष्ट हो जाना—ये सारे संदर्भ उक्त दो पंक्तियों में समाए हुए हैं। 'कहती थीं माता मुझे सदा राजीवनयन' यह पंक्ति राम के बालरूप को आंखों के सामने उपस्थित करती है, साथ-साथ उनके प्रति कौसल्या के वात्सल्य को भी। इस कविता की प्राय: अंतिम पंक्ति 'होगी जय, होगी जय, हे पुरुषोत्तम नवीन!' भावी घटना का संकेत देकर जैसे रामकथा को पूरा कर देती है। इस तरह यह असंदिग्ध है कि 'शक्तिपूजा' एक बहुत ही संकेतगर्भित कविता है। 'इस ओर शक्ति शिव की जो दशस्कंधपूजित' यह पंक्ति रावण की शक्तिपूजा का हवाला देती है, जैसे 'श्यामा के पदतलभार-धरण' शिव का यह विशेषण उस पौराणिक प्रसंग का, जिसमें असुर-संहार के बाद शक्ति को शांत करने के लिए शिव भूमि पर लेट गए थे और इस तरह ध्यान न रहने के कारण शक्ति ने उनके वक्षस्थल पर अपना पांव रख दिया था। इस तरह निराला ने 'शक्तिपूजा' के सत्रह-अट्ठारह पृष्ठों में संपूर्ण रामकथा को प्रस्तुत कर दिया है। यह इसके संकेतगर्भित होने से ही संभव है, वरना उन्हें मैथिलीशरण गुप्त के 'साकेत' जैसा एक बृहत काव्य रचना पड़ता। संकेतगर्भित होने से इस कविता में गहराई भी आई है और यह एक ऐसी कविता बन गई है, जिसके आस्वादन के लिए पाठक को भी अपनी कल्पना को पूरा सक्रिय करना पड़ता है। कल्पना की यह सक्रियता उसे एक नया आनंद प्रदान करती है, जैसा किसी द्विवेदीयुगीन काव्य के आस्वाद से नहीं प्राप्त होता।

नामवर जी ने 'शक्तिपूजा' को 'आधुनिक रामचरितमानस' कहा है। उनके इस कथन में 'रामचरितमानस' तो महत्वपूर्ण है ही, क्योंकि यह उसकी महाकाव्यात्मकता की ओर संकेत करता है, 'आधुनिक' भी महत्वपूर्ण है। कारण यह कि कोई भी कृति सिर्फ महाकाव्यात्मक होने से महान नहीं होती। वह महान तब होती है, जबकि उसकी नसों में नए युग की धड़कन होती है। 'राम की शक्तिपूजा' निश्चय ही रामकथा का पुनराख्यान-मात्र नहीं है। इसके राम पौराणिक राम होते हुए भी एक आधुनिक मनुष्य हैं, वह भी मध्य वर्ग के। किसी पौराणिक चरित्र को आधुनिक रूप में प्रस्तुत करना एक कठिन काम है। इसमें खतरा यह है कि वह चरित्र संभव है न पौराणिक रह जाए और न आधुनिक बन पाए बल्कि दोनों के मेल से निर्मित एक अजीबोगरीब चरित्र बन जाए।

उचित ही आचार्य रामचंद्र शुक्ल से लेकर प्रो. नलिनविलोचन शर्मा तक ने ऐसे चरित्र गढ़ने को अनाड़ीपन कहा है। ऐसी स्थिति में पौराणिक चरित्र को आधुनिक बनाने की कला इसी बात में देखी जा सकती है कि वह चरित्र पौराणिक होते हुए भी आधुनिक हो। यह उसी तरह संभव है, जिस तरह तुरग के चित्रलिखित होने पर भी हम उसे वास्तविक तुरग मानते हैं। यह सौंदर्यात्मक प्रतीति है। निराला ने इसी प्रणाली से पौराणिक राम का आधुनिक रूप में बोध कराया है। डा. रामविलास शर्मा से लेकर डा. नामवर सिंह तक ने 'राम की शक्तिपूजा' को आधुनिक मध्यवर्गीय जीवन के यथार्थ से जोड़कर देखने का आग्रह किया है। मेरा निवेदन यह है कि उस यथार्थ को इस कविता में उसकी कलात्मकता के साथ देखा जाए। तात्पर्य यह कि जो प्रतिध्वनि है, उसे ध्वनि समझना ठीक नहीं है। राम इस कविता में निश्चय ही बहुत ही निरुपाय, संशयग्रस्त और निराश रूप में हमारे सामने आते हैं, जो आधुनिक मध्यवर्गीय व्यक्ति का लक्षण है, लेकिन इन सभी रूपों में वे राम बने रहते हैं। निराला की कला इसी बात में है।

राम का निरुपायता से भरा हुआ वह चित्र ऊपर प्रस्तुत किया जा चुका है, जिसमें वे फटी आंखों से यह देखते हैं कि विश्वविजय करने वाले उनके दिव्य अस्त्र भी आज युद्ध में खंडित हो रहे हैं। उनका अंग-अंग रावण के बाणों से बिंधा हुआ है। मुट्ठी में धनुष है, लेकिन वे कुछ भी करने में असमर्थ हैं। शरीर से तेजी से रक्त के पनाले बह रहे हैं। यह चित्र सहज भाव से निराला के उस अपने चित्र से भी मिल जाता है, जो उन्होंने 'सरोजस्मृति' में अंकित किया है : 'देखता रहा मैं खड़ा अपल/ वह शर-क्षेप, वह रण-कौशल।' राम की निरुपायता से संबंधित 'शक्तिपूजा' में दूसरा चित्र वह है, जो राम स्वयं प्रस्तुत करते हैं—'पश्चात, देखने लगीं मुझे, बंध गए हस्त/फिर खिंचा न धनु, मुक्त ज्यों बंधा मैं हुआ त्रस्त।' रघुवंश के द्वितीय सर्ग में जब नंदिनी को सिंह ने दबोच लिया, तो उसे मारने के लिए दिलीप ने तरकश से बाण निकालने के लिए अपना हाथ बढ़ाया लेकिन जैसे वह तरकश से सटा रह गया। उन्होंने बहुत कोशिश की कि सिंह पर प्रहार करें लेकिन व्यर्थ। कालिदास का शब्द लेकर कहें, तो वे जैसे 'चित्रार्पित' खड़े रहे। दिलीप के इस चित्र से मिलता-जुलता राम का यह चित्र,जिसमें वे मुक्त होते हुए भी अपने को बंधा हुआ महसूस करते हैं,पूर्णतः आधुनिक यथार्थ को संप्रेषित करने वाला है।'स्थिर राघवेंद्र को हिला रहा फिर-फिर संशय' से शुरू होकर 'असमर्थ मानता मन उद्यत हो हार-हार' पर समाप्त होने वाला जो काव्यांश है, वह राम के उस संशय को सामने लाता है, जो आज के प्रत्येक मध्यवर्गीय व्यक्ति का संशय है। जैसे राम को अपनी विजय को लेकर शंका है, वैसे ही आज प्रत्येक मध्यवर्गीय व्यक्ति इस बात से परेशान है कि वह अपने जिस लक्ष्य की तरफ बढ़ना चाहता है, वह उसे प्राप्त होगा कि नहीं। राम को जब अपने पराक्रम की याद आती है, तो वे आत्मविश्वास से भर उठते हैं, लेकिन उसके बाद ही जब आज के युद्ध में देखी गई शक्ति की भयानक मूर्ति का उन्हें

स्मरण होता है, जिसने उनके सभी दिव्य बाणों को अपने में लीन कर लिया था, तो वे पुनः संशयग्रस्त हो जाते हैं : 'लख-शंकाकुल हो गए अतुल-बल-शेष-शयन,— खिंच गए दृगों में सीता के राममय नयन'। उनकी आंखों के सामने सीता की वे आंखें ही नहीं आ जाती हैं, जिनमें उन्होंने पुष्पवाटिका में उनके प्रथम साक्षात्कार के बाद उनकी मूर्ति बिठा ली थी, बल्कि वे व्याकुलता में रावण का खलखल अट्टहास भी सुनते हैं और उनकी चिंता से भरी हुई आंखों से तरल मुक्ताखंड की तरह आंसू की दो बूंदें भी टपक पड़ती हैं। अकारण नहीं है कि विश्वास और शक्ति से भरा चित्रण जहां चूक जाता है, वहां राम के इस विचलन से भरे हुए चित्र से पाठक गजब की आत्मीयता स्थापित कर लेता है। उसे लगता है कि वह राम के रूप में आज अपने को ही देख रहा है। यह कविता निश्चय ही आशा के साथ समाप्त होती है और डा. शर्मा के मत को छोड़ दें, तो उससे कविता का अंत कमजोर भी नहीं हुआ है। कारण यह कि अंततः वह अंत नहीं, एक नई शुरुआत है, क्योंकि राम खोया हुआ आत्मविश्वास प्राप्त कर पुनः युद्ध के लिए प्रस्तुत होते हैं। लेकिन यह सही है कि इस कविता की शक्ति, विश्वास और आशा में जितनी ताकत है, उससे अधिक ताकत इसकी निरुपायता, संशय और निराशा में है।

राम की निराशा का ठोस चित्र वह है, जिसमें वे विभीषण की बातों से उत्तेजित हुए बिना उनसे अपनी बात कहते हैं और पुनः रो पड़ते हैं। निराला के शब्दों में :

> कुछ क्षण तक रहकर मौन सहज निज कोमल स्वर
> बोले रघुमणि—'मित्रवर,विजय होगी न समर;
> यह नहीं रहा नर-वानर का राक्षस से रण,
> उतरीं पा महाशक्ति रावण से आमंत्रण;
> अन्याय जिधर हैं उधर शक्ति!' कहते छल-छल
> हो गए नयन, कुछ-बूंद पुनः ढलके दृगजल

इससे भी बढ़कर उन्हें तब निराशा होती है, जब वे अंतिम नीलकमल लेने के लिए हाथ बढ़ाते हैं, तो पाते हैं कि जहां वह रखा था, वह जगह खाली है। उनकी पूजा आखिरी मंजिल में थी। इस समय वे अपने आसन से उठ भी नहीं सकते थे। उसका मतलब होता सिद्धि की अप्राप्ति। लिहाजा उनकी आंखें भर गईं। यहीं पर उन्होंने अपने जीवन और उस साधन को, जिसकी खोज वे अपने लक्ष्य तक पहुंचने के लिए लगातार कर रहे थे, लानतें भेजीं। यहां उन्होंने यह भी कहा कि 'जानकी! आह, उद्धार, दुःख, जो न हो सका!' यह आज का टूटा हुआ युवक है जो आत्मदया का नहीं, आत्मविरोध का शिकार है। उसका जीवन-संघर्ष पर से ही विश्वास उठ गया है, साथ ही उन साधनों पर से भी, जिनकी मदद से वह अपने गंतव्य तक पहुंच सकता था। उसने मान लिया है कि जीवन-युद्ध में वह पराजित हुआ, मुक्त होना या अपनी प्रियतम वस्तु को मुक्त कराना

उसके वश में नहीं है। 'शक्तिपूजा' के बाद की रचना 'वन-बेला' में निराला ने इसी निराशा को अपने माध्यम से दुहराया है—'हो गया व्यर्थ जीवन/मैं रण में गया हार' कवि की यह उक्ति उसके चरित्र राम की उक्ति से विलावजह नहीं मिल जाती है। इस मिलने की वजह यह है कि निराला और राम दोनों के भीतर वस्तुतः एक ही भावधारा प्रवाहित है।

'राम की शक्तिपूजा' मुझे इसलिए भी प्रिय है कि इसकी अंतर्वस्तु बहुत ही नवीन और प्रगतिशील है। कुछ विद्वान इसे शक्तिपूजा के प्रचार के लिए लिखी गई कविता बतलाते हैं, जबकि कुछ दूसरे विद्वान इसमें मनःशक्ति की स्थापना देखते हैं। मैं कुछ ऐसे लोगों को भी जानता हूं जो यह समझते हैं कि इस कविता के माध्यम से निराला ने योग-साधना की वकालत की है। जो आधुनिकता-प्रेमी विद्वान हैं, उनके विचार से यह कविता राम के माध्यम से आधुनिक यथार्थबोध की अभिव्यक्ति की कविता है। इस कविता की एक सतही प्रगतिशील व्याख्या भी है, जिसके अनुसार इसमें जो शक्ति है, वह वस्तुतः अर्थ-शक्ति है। 'अन्याय जिधर है उधर शक्ति!' का यह मतलब है कि अर्थ-शक्ति पूंजीपतियों के पास है, जो कि शोषक और उत्पीड़क हैं। यहां राम शोषित और उत्पीड़क वर्ग के प्रतिनिधि हैं। सचाई यह है कि यह कविता वैसे ही पत्नी-प्रेम की कविता है, जैसे 'सरोज-स्मृति' पुत्री-प्रेम की कविता। इस कविता के केंद्र में सीता हैं, सीता की मुक्ति, जिसका पता उसकी संरचना पर ध्यान देने से चलता है। सीता इस कविता के हर मोड़ पर उपस्थित हैं। आरंभिक युद्ध-वर्णन की समाप्ति ही 'जानकी-भीरु-उर-आशाभर-रावण-संवर' के साथ नहीं होती है, राम जब अतिशय संशयग्रस्त होकर व्याकुल हो उठते हैं, तब भी उन्हें सीता ही याद आती हैं : 'ऐसे क्षण अंधकार घन में जैसे विद्युत/जागी पृथ्वी-तनया-कुमारिका-छवि'। इसी तरह युद्ध-क्षेत्र में शक्ति की भयानक मूर्ति का स्मरण करके जब वे और व्याकुल हो उठते हैं, तो 'खिंच गए दृगों में सीता के राममय नयन'। विभीषण ने भी जब देखा कि राम उत्साहित नहीं हो रहे हैं, तो उन्होंने सीता का हवाला देकर ही राम को कोसा : 'कितना श्रम हुआ व्यर्थ! आया जब मिलन-समय,/तुम खींच रहे हो हस्त जानकी से निर्दय!' इसी के बाद उन्होंने राम के सामने युद्धोपरांत के उस भयावह दृश्य की कल्पना प्रस्तुत की थी, जिसके बारे में ऊपर कहा जा चुका है, और जिसमें रावण द्वारा सीता को पुनः पीड़ित करने की बात है। वह समय उसके लिए बहुत आनंद का होगा क्योंकि वह अपने मंत्रियों को युद्ध में अपनी विजय की ही कथा नहीं सुना रहा होगा, अपने उद्यान में, जिसमें उसने वसंत को कैद कर रखा था, कोकिल की काकली भी सुन रहा होगा! ये दोनों ही बातें सीता की पृष्टभूमि से जुड़कर ही राम के लिए मर्मांतक बनती हैं। इसे भी सिर्फ याद दिलाने की जरूरत है कि ध्यानावस्था में ही हाथ बढ़ाने पर जब अंतिम नीलकमल नहीं मिला, तो उनके मुंह से जो अंतिम बात निकली, वह यही थी कि 'जानकी! आह,

उद्धार, दुःख, जो न हो सका!' मतलब साफ है कि अब कार्यसिद्धि यानी सीता की मुक्ति नहीं हो सकेगी। 'कार्य' शब्द का प्रयोग मैं यहां नाटक वाले अर्थ में कर रहा हूं, यह कहने की जरूरत नहीं होनी चाहिए।

यह कविता चरमबिंदु पर वहां पहुंचती है, जहां राम अपनी पत्नी की मुक्ति के लिए शक्ति को अपनी एक आंख निकालकर अर्पित करने को तैयार हो जाते हैं। यह अंश कविता का सबसे प्रभावशाली अंश भी है, इसलिए इसे उद्धृत करने का लोभ संवरण करना कठिन है :

'... दो नीलकमल हैं शेष अभी, यह पुरश्चरण
पूरा करता हूं देकर मातः एक नयन।'
कहकर देखा तूणीर ब्रह्मशर रहा झलक,
ले लिया हस्त, लक-लक करता वह महाफलक;
ले अस्त्र वाम कर, दक्षिण कर दक्षिण लोचन
ले अर्पित करने को उद्यत हो गए सुमन।

पत्नी-प्रेम का यह उदाहरण न पुराण में है, न इतिहास में। रघुवंश में राम के ही पूर्वज अज ने इंदुमती के विरह में बहुत विलाप किया है और अंत में प्राण तक छोड़ दिए हैं लेकिन धीरे-धीरे, राजकाज से क्रमशः उदासीन होते हुए। उनके पत्नी-प्रेम में निश्चय ही राम के उत्सर्ग-भाव की तीव्रता और उत्कटता नहीं है।

निराला के इस नारी-प्रेम के पीछे उनकी पूरी युगीन चेतना है। वाल्मीकि और तुलसी से तुलना करने पर वह क्रांतिकारी साबित होती है। लंका-युद्ध में विजय के बाद जब रावण की कैद से निकालकर सीता को राम के सामने लाया गया, तो उन्होंने उनसे कहा—तुम यदि यह समझती हो कि मैंने यह युद्ध तुम्हारे लिए किया है, तो वह गलत है। मैंने यह युद्ध इसलिए किया कि लोग यह न कहें कि रावण मेरी पत्नी को हरकर ले गया और मैंने कुछ नहीं किया। रावण की कैद में रहने के बाद यदि तुम यह सोचती हो कि मैं तुम्हें पत्नी के रूप में स्वीकर कर लूंगा, तो वह असंभव है। अब तुम कहीं भी जाने के लिए स्वतंत्र हो, या मेरे इतने योद्धाओं में से किसी के साथ रहना चाहो, तो रह सकती हो। यह वाल्मीकि रामायण है। तुलसीदास की स्थिति आदिकवि से अधिक भिन्न नहीं है। लक्ष्मण के मूर्च्छित होने पर जब राम विलाप करते हैं, तो साफ शब्दों में कहते हैं कि 'नारि हानि बिशेष छति नाहीं' अर्थात पत्नी की मृत्यु से कोई खास नुकसान नहीं। पंत जी के शब्दों में कहें, तो 'खैर, पैर की जूती, जोरू/न सही एक, दूसरी आती'। इस वधू-दहन के युग में, जब पति अपने माता-पिता से मिलकर तिलक-दहेज के लोभ में अपनी पत्नी को जिंदा जला रहा है, 'राम की शक्तिपूजा' में राम के माध्यम से अभिव्यक्त पत्नी-प्रेम की उच्चता और मानवीयता का महत्व आसानी से समझा जा सकता है।

9. तोड़ती पत्थर : पुनः पाठ

'तोड़ती पत्थर' निराला की प्रसिद्ध कविताओं में से एक है। यह उनकी एक लोकप्रिय कविता भी है। हिंदी के साधारण पाठक 'भिक्षुक' के बाद उनकी इसी कविता का नाम लेते हैं। संभवत: इस कारण कि अंतर्वस्तु और कलात्मक गठन दोनों दृष्टियों से यह उन्हें प्रभावित करती है। अंतर्वस्तु इन दोनों ही कविताओं की सामाजिक है और इनका कलात्मक गठन भी उच्च कोटि का है। कविता के साधारण पाठक कविता के कलात्मक गठन से प्रभावित अवश्य होते हैं, भले वे उसका विश्लेषण न कर सकें। यहां यह कहने की आवश्यकता न होनी चाहिए कि कविता को प्रभावशाली बनाने वाली चीज उसकी कला ही होती है, उसकी अंतर्वस्तु नहीं। ऐसा नहीं है कि अंतर्वस्तु का महत्व नहीं लेकिन कला के बिना वह बेकार है। यह दुखद है कि निराला-जन्म-शताब्दी के मौके पर अभी तक उनकी कविता पर जो लेख निकल रहे हैं, उनमें कविता को कविता की दृष्टि से न देखकर शुद्ध और नितांत सरलीकृत सामाजिक या वैचारिक दृष्टि से देखने की प्रवृत्ति बढ़ाव पर मालूम पड़ती है, उसमें किसी तरह कमी आने का तो सवाल ही नहीं है। 'तोड़ती पत्थर' को निराला की एक प्रतिनिधि कविता भी माना जा सकता है क्योंकि अमरीकी मासिक पत्रिका 'पोएट्री' का जनवरी 1959 में भारत पर केंद्रित जो अंक निकला था, उसमें रोमिला थापर ने उनकी कविताओं में से इसी को चुनकर उसका अनुवाद प्रकाशित कराया था। इस कविता के संबंध में एक खास बात यह है कि निराला की 'सरोजस्मृति' और 'राम की शक्तिपूजा' के बाद की रचना है, जिससे उनकी कविता में एक मोड़ का संकेत मिलता है। 'तोड़ती पत्थर' के थोड़े दिन बाद ही वे 'वन-बेला' की रचना करते हैं और फिर 'कुकुरमुत्ता' जैसी यथार्थवादी कविताओं की दिशा में मुड़ जाते हैं।

2

यह कविता इन पंक्तियों के साथ शुरू होती है : 'वह तोड़ती पत्थर;/देखा उसे मैंने इलाहाबाद के पथ पर—/वह तोड़ती पत्थर।' इसमें जो 'इलाहाबाद' नगर-विशेष का उल्लेख है, उसे लेकर जिज्ञासा की गई है कि उसकी सार्थकता या प्रासंगिकता क्या है ? इसे पं. नंददुलारे वाजपेयी ने अपनी पुस्तक 'कवि निराला' में यथास्थान स्पष्ट किया है। उन्होंने लिखा है कि इलाहाबाद के पथ पर पत्थर तोड़ती हुई स्त्री को निराला

ने 'स्वराज्यभवन' या 'आनंदभवन' के सामने की सड़क पर देखा था। यदि यह सही है, तो इस संदर्भ से इस कविता की अंतर्वस्तु देखते-देखते बदल जाती है। अब यह कविता एक साधारण प्रगतिशील कविता न रहकर भारतीय राष्ट्रीय कांग्रेस के नेतृत्व में चलने वाले भारतीय स्वाधीनता आन्दोलन की आलोचना बन जाती है। यहां यह बतलाना व्यर्थ है कि स्वराज्यभवन कांग्रेस का केंद्रीय कार्यालय था और आनंदभवन उसके दो बड़े राष्ट्रीय नेताओं—पं. मोतीलाल नेहरू और पं. जवाहरलाल नेहरू का आवास-स्थान। कांग्रेस के साथ-साथ ये दो नेता भी निराला का लक्ष्य थे, यह कुछ ही दिनों बाद लिखी गई उनकी प्रसिद्ध कविता 'वन-बेला' से ज्ञात होता है, जिसमें उन दोनों नेताओं की तसवीर किंचित भिन्न रूप में प्रस्तुत करते हुए वे कहते हैं :

...इतना भी नहीं, लक्षपति का भी यदि कुमार
होता मैं, शिक्षा पाता अरब-समुद्र-पार,
देश की नीति के मेरे पिता परम पंडित
एकाधिकार रखते भी धन पर, अविचल-चित
होते उग्रतर साम्यवादी, करते प्रचार,
चुनती जनता राष्ट्रपति उन्हें ही सुनिर्धार...
फिर पिता संग
जनता की सेवा का व्रत मैं लेता अभंग,
करता प्रचार,
मंच पर खड़ा हो, साम्यवाद इतना उदार!

ज्ञातव्य है कि स्वाधीनता-प्राप्ति के पूर्व कांग्रेस के सभापति 'राष्ट्रपति' कहे जाते थे।

'तोड़ती पत्थर' का दूसरा महत्वपूर्ण बंद है :

कोई न छायादार
पेड़ वह जिसके तले बैठी हुई स्वीकार;
श्याम तन, भर बंधा यौवन,
नत नयन, प्रिय-कर्म-रत-मन,
गुरु हथौड़ा हाथ,
करती बार-बार प्रहार :—
सामने तरु-मालिका अट्टालिका, प्राकार।

इसकी ऊपर की दो पंक्तियों से यह पता चलता है कि पत्थर तोड़ने वाली मजदूरिनी जहां बैठी हुई अपना काम कर रही है, वहां कोई घनी छांह वाला पेड़ नहीं है। उसे देखकर यह नहीं कह सकते कि वह किसी हरे-हरे पत्तों वाले वृक्ष के नीचे अपने मन से यानी स्वेच्छा से वह जगह चुनकर बैठी हुई है। ऐसी सुविधा उसे कहां? यह चित्र

ध्यान में लाने योग्य है—गर्मियों का खुला हुआ आसमान और उसके नीचे सड़क पर पत्थर तोड़ती मजदूरिनी। जैसे दोनों का साथ सनातन हो।

आगे की जो दो पंक्तियां हैं, उनमें मजदूरिनी का नजदीक से उतारा गया चित्र है। ऐसा लगता है कि कवि चलता हुआ उसके काफी करीब आ गया है। उसका रंग काला है और शरीर युवा, भरा हुआ, यद्यपि संयत। आंखें उसकी झुकी हुई हैं, जैसे अपने काम पर लगी हुई। वह जिस तरह से काम कर रही है, देखकर प्रतीत होता है कि वह उसका प्रिय काम है, मनोवांछित। जाहिर है कि ऐसा है नहीं। निराला इन दो पंक्तियों में से पहली में मजदूरिनी के तन का वर्णन करते हैं और दूसरी में उसके मन का। आंखों का झुका हुआ होना उसकी मनोदशा या मनोवृत्ति ही सूचित करता है। इस वर्णन का इस कविता में विशेष महत्व है क्योंकि इससे यह सूचना मिलती है कि जो मजदूरिनी है, वह विशिष्ट है। उसे कवि ने अपनी आंखों से देखा है। वह कोई बनी-बनाई धारणा के अनुरूप सामान्य मजदूरिनी नहीं है, जिसे कविता में लाने के लिए स्वयं देखना जरूरी न हो। ऐसा सामान्य निराला का 'भिक्षुक' है, जिसका चित्र उसे देखकर नहीं, उसके स्वरूप के बारे में जो एक रूढ़ धारणा है, उसके आधार पर बनाया गया है, यथा :

> पेट पीठ दोनों मिलकर हैं एक,
> चल रहा लकुटिया टेक,
> मुट्ठी भर दाने को—भूख मिटाने को
> मुंह फटी पुरानी झोली का फैलाता—
> दो टूक कलेजे के करता पछताता पथ पर आता।

जैसा रूढ़ चित्र, वैसी ही रूढ़ उसके प्रति की गई भावात्मक प्रतिक्रिया। कला इस चित्र-निर्माण में भी है, उदाहरण के लिए टवर्ग के वर्णों की आठ-नौ बार आवृत्ति, जिससे भिक्षुक की लाठी की ठक-ठक कानों में सुनाई देने लगती है, लेकिन इसकी तुलना 'तोड़ती पत्थर' में मजदूरिनी का जो चित्रण है, उससे नहीं की जा सकती।

'श्याम-तन, भर बंधा यौवन,/नत नयन, प्रिय-कर्म-रत मन' ये दो पंक्तियां निराला ने बहुत ही मनोयोगपूर्वक रची हैं। चूंकि इनमें मजदूरिनी का सुंदर चित्र है, इसलिए स्वाभाविक रूप से ये कवित्वपूर्ण हो उठी हैं। कवित्व भी कैसा? जैसे छायावादी काव्य-संगीत अपने संपूर्ण ऐश्वर्य के साथ उपस्थित हो गया हो। विषममात्रिक छंद की कविता में ये दो सममात्रिक चरण हैं, चौदह-चौदह मात्राओं के। ये तुकांत तो हैं ही, इनमें पांच मात्राओं पर अंतस्तुकें भी मिलती हैं। चित्र जितना ही विशिष्ट, उतना ही व्यंजनापूर्ण। डा. रामविलास शर्मा ने इन दो पंक्तियों के साथ इनके आगे की दो पंक्तियों को भी रखा है और निराला के बिंब-विधान की वास्तविक सह। मूर्ति-विधान बतलाते हुए यह बिलकुल ठीक कहा है कि यहां उन्होंने काले पत्थरों से पत्थर तोड़ने वाली नारी की मूर्ति बनाई है! इधर एक 'क्रांतिकारी' लेखक ने निराला की कविता पर लिखे गए एक

लेख में 'श्याम तन, भर बंधा यौवन' पंक्ति पर आपत्ति की है और कहा है कि 'अब यहां कवि उसका श्याम तन देख रहा है। वह दलित स्त्री है, इसलिए उसका तन श्याम ही होना चाहिए। पर, कवि की दृष्टि इससे भी आगे उसके भरे-पूरे यौवन पर जाती है। यह भोगवादी दृष्टि है, जो एक मजदूर स्त्री के भी यौवन को देखती है।' इस लेखक ने इस कविता से संबंधित जानकीवल्लभ शास्त्री को लिखे गए निराला के उस पत्र को नहीं देखा, जिसमें उन्होंने उक्त पंक्ति के बारे में कहा है : 'बंधा यौवन छलकता नहीं : कैसी पवित्रता है!' लेखक जैसे निराला की तटस्थ और कलात्मक दृष्टि को समझने में असमर्थ है और भोगवाद से इस कदर आक्रांत है कि उसे जहां पवित्रता है, वहां भी 'भोग' नजर आता है। इस चित्र ने कविता को कितना प्रभावशाली और प्रामाणिक बनाया है, उससे इसे समझने की अपेक्षा करना व्यर्थ है। ऐसे ही लेखकों ने प्रेमचंद की सर्वश्रेष्ठ कहानी 'कफन' के संबंध में यह प्रचारित किया है कि वह सवर्ण मानसिकता से लिखित कहानी है, जिसमें दो दलित खेत-मजदूरों की सूरत बिगाड़कर उन्हें अमनुष्य बनाकर, पेश की गई है।

'गुरु हथौड़ा हाथ,/करती बार बार प्रहार' के साथ 'सामने तरु-मालिका अट्टालिका, प्राकार' यह पंक्ति अतिशय ओजपूर्ण है। स्पष्टतः इस ओजस्विता का स्रोत इन तीनों पंक्तियों का वर्ण-संयोजन है। इनमें संघोष वर्णों का विन्यास तो है ही, एक दर्जन बार दीर्घ 'आ' स्वर का प्रयोग किया गया है, जिससे ओजस्विता में कोई कमी न रह जाए। मजदूरिनी अपने भारी हथौड़े से बार-बार पत्थर पर प्रहार करती है, उन्हें तोड़ने के लिए, लेकिन जो स्थिति है, उसमें उसका हथौड़ा सामने की अट्टालिका पर गिरता है। अट्टालिका पर क्यों? इसलिए कि वह 'तरु-मालिका' है, यानी उसके चतुर्दिक घनी छाया वाले पेड़ हैं! 'मालिका' शब्द का अर्थ 'पंक्ति' भी है लेकिन यहां कवि ने उसका प्रयोग 'माला' के अर्थ में किया है, जैसे 'बेला' के एक गीत में : 'किरण की मालिका पड़ी तनुपालिका'। मजदूरिनी को छांह मयस्सर नहीं है लेकिन आजादी की लड़ाई का जो हैडक्वार्टर है, वह इस ग्रीष्मऋतु में छायास्नात हो रहा है! उक्त पत्र में ही निराला ने लिखा था कि 'अट्टालिका भी तरु-मालिका है, फिर आदमी कितनी छांह में है?' मतलब साफ है कि उन्हें चिंता मजदूरिनी की है, उसके रूप में मनुष्य की, और यह बात उन्हें सह्य नहीं कि मनुष्य को छांह सुलभ न हो और वह भवन को प्रभूत मात्रा में प्राप्त हो, तब तो और नहीं, जबकि वह भवन किसानों और मजदूरों को आजादी दिलाने का दावेदार हो और अंग्रेजों के जोरोजुल्म के खिलाफ लड़ रहा हो!

'कोई न छायादार' से शुरू होने वाला बंद 'सामने तरु-मालिका अट्टालिका, प्राकार' से समाप्त होता है। छायादार, स्वीकार, प्रहार और प्राकार ये तुकांत शब्द इसमें आते हैं, जो तुकों के बंधन में कसकर इस बंद को गजब का कसाव प्रदान करते हैं। पूरा बंद एक बहुत ही चुस्त इकाई बन जाता है। 'छायादार' संस्कृत के शब्द में फारसी प्रत्यय लगाकर

बनाया गया है, जिससे 'छतनार' वृक्ष का बिंब उभर सके। 'छाया' में तो 'आ' की दो बार आवृत्ति थी ही, उसके साथ 'दार' लग जाने से एक बार और उसकी आवृत्ति हो जाती है। ऊपर कहा गया है कि इस बंद में चौदह मात्राओं के दो सममात्रिक चरण भी हैं। 'गुरु हथौड़ा हाथ' और 'करती बार-बार प्रहार' इन दोनों चरणों को एक चरण बनाकर पढ़ें, तो उससे चौबीस मात्राओं का एक चरण तैयार होता है, जिसके बाद इतनी ही मात्राओं का यह चरण आता है—'सामने तरु-मालिका अट्टालिका, प्राकार।' इस तरह यहां भी दो सममात्रिक चरण बनते हैं। इस कविता में आगे भी ऐसा हुआ है। यह विषममात्रिक या मुक्तछंद में लिखी निराला की कविताओं की सफलता का एक मुख्य कारण है। नियमित छंद को छोड़कर चलने से कविता में संगीत और प्रवाह की जो कमी होती है, उसकी क्षतिपूर्ति निराला इस तरह से करते चलते हैं। यह कहने की जरूरत नहीं होनी चाहिए कि यह उनमें अनायास होता है, सायास नहीं। छंद के संगीत में वे इस कदर रमे हुए थे कि वह जाने-अनजाने उनमें निर्मित होता चलता है।

कविता का तीसरा बंद :

> चढ़ रही थी धूप;
> गर्मियों के दिन,
> दिवा का तमतमाता रूप;
> उठी झुलसाती हुई लू,
> रुई ज्यों जलती हुई भू,
> गर्द चिनगीं छा गईं,
> प्रायः हुई दुपहर :–
> वह तोड़ती पत्थर।

कवि ने जिस समय मजदूरिनी को पत्थर तोड़ते देखा था, वह कोई नौ बजे का समय रहा होगा। यह वह समय है, जबकि गर्मियों के दिन में सूरज तेजी से ऊपर चढ़ने लगता है और धूप तीखी होती चली जाती है। वही हुआ। धूप के कड़ी होने के साथ दिन का चेहरा तमतमा उठा। अचानक झुलसा देने वाली लू का बबंडर उठा और पृथ्वी एकदम तप गई। वह जलने लगी, जैसे फन् से रुई जल उठती है। अत्यधिक गर्म हवा के झोंके से धूलिकण चतुर्दिक छा गए। जलती हुई पृथ्वी से उठने वाले धूलिकण जैसे अग्निकण थे। मजदूरिनी के पत्थर तोड़ते-तोड़ते लगभग दोपहर हो गई। रोमिला थापर ने अपने अनुवाद में इस दोपहर को दूसरे दिन की तिपहर बतलाया है : 'येट ऐनदर आफ्टरनून सॉ/हर, ए स्टोन ब्रेकर।' ऐसा संभवतः उन्होंने दो कारणों से किया है। एक तो यह कि उन्होंने सोचा कि 'चढ़ रही थी धूप' और 'प्रायः हुई दुपहर' के बीच का फासला ज्यादा है, इसलिए दुपहर को दूसरे दिन ले जाया जाए। दूसरे, दुपहर को वे दूसरे दिन ही नहीं ले गए, उसको तिपहर भी बना दिया, जिससे कि मजदूरिनी के काम की पीड़ाभरी

निरंतरता दिखलाई जा सके। मेरा खयाल है कि इसकी जरूरत नहीं क्योंकि कवि उस मजदूरिनी की दशा से अतिशय संवेदित कुछ समय वहां खड़ा उसे देखता हुआ रह सकता है। निराला को समय का ध्यान था, इसलिए उन्होंने 'दुपहर' के पहले 'प्रायः' विशेषण का प्रयोग किया है। उचित ही एक टिप्पणी में प्रो. नलिनविलोचन शर्मा ने रोमिला थापर के अनुवाद की इस बिंदु पर आलोचना की है।

ऊपर की पंक्तियों में ग्रीष्म का जो वर्णन है, वह बेजोड़ है। धूप क्या चढ़ती है, जैसे अग्निवीणा के तार चढ़ते जाते हैं। दिन का तमतमाता हुआ चेहरा—यह उससे भी सशक्त वर्णन है, बहुत ही प्रत्यक्ष, और पृथ्वी का रुई की तरह जलना तो ग्रीष्म-वर्णन की पराकाष्ठा है। 'धूप', 'रूप', 'लू', और 'भू' जैसे जान-बूझकर 'ऊ' स्वर की चार बार आवृत्ति की गई है। यह जैसे भाले की नोक की तरह है। 'दिवा का तमतमाता रूप' में भी चार बार 'आ' स्वर की आवृत्ति है, जिससे दिन के फैलाव और विस्तार का बोध होता है। निराला यहां भी 'रुई' और 'हुई' के अनुप्रास को नहीं छोड़ते। इतना ही नहीं, 'उठी झुलसाती हुई लू,/रुई ज्यों जलती हुई भू' ये दो चरण भी पुनः सममात्रिक हैं, चौदह-चौदह मात्राओं के। इसी तरह 'प्रायः हुई दुपहर'—/वह तोड़ती पत्थर' भी सममात्रिक हैं लेकिन इनमें ग्यारह-ग्यारह मात्राएं हैं, जिनसे इनके प्रवाह में एक मंथरता आ गई है। यह मंथरता जैसे मजदूरिनी की श्रमजनित श्रांति की सूचना देती है। इस बंद के साथ कविता का पूर्वार्ध समाप्त होता है।

इस कविता के उत्तरार्द्ध में दो बंद हैं। उनमें पहला :

देखते देखा मुझे तो एक बार
उस भवन की ओर देखा, छिन्नतार;
देखकर कोई नहीं,
देखा मुझे उस दृष्टि से
जो मार खा रोई नहीं,
सजा सहज सितार
सुनी मैंने वह नहीं जो थी सुनी झंकार।

मजदूरिनी ने जब यह देखा कि कवि उसे देख रहा है, तो वह अपने काम पर से ध्यान हटाकर अपनी दृष्टि एक बार भवन की ओर ले गई, जिसे कुछ देर पहले 'अट्टालिका' कहा गया है। 'छिन्नतार' का मतलब है—जिसके ध्यान का तार टूट गया हो। यह भी 'छायादार' जैसा ही प्रयोग है–'तार' फारसी और 'छिन्न' संस्कृत। मजदूरिनी का भवन की ओर देखना वैसा ही है, जैसा उसका उस पर अपने हथौड़े से प्रहार करना, यानी उतना ही अस्फुट। वह पत्थर तोड़ते हुए उस भवन पर दृष्टिपात करती है तो निश्चय ही पत्थर तोड़ने और उस भवन के बीच एक संबंध जोड़ देती है, लेकिन वह संबंध जितना कवि या उसके माध्यम से पाठकों के लिए स्पष्ट है, उतना उसके लिए नहीं। कविता

का सौंदर्य इस स्वाभाविकता में ही है। तात्पर्य यह कि जिस यथार्थ की मजदूरिनी शिकार है, उसे वह प्रत्यक्षत: नहीं जानती। स्थिति लगभग वही है, जो आगे की पंक्तियों में : 'देखा मुझे उस दृष्टि से/जो मार खा रोई नहीं।' मार पड़ती है लेकिन आंखों में आंसू नहीं। प्रतापनारायण मिश्र की प्रसिद्ध पंक्ति 'कछू दोष दै मारहि अरु रोवन नहिं देई' की तुलना में यह अधिक मारक है। वहां मारने वाला रोने नहीं देता, यहां स्थिति यह है कि स्वयं ही रोने की स्थिति नहीं है। यह भीतर की मार है, जिसे देखने-सुनने वाला कोई नहीं। 'देखकर कोई नहीं' यह भी मजदूरिनी की दारुण अवस्था का ही सूचक है। काम कराने वाला हमेशा मुस्तैद रहता है, वह इधर-उधर नजर फिराने की भी मोहलत नहीं देता। अभी जब मजदूरिनी ने देख लिया है कि आसपास वह कहीं मौजूद नहीं, उसने क्षण भर अपने काम से ध्यान हटाकर अपनी दृष्टि उस भवन की ओर ले जाने का साहस किया है। बंद की आरंभिक दो पंक्तियां पूर्णत: छंदोबद्ध हैं। इस बार चरण बीस-बीस मात्राओं के हैं और तुकांत भी।

इस बंद की अंतिम दो पंक्तियां बहुत ही महत्वपूर्ण हैं, भाव की दृष्टि से भी और कला की दृष्टि से भी। प्रसंग मजदूरिनी की दृष्टि का है, जिसमें मार खाने के बाद भी न रो पाने से पैदा एक तनाव है। निराला उसे देखते हैं, तो उन्हें प्रतीत होता है कि जैसे वह ऐसे सितार की तरह है, जिसके तार सजे हुए यानी चढ़े हुए हों। खास बात यह कि वे तार चढ़ाए नहीं गए हैं। निराला ने स्वाभाविकता का ध्यान सर्वत्र रखा है, वरना 'लिखत सुधाकर लिखिगा राहू' का खतरा इस कविता में शुरू से लेकर अंत तक मौजूद था। 'क्रांतिकारी' लेखकों को यही शिकायत है कि उन्होंने इस कविता को 'क्रांतिकारी' क्यों नहीं बनाया, यानी मजदूरिनी के हाथ में हथौड़े के साथ क्रांति की पताका क्यों नहीं थमा दी? निराला मजदूरिनी की दृष्टि की बेधकता या मारकता में प्रवेश करते हैं और कहते हैं कि उससे उठने वाली जो झंकार थी, वह उनके लिए अश्रुतपूर्व थी। दृष्टि नि:शब्द थी, लेकिन उन्होंने उसकी झंकार सुनी, जिसने उनके पूरे कवि-जीवन को बदल दिया, उनकी कविता में यथार्थवादी मोड़ लाकर, इसका जैसे 'क्रांतिकारी' लेखकों के लिए कोई महत्व नहीं। अकारण नहीं कि इस लेख के आरंभ में ही यह संकेत किया गया है कि यह कविता निराला के लिए नया प्रस्थान-बिंदु है। रवींद्रनाथ ने अपने एक गीत में कहा है : 'सामने चेये एइ या देखि चोखे आमार वीणा बाजाय', अर्थात सामने की ओर ताककर जो कुछ भी देखता हूं, वही मेरी आंखों में वीणा बजाता है! स्पष्टत: दृष्टि में सितार की कल्पना निराला ने यहीं से प्रेरित होकर की है लेकिन दोनों वर्णनों में कितना फर्क है! रवींद्रनाथ का वर्णन जहां आनंद से संबंधित है, वहां निराला का विषाद, रोष और विवशता से पूर्ण एक मनोदशा से। निराला की अभिव्यक्ति में सितार की झंकार रवींद्रनाथ के वीणा-निनाद से अधिक शक्तिशाली ही नहीं, कवि के लिए अधिक प्रभावशाली भी है। दृश्य श्रव्य में रूपांतरित होकर किस तरह अधिक शक्तिशाली

हो गया है, यह भी देखने लायक है। इस बंद की अंतिम पंक्ति में भी चौबीस मात्राएं हैं, दूसरे बंद की अंतिम पंक्ति की तरह। यह उससे तुक भी मिलाती है। इस प्रकार दूसरा और चौथा ये दोनों बंद छंद की एक ही गति और लय के साथ समाप्त होते हैं, जैसे पहले, तीसरे और पांचवें बंदों के अंतिम चरणों के छंद की गति और लय एक है। यह इस कविता के कलात्मक गठन से संबंधित महत्वपूर्ण बात है।

अंतिम बंद सिर्फ चार पंक्तियों का है, जैसे पहला सिर्फ तीन पंक्तियों का। जैसे निराला ने कविता का आरंभ किया था, वैसे ही वे इसे समाप्त भी करते हैं। स्मरणीय है कि बीच के सभी बंदों में सात-सात पंक्तियां हैं। अंतिम बंद :

> एक छन के बाद वह कांपी सुघर,
> ढुलक माथे से गिरे सीकर,
> लीन होते कर्म में फिर ज्यों कहा—
> 'मैं तोड़ती पत्थर।'

यहां 'कांपता' का अर्थ चौंकना लेना चाहिए। मजदूरिनी चौंकी इसलिए कि क्षण भर के लिए उसका ध्यान विचलित हो गया था। उसे अपने काम से हटाकर वह सामने के भवन को और फिर कवि को देखने लगी थी। चौंकने से उसके माथे पर पसीने की जो बूंदें थीं, वे ढुलक पड़ीं। यह अवश्य ही सूक्ष्म अंकन है। जिसके लिए कवि को दाद देनी चाहिए। उसके लिए प्रयुक्त 'सुघर' विशेषण उसकी सुंदरता की याद दिलाता है। तत्पश्चात वह मजदूरिनी पुनः अपने काम में दत्तचित्त हो गई और ऐसा करते हुए जैसे उसने कहा—मैं पत्थर तोड़ रही हूं! उसके इस कथन का कई तरह से अर्थ लगाया गया है। यहां निराला के जिस पत्र का ऊपर हवाला दिया गया है, उसमें वे यह भी कह सकते हैं : 'मैं तोड़ती पत्थर' अंत का स्वभावतः शायद समझ में आ जाएगा : 'मैं तोड़ती पत्थर हृदय!' यह संकेत भी पूर्णतः स्पष्ट नहीं क्योंकि डा. नामवर सिंह ने इसे इस रूप में ग्रहण किया है कि मजदूरिनी जैसे कहती है कि वह अपने हृदय का पत्थर तोड़ रही है। उनके शब्दों में, 'एक ही हथौड़ा पहले सड़क पर पड़ता है, फिर अट्टालिका पर और अंत में स्वयं तोड़ने वाली के अपने हृदय पर!' मेरा खयाल है कि पत्थर-हृदय स्वयं मजदूरिनी का नहीं बल्कि देखने वाले का है। निराला महसूस करते हैं कि वह अपनी स्थिति से उनके वज्रहृदय पर प्रहार कर रही है। वज्रहृदय इसलिए कि वे पहले अपनी एक कविता में कह चुके हैं कि 'मेरा अंतर वज्रकठोर'। दुःख ने उन्हें इतना संवेदनहीन बना दिया था कि वे सोचते थे कि कैसी भी स्थिति में वे अब द्रवित न होंगे लेकिन यह मजदूरिनी है, जो उनके पत्थर-हृदय को भी तोड़े जा रही है। सीधी बात यह कि वह कठोर से कठोर हृदय में भी करुणा जगाने में समर्थ है। निराला ने कविता के अंत में आने वाले 'मैं तोड़ती पत्थर' के अर्थ-ग्रहण को कठिन नहीं माना है, इसलिए

लिखा है, 'स्वभावत: शायद समझ में आ जाएगा'। 'शायद' शब्द से पता चलता है कि उन्हें इस उक्ति की सुबोधता में संदेह है, यद्यपि बहुत थोड़ा।

4

निराला ने जानकीवल्लभ जी को पत्र में एक और बात लिखी थी। वह यह कि 'सीधी चीजें अच्छी हैं। मैंने नहीं लिखीं—आप कह सकते हैं ?—यह 'तोड़ती पत्थर' कैसी है ? लेकिन इसकी कुल कला समझकर आप इसे सरल कहेंगे, मुझे विश्वास नहीं।' तात्पर्य यह कि उनकी दृष्टि में यह कविता भाव की दृष्टि से सरल होते हुए भी कला की दृष्टि से सरल नहीं। निश्चय ही यह एक विलक्षण कविता है, जिसकी सरलता में कठिनता और कठिनता में सरलता है। इसकी समीक्षा के क्रम में यथास्थान इसकी कला की तरफ मैं संकेत करता आया हूं, तथापि एक बार इसकी समग्रता में इस पर दृष्टिपात करना जरूरी है। कारण यह है कि कविता की संरचना तभी प्रत्यक्ष होती है, उसे खंड-खंड देखने में नहीं। इसकी संरचना पर नामवर जी ने 'कविता के नए प्रतिमान' के काव्य संरचना वाले लेख में, जिससे ही ऊपर एक उद्धरण दिया गया है, संक्षेप में बहुत अच्छे ढंग से विचार किया है। उनके शब्द हैं, 'कविता में 'वह तोड़ती पत्थर' की आवृत्ति दो बार हुई है और तीसरी बार एक परिवर्तन के साथ—'मैं तोड़ती पत्थर।' किंतु संदर्भ के अनुसार तीनों जगह पत्थर का अर्थ क्रमश: बदलता गया है। पहले सड़क का पत्थर, फिर अट्टालिका का पत्थर और अंत में अपने हृदय का पत्थर।. . . कविता की सघन संरचना में ही एक वाक्य की आवृत्ति इतने अर्थ पैदा कर सकती है। संरचना पर ध्यान न हो तो कविता सपाट है किंतु यह अनवधानता स्पष्टत: गूढ़ अर्थ को खो देती है।' इस तरह यह कविता एक सघन संरचना वाली कविता है, जिसमें पत्थर तोड़ने से संबंधित बार-बार दुहराए जाने वाले वाक्य की महत्वपूर्ण भूमिका है। यह वाक्य कविता के सभी अंशों को जोड़कर उसे एक पूर्णता ही नहीं प्रदान करता है, उसमें एक तनाव भी ला देता है, जिससे वह कविता साधारण वर्णन न रहकर एक विशिष्ट कलाकृति बन जाती है। यदि वीणा या सितार से ही उपमा देनी हो, तो इसे तीन तारों वाला ऐसा वाद्ययंत्र कहेंगे, जिसके तार खूंटियां कसकर चढ़ा दिए गए हों। नामवर जी के कथन में जो संशोधन अपेक्षित है, वह पीछे किया जा चुका है, यानी अंतिम पंक्ति में आने वाला पत्थर मजदूरिनी के हृदय का पत्थर न होकर प्रथमत: कवि-हृदय का पत्थर है, फिर किसी भी संवेदनहीन दर्शक के हृदय का।

10. वन-बेला और छायावाद का अंतर्विरोध

'वन-बेला' निराला की एक विलक्षण कविता है और उनकी 'राम की शक्तिपूजा' के बाद की रचना है। यह 11 जुलाई 1937 को रची गई और 'सुधा' के अगले यानी अगस्त 1937 के अंक में प्रकाशित हुई। इसकी विलक्षणता इस बात में है कि इसमें उन्होंने प्रकृति और मनुष्य को आमने-सामने रखकर मिथक और यथार्थ के अंतर्विरोध को बहुत तीखे रूप में उजागर किया है। यह अंतर्विरोध उनमें निरंतर गहरा होता गया है, जिसकी परिणति उनके यथार्थवाद की दिशा में मुड़ने के रूप में हुई है। यह आकस्मिक नहीं है कि 'वन-बेला' के बाद ही वे 'कुकुरमुत्ता' की कविताओं की रचना करते हैं। यहां मैं 'कुकुरमुत्ता' के पहले संस्करण का जिक्र कर रहा हूं, जिसका प्रकाशन-काल 1943 है और जिसमें 'कुकुरमुत्ता' के अलावा और सात कविताएं संगृहीत थीं। कहने की आवश्यकता न होनी चाहिए कि हिंदी में यथार्थवादी कविता का पहला महत्वपूर्ण दस्तावेज 'कुकुरमुत्ता' ही है, जिसमें संगृहीत कविताओं का रचना-काल 1939 से 1942 तक है।

'वन-बेला' की रचना के करीब दो वर्ष पहले निराला ने एक कविता लिखी थी— 'दान'। उसमें भी उन्होंने प्रकृति और मनुष्य को आमने-सामने रखा है और दोनों का वैषम्य दिखलाया है। प्रकृति वासंती है,जिसका वर्णन उस कविता में इतने भव्य रूप में है कि वह देखते ही बनता है, यथा :

> व्यंजित सुख का जो मधु-गुंजन
> वह पुंजीकृत वन-वन उपवन;
> हेम-हार पहने अमलतास,
> हंसता रक्तांबर वर पलास;
> कुंद के शेष पूजार्घ्यदान,
> मल्लिका प्रथम-यौवन-शयान;
> खुलते-स्तबकों की लज्जाकुल
> नतवंदना मधुमाधवी अतुल ...

इसके बरअक्स जो मनुष्य है, वह इस रूप में है :

> एक ओर पथ के, कृष्णकाय
> कंकालशेष नर मृत्यु-प्राय
> बैठा सशरीर दैन्य दुर्बल,

भिक्षा को उठी दृष्टि निश्चल;
अति क्षीण कंठ, है तीव्र श्वास,
जीता ज्यों जीवन से उदास।

दोनों उद्धरणों की भाषा से भी परस्परविरोधी दो दुनियाओं का चित्र सामने आता है। 'वन-बेला' में निराला ने इसी कला का उपयोग किया है, यद्यपि जटिल रूप में। इस कविता में भी पहले प्रकृति है, फिर मनुष्य, लेकिन इसमें उसके बाद फिर प्रकृति आती है। दूसरे, शुरू में जो प्रकृति है, उसमें वसंत ग्रीष्म में भी संक्रमित होता है, तो वह ताप, प्रस्वेद, कंप और निश्वास वाली रति-क्रीड़ा की तरह है, जबकि मनुष्य का जिस प्रकृति से साबका पड़ता है, वह सांध्यकालीन होते हुए भी प्रलयसदृश है। 'दान' कविता में मानवीय परिवेश धार्मिक है, जबकि इस कविता में राजनीतिक और उसकी तुलना में विस्तृत तथा जटिल। इसके साथ यह बात भी है कि बेला जब बोलती है, तो वह मनुष्य लोक पर भी टिप्पणी करती है। निराला ने प्रकृति और मनुष्य के विरोध को सामंजस्य में भी बदलने का प्रयास किया है, विवेकानंद की सहायता से लेकिन उससे मानवीय परिवेश बदलता नहीं है और वह यथावत बना रहता है। इस दृष्टि से 'वन-बेला' उनकी एक अतिशय उल्लेखनीय कविता है। इसके विभिन्न स्तरों में जैसा वैषम्य है, वैसा इस दौर की उनकी किसी कविता में नहीं। इससे यह कविता काफी आकर्षक भी हो गई है।

2

यह सात छोटे-बड़े खंडों में रची गई कविता है।

'दान' की तुलना में और अधिक रचाव के साथ इसके पहले खंड में प्रकृति का वर्णन है, जिसमें प्रचुर उदात्तता है। वर्ष की शुरुआत है, चैत्र शुक्ल पक्ष से शुरू होने वाले विक्रमी संवत की। स्वभावत: यह वसंतऋतु है। पहाड़ पृथ्वी के सुंदर उरोजों के समान हैं और उन पर स्थित वृक्षों के किसलयों से आच्छादित हैं। ये किसलय उरोजों के लिए कंचुकी का काम कर रहे हैं। कालिदास के रघुवंश में भी पहाड़ों का वर्णन उरोजों के रूप में मिलता है। उसके चौथे सर्ग में एक स्थान पर वे कहते हैं—'स्तनाविव दिशस्तस्या: शैली मलयदुर्दरौ' अर्थात मलय और दुर्दुर नामक पहाड़ दक्षिण दिशा के स्तनों के समान थे। वहां से स्तन पहाड़ों के चंदनवृक्षों से ढंके होने के कारण चंदनलिप्त हैं और यहां 'किसलयों से बंधे हुए'। इसकी पूरी संभावना है कि अपने वर्णन के लिए निराला ने प्रेरणा कालिदास से पाई हो। वसंतऋतु में पृथ्वी पर कोयल कूक रही है और भौंरे गुंजार कर रहे हैं। यह स्वर वस्तुत: पृथ्वी के मुखर प्राणों से निकला उसका प्रणय-गान है, जो सूर्य के प्रति निवेदित है। सूर्य उससे आनंदित ही नहीं होता, सहसा उद्दीप्त हो उठता है और सौ-सौ किरणों द्वारा पृथ्वी को आतुरता से चूमने लगता है।

'शत-शत' को छोड़ दें, तो किरणों के लिए निराला ने चार विशेषणों का प्रयोग किया है—'ऊर्जित', 'भास्वर', 'पुलकित' और 'व्याकुल'। इनमें सर्वाधिक ध्यातव्य 'पुलकित' है, जो सूर्य की कठोरता में कोमलता का पता देता है। इसी तरह पहले उन्होंने सूर्य का जिक्र न कर उसके यौवन—'तपन यौवन'—का जिक्र किया है, जिसके साथ 'रहसना' क्रिया-पद का प्रयोग बहुत ही सशक्त है, यद्यपि यह लोकभाषा का प्रयोग है। ऊपर 'रच रहे सधे/प्रणय के गान' भी आया है, जिसका मतलब यह है कि पृथ्वी से जो गान उठ रहा है, वह स्वत:स्फूर्त नहीं बल्कि सचेत रूप से और राग-ताल में बांधकर गाया जा रहा है, जिससे प्रेम-भावना की स्थिरता और गहराई का परिचय मिलता है। 'पिक-भ्रमर-गुंज' में भ्रमर के साथ पिक की गूंज की संगति यह है कि कोयल की काकली में गूंज भी होती है। 'गीतिका' के प्रसिद्ध गीत 'रंग गई पग-पग धन्य धरा' में निराला ने कहा है : 'गूंज उठा पिक-पावन पंचम'। पृथ्वी के लिए उन्होंने आगे उसके 'रसा' पर्याय का प्रयोग किया है, जो प्रसंग को देखते हुए अत्यंत सार्थक है। 'चुंबित' का, जो सूर्य का विशेषण है, अर्थ है, 'आकर्षित', जैसे 'परिमल' में संकलित उनकी कविता 'विस्मृत विभोर' में 'विचुंबित' का : 'अलक-विचुंबित सुखकर बात।' पृथ्वी से आकर्षित होकर सूर्य उसे एक साथ क्षोभ, लोभ, ममता और उत्कंठा से चूम रहा है, उसी की तरह अपनी आंखों में तीव्र अनुराग लिए। 'क्षोभ' में यहां आंदोलित होने का भाव है, जैसा तुलसीदास के राम के इस कथन में—'जासु बिलोकि अलौकिक सोभा। सहज पुनीत मोर मनु छोभा।' ऊपर के 'पुलकित' की तरह 'ममता' शब्द भी यहां सूर्य के मन की कोमलता की सूचना देता है।

सूर्य जैसे पृथ्वी पर अपना सर्वस्व न्यौछावर कर देता है और यदि उसका सर्वस्व उसकी प्रिया उससे कठोर मान किए हुए थी, तो अपने को उस पर लुटाकर वह उसके उस मान को तोड़ भी देता है। यहां आकर कविता के पहले खंड का पहला वाक्य पूरा होता है, जो इस प्रकार है :

वर्ष का प्रथम
पृथ्वी के उठे उरोज मंजु पर्वत निरुपम
किसलयों बंधे,
पिक-भ्रमर-गुंज भर मुखर प्राण रच रहे सधे
प्रणय के गान,
सुनकर रहसा,
प्रखर से प्रखरतर हुआ तपन-यौवन सहसा;
ऊर्जित, भास्वर
पुलकित शत शत व्याकुल कर भर
चूमता रसा को बार-बार चुंबित दिनकर

क्षोभ्र से, लोभ से, ममता से,
उत्कंठा से, प्रणय के नयन की समता से,
सर्वस्व दान
देकर, लेकर सर्वस्व प्रिया का सुकृत मान।

भौगोलिक दृष्टि से भी यह सही है कि ग्रीष्मऋतु में पृथ्वी पर सूर्य की किरणें सीधे गिरती हैं और पृथ्वी सूर्य के कुछ निकट भी आ जाती है।

चुंबन के बाद निराला आलिंगन का वर्णन करते हैं, फिर संकेत से संभोग का। सूर्य ने जब पृथ्वी को आलिंगनबद्ध किया, तो उसके दबाव से ताप बढ़ने लगा, वह उग्र से उग्रतर होता गया। स्वाभाविक रूप से पृथ्वी में प्रस्वेद और कंप जैसे सात्विक भावों की स्थिति आई। आलिंगन जैसे-जैसे प्रगाढ़ होता गया, उसका सुख उच्छलित होता गया। अब पृथ्वी जोरों से सांस छोड़ने लगी। यह ग्रीष्मऋतु में लू का चलना है। उसके प्रभाव से जड़ और चेतन दोनों ही अचेत हो गए। इस वर्णन में संस्कृत 'झंप' शब्द प्रयोग बहुत जोरदार है। दिनकर जी ने भी 'उर्वशी' में एक जगह इसका प्रयोग किया है–'झंप मार तन की प्रतप्त, उफनाती हुई लहर में'। यह वर्णन पहले खंड के दूसरे अंश में है :

दाब में ग्रीष्म,
भीष्म से भीष्म बढ़ रहा ताप,
प्रस्वेद, कंप,
ज्यों-ज्यों युग उर में और चाप–
और सुख-झंप :
निस्वास सघन
पृथ्वी की–बहती लू : निर्जीवन
जड़ चेतन।

पृथ्वी और सूर्य की पति-पत्नी के रूप में कल्पना पुरानी है, यथा 'द्यौरहं पृथिवी त्वं तावेव विवहावहै'। निराला ने इसी का अपने ढंग से इस्तेमाल किया है और दोनों की रति-क्रीड़ा का बहुत ही भव्य चित्र उपस्थित करने के बाद वे कविता के दूसरे खंड में भी प्रकृति का ही वर्णन करते हैं लेकिन यह वह प्रकृति है, जो मनुष्य से संबंधित है :

यह सांध्य समय,
प्रलय का दृश्य भरता अंबर,
पीताभ, अग्निमय, ज्यों दुर्जय,
निर्धूम, निरभ्र दिगंत प्रसर,
कर भस्मीभूत समस्त विश्व को एक शेष,
उड़ रही धूल, नीचे अदृश्य हो रहा देश।

यह ग्रीष्म की वह दाहक संध्या है, जिसमें निराला शांति की खोज में टहलते हुए नदी-तट पर पहुंचे थे। कविता लखनऊ में लिखी गई, इसलिए संभव है, वह नदी गोमती हो, जिसका बहुत ही मोहक वर्णन उन्होंने उक्त 'दान' शीर्षक कविता में किया है— 'गोमती क्षीण-कटि नटी नवल/नृत्यपर मधुर-आवेश-चपल।' 'वन-बेला' में नदी का वर्णन नहीं है, बस एक स्थल पर उन्होंने हवा चलने पर कहा है कि 'लहरा में कंप और लेकर उत्सुक सरिता/तैरी'। संध्या काल में आकाश प्रलय का दृश्य उपस्थित कर रहा है। वह पीताभा से युक्त है और अग्नि में दग्ध होता हुआ। अभी उसे वश में करना कठिन है। दूर-दूर तक फैला हुआ क्षितिज न केवल निरभ्र है, बल्कि निर्धूम भी, यानी आकाश ऐसी अग्नि में दहक रहा है कि कहीं उसका धुआं भी नहीं दिखलाई पड़ता। उसने समस्त विश्व को भस्म करके उसे बस धूल के रूप में बाकी रहने दिया है। वह धूल उड़ रही है और उसके नीचे सब कुछ यानी सारे स्थान छिप गए हैं। इसमें 'दृश्य भरना' में जो 'भरना' है, वह निराला का खास प्रयोग है। 'गीतिका' के एक गीत 'अमरण *भर* वरण-गान' में तो यह है ही, प्रस्तुत कविता के शुरू में भी है—'पिक-भ्रमर-गुंज *भर*'। अर्थ के थोड़े-थोड़े अंतर के साथ वे इस क्रिया-पद का प्रयोग करते हैं, अपनी सुविधा से। इस खंड का प्रकृति-वर्णन पहले खंड के प्रकृति-वर्णन के सीधे विरोध में है, वहां दाह भी आनंददायक है, जबकि यहां जलाकर राख कर देने वाला।

तीसरे खंड से कविता आत्मकथात्मक स्वरूप अख्तियार करती है। इसमें निराला के नदी-तट पर जाकर बैठने का वर्णन तो है ही, बहुत ही सरल और प्रवाहपूर्ण भाषा में उनका विस्तृत आत्मचिंतन भी है, जिससे इस कविता में प्रकृति से विरोध रखने वाली मनुष्य की एक दुनिया खड़ी होती है। यह दुनिया स्वतंत्रता-प्राप्ति के पहले का भारत है, जिसके मुख्य पात्र हैं समाजवाद का ढोंग करने वाले कांग्रेसी नेता और उनका पुत्र। निराला कहते हैं कि वे धीरे-धीरे चलकर, विचारलीन, नदी-तट पहुंचे और वहां कराह के साथ अपने इच्छित स्थान पर एकांत देखकर बैठ गए। वे चूंकि सोचते हुए चल रहे थे, इसलिए अगल-बगल के दृश्यों से उन्होंने अपनी दृष्टि हटा ली थी। बहुत ही परेशान थे, पसीने से तर-बतर और सभी चीजों से उदासीन। उनके मन में निराशा के गहन भाव पैदा हो रहे थे, जिससे वे अनुभव कर रहे थे कि उनका जीवन व्यर्थ गया, क्योंकि वे जीवन-संग्राम में पराजित हुए। इस पराजय की वजह यह थी कि उन्होंने अपने भविष्य-निर्माण को ध्यान में रखकर कभी काम नहीं किया। उनके शब्दों में :

मैं मंद-गमन,
घर्माक्त, विरक्त, पार्श्व-दर्शन से खींच नयन,
चल रहा नदी-तट को करता मन में विचार—
'हो गया व्यर्थ जीवन,
मैं रण में गया हार!

सोचा न कभी–
अपने भविष्य की रचना पर चल रहे सभी।'

दूसरे चरण की शब्द-योजना—'धर्माक्त', 'विरक्त' और 'पार्श्व-दर्शन'— से भी व्यंजित है कि कवि सहज मनोदशा में नहीं। वह बहुत कुछ वैसी ही निराशा से ग्रस्त है, जैसी 'राम की शक्तिपूजा' में राम में वहां दिखलाई पड़ती है, जहां वे कहते हैं— 'धिक् जीवन को जो पाता ही आया विरोध,/धिक् साधन जिसके लिए सदा ही किया शोध!' लेकिन यह व्यर्थता-बोध परिवेशगत है, अस्तित्ववादियों की तरह सर्वथा आत्मगत नहीं। प्रो. नलिनविलोचन शर्मा ने अपने एक लेख में इसे निराला का 'आत्मदया से ग्रस्त' होना बतलाया है, लेकिन यह आत्मदया नहीं है। वह वस्तुत: व्यर्थता-बोध भी नहीं है, क्योंकि व्यर्थता-बोध और आत्मदया से ग्रस्त व्यक्ति अपने परिवेश को वैसी आलोचनात्मक दृष्टि से नहीं देख सकता,जैसी दृष्टि से निराला ने देखा है। यह तो प्रकारांतर से परिवेश को अपने सामने खड़ा कर अपने को उसके विरोध में रखना है, उसके ढोंग और उसकी टुच्चताओं से ऊपर। जैसे इस कविता में आगे चलकर निराला की निराशा छंट जाती है, 'शक्तिपूजा' में भी 'वह एक और मन रहा राम का जो न थका' और 'जो नहीं जानता दैन्य, नहीं जानता विनय'। विद्वानों ने ठीक ही लक्ष्य किया है कि 'शक्तिपूजा' के राम पर उसके रचयिता की भी छाया है।

निराला सोचते हुए ही नदी-तट पर पहुंचे थे, वहां बैठकर भी सोचते ही रहे। उनका यह सोचना देर तक चलता है। यहां कविता बिलकुल यथार्थवादी धरातल पर आ जाती है। स्वाभाविक रूप से निराला से उदात्त शब्दावली छूट जाती है और उसकी जगह सरल तथा चुभती हुई शब्दावली ले लेती है। भाषा में गद्यात्मकता निखर आती है। भाव भी उदात्त नहीं रह जाते। उदात्त भावों की जगह व्यंग्य-भाव ले लेता है। यह छायावादोत्तर कविता की भूमि पर निराला का पदक्षेप है। वे सोचते हैं कि वे भी किसी राजनेता के पुत्र होते, तो सारे विद्वान उनकी सेवा में रहते। वे बहुत बदनाम भी होते, तो उससे कोई फर्क नहीं पड़ता। वे सभी उनकी कृपा के लिए सिर झुकाए और हाथ फैलाए रहते। यहां उन्होंने मौकापरस्त और खुशामदी पत्रकारों को याद किया है और कहा है, 'मैं देता कुछ, रख अधिक, किंतु जितने पेपर,/सम्मिलित कंठ से गाते मेरी कीर्ति अमर'। मुक्तिबोध भी 'अंधेरे में' कविता में पत्रकारों को नहीं भूलते और क्रांति की घड़ी में उनकी जन-विरोधी भूमिका को उजागर करते हुए कहते हैं : 'गढ़े जाते संवाद,/गढ़ी जाती समीक्षा,/गढ़ी जाती टिप्पणी जन-मन-उर-शूल।' निराला में 'पेपर' शब्द का प्रयोग भी ध्यातव्य है, जो छायावादी शब्दकोष से बिलकुल बाहर का है। वे आगे सोचते हैं कि राजनेता का पुत्र न सही, किसी लखपति का भी बेटा होते, तो इंगलैंड में शिक्षार्जन करते। इधर अपने देश में उनके पिता संपत्ति पर एकाधिकार जमाए हुए भी देश की राजनीति का सूत्र अपने हाथ में रखते। इसमें उनकी सहायता उनका उग्रतर साम्यवादी

होना करता। उनकी क्रांतिकारिता से प्रभावित होकर लोग उन्हें ही भारतीय राष्ट्रीय कांग्रेस का अध्यक्ष बनाते, जिसे पराधीन भारत में 'राष्ट्रपति' कहा जाता था। कांग्रेस अध्यक्ष होने का मतलब था समाज ही नहीं, साहित्य का भी उसकी प्रशस्ति में लग जाना। निराला के कंटीले शब्द द्रष्टव्य हैं :

पैसे में दस राष्ट्रीय गीत रचकर उन पर
कुछ लोग बेचते गा गा गर्दभ-मर्दन स्वर,
हिंदी-सम्मेलन भी न कभी पीछे को पग
रखता कि अटल साहित्य कहीं यह हो डगमग

इन पंक्तियों में वे लगे हाथ राष्ट्रीयतावादी कवियों और हिंदी साहित्य सम्मेलन दोनों की खबर लेते हैं। इन दोनों ने ही अपनी गतिविधियों से उन्हें निराश किया था।

इसके बाद का जो वर्णन है, वह पाठ की दृष्टि से कठिन न होते हुए भी ध्यातव्य है। पहले उद्धरण :

मैं पाता खबर तार से त्वरित समुद्र-पार,
लार्ड के लाड़लों को देता दावत-विहार;
इस तरह खर्च केवल सहस्र षट मास मास
पूरा कर आता लौट योग्य निज पिता पास
वायुयान से, भारत पर रखता चरण-कमल,
पत्रों के प्रतिनिधि-दल में मच जाती हलचल,
दौड़ते सभी, कैमरा हाथ, कहते सत्वर
निज अभिप्राय, मैं सभ्य मान जाता झुककर,
होता फिर खड़ा इधर को मुखकर कभी उधर,
बीसियों भाव की दृष्टि सतत नीचे ऊपर

अध्ययनरत निराला को इंगलैंड में तार से यह सूचना मिलती कि उनके पिता कांग्रेस अध्यक्ष चुने गए हैं। इसका उत्सव वे लार्ड घराने के अपने मित्रों को भोजन और भ्रमण का निमंत्रण देकर मनाते। जिन अंग्रेजों के विरुद्ध कांग्रेस नामक संस्था का सारा संघर्ष था, उन्हीं के साथ उसके अध्यक्ष के चुनाव पर उत्सव का आयोजन! इस वर्ग-मैत्री पर निराला ने अपनी बाद की एक कविता में तीखा प्रकाश डाला है। 'तार' और 'त्वरित' तथा 'लार्ड' और 'लाड़ला' इन शब्दों में जो अनुप्रास है, वह जैसे उन्हीं की छायावादी अनुप्रास-योजना का उपहास कर रहा है। देखने की बात यह है कि वे अपने ही औजारों से अब उलटकर काम लेने लगे हैं। 'दावत-विहार' में बेमेल शब्दों का समास भी उनकी उदार भाषा-नीति से अधिक कांग्रेसी राजनीति की विडंबना को उजागर कर रहा है। प्रतिमाह छह हजार रुपए खर्च कर अवधि बीतने पर योग्य पुत्र के रूप में वे

अपने योग्य पिता के पास वायुयान से वापस आते। अपने चरण भारत-भूमि पर नहीं, भारत पर रखते। वे चरण भारत पर ही पड़ सकते थे। क्योंकि वे 'चरण-कमल' हैं! इस समादृत शब्द का हलके से निराला ने पानी उतार लिया है। आगे वे पुनः पत्रकारों को याद करते हैं, साथ ही राजनेता के पुत्र के रूप में उनके बीच कुशल अभिनेता वाली अपनी जो छवि अंकित करते हैं, वह फिर-फिर देखने योग्य है। जैसे ऊपर 'पेपर' शब्द है, वैसे ही यहां 'कैमरा'।

उसके बाद उन्होंने लिखा है कि वे देश को जो मार्मिक संदेश देते, उसमें राष्ट्रीयता होती, प्रांतीयता नहीं। प्रांतीयता की गंध सिर्फ उसकी भाषा में होती। यहां 'मर्मांतक' शब्द तो सव्यंग्य है ही,भाषा वाली बात भी माने रखती है। राष्ट्रीयता के अलावा उसमें रूस के भाव विस्तार में रखे जाते, जो साधारण बुद्धि वालों के लिए एक चुनौती होते। विद्वान लोग भी उनका बार-बार मनन करने पर ही उन्हें समझ पाते। 'फिर पिता संग/ जनता की सेवा का व्रत मैं लेता अभंग,/करता प्रचार/मंच पर खड़ा हो, साम्यवाद इतना उदार!' इन पंक्तियों में भी 'सेवा', 'व्रत' और 'अभंग' ये तीनों ही पवित्र शब्द व्यंग्य-बाण चला रहे हैं।

सभी विद्वानों ने यह लक्ष्य किया है कि कविता के इस खंड में निराला ने जिस नेता का व्यंग्य-चित्र प्रस्तुत किया है, वह और कोई नहीं, स्वयं पं. जवाहरलाल नेहरू हैं। निराला पं. नेहरू के प्रशंसक भी थे और उनकी कुछ नीतियों के विरोधी होने के कारण उनके कटु आलोचक भी। इस कारण उन्होंने अपनी कविता में उनकी प्रशस्ति भी की है और उन पर कठोर प्रहार भी किए हैं। 'वन-बेला' के बाद उन्होंने 'महगू महगा रहा' शीर्षक से एक कविता लिखी, जो कि 'नए पत्ते' में संकलित है और पहली बार 1946 में 'नया साहित्य' के चौथे अंक में प्रकाशित हुई थी। इसमें वे उनके चित्र को और स्पष्ट करते हैं :

> राजों के बाजू पकड़, बाप की वकालत से;
> कुर्सी रखने वाले अनुल्लंघ्य विद्या से
> देशी जनों के बीच;
> लेंड़ी ज़मींदारों को आंखों तले रक्खे हुए;
> मिलों के मुनाफे खाने वालों के अभिन्न मित्र;
> देश के किसानों, मजदूरों के भी अपने सगे
> विलायती राष्ट्र के समझौते के लिए।

यह वह वर्ग-मैत्री है, जिसका ऊपर जिक्र किया गया है। 'भाषा के बिना न रहती अन्य गंध प्रांतिक' में निराला का दर्द बोलता है। पं. नेहरू चूंकि हिंदी क्षेत्र के थे, इसलिए उन्हें आशा थी कि वे उसके विकास और प्रगति को उचित महत्व देंगे, लेकिन वे तो सार्वभौमिकता की बात कर रहे थे। निराला के लिए यह कल्पना कठिन थी कि विशाल

हिंदी क्षेत्र की समस्याओं की उपेक्षा करके भी राष्ट्र का उत्थान संभव था। लेकिन पं. नेहरू अपनी प्रत्येक गतिविधि से यह एहसास कराने की कोशिश करते थे कि वे क्षेत्र-विशेष से संबद्ध नहीं, उनके सामने पूरा राष्ट्र है! बस सिर्फ उनकी जुबान से यह लगता था कि वे युक्तप्रांतीय हैं। निराला की पीड़ा की वजह हिंदी क्षेत्र की हिंदी नेता द्वारा की गई उपेक्षा है, जो यहां व्यंग्य के रूप में प्रकट हुई है। इस प्रसंग में जो एक बात ध्यातव्य है, वह यह कि उन्होंने पं. नेहरू का व्यंग्य-चित्र बनाते समय इसके लिए भी प्रयास किया है कि यथासंभव वह निर्विशिष्ट हो। इसीलिए ब्योरों में उन्होंने जहां-तहां परिवर्तन कर दिया है। यह बात 'वन-बेला' में भी है और 'महगू महगा रहा' में भी। पं. नेहरू के पिता पं. मोतीलाल नेहरू 'उग्रतर साम्यवादी' नहीं थे, न पं. नेहरू ने अपनी मां के तपेदिक का इलाज स्वीट्जरलैंड के अस्पताल में कराया था।

यह जो तीसरा खंड है कविता का, स्पष्टत: यह पहले खंड से बिलकुल भिन्न है। इसमें न पहले खंड वाला अलंकरण है, न औदात्य। यह एकदम सादा है, यद्यपि पैना। इसमें वैसी ही कविता है, जैसी व्यंग्य-चित्र या कार्टून में होती है। स्पष्टत: वह निराला की कवि-प्रतिभा के भिन्न स्तर पर संचरण करने का संकेत है, जिसकी भाषा अलग है, जिसकी कला अलग। 'पर पाठ अन्य यह अन्य कला'। यहां सब कुछ पारदर्शी है, लेकिन गहनता में कमी नहीं। खास बात यह कि उन्होंने इस खंड में नेता का व्यंग्य-चित्र अपने माध्यम से प्रस्तुत किया है, बड़े ही पेचीदे ढंग से। वे निराशा में चिंतन कर रहे हैं, बड़े पिता के पुत्र के रूप में अपनी कल्पना, और उसके माध्यम से अपने परिवेश की तीखी आलोचना करते हैं।

तीसरे खंड में फिर प्रकृति आ जाती है, इस बार बेला या मोगरे के रूप में, जो बेला की हीं एक किस्म है, बड़े आकार के फूलों और अधिक सुगंध वाली। इस प्रकृति में पहले खंड वाली प्रकृति का औदात्य तो नहीं है, लेकिन लालित्य भरपूर है। उसी तरह इसमें ओजस्विता की जगह माधुर्य है। निराला कहते हैं कि ग्रीष्म के ताप में तप-तप कर जब सांध्य नभ का दिगंत-फलक पीताभ से रक्ताभ हो गया, तो अचानक उन्होंने आंखें खोलीं। इससे ऐसा लगता है कि अब तक आंखें बंद किए हुए अपनी कल्पना में वे राजनेता के पुत्र का अभिनय देख रहे थे। डा. शर्मा के अनुसार यह नाटक के भीतर चलने वाला नाटक था। एक नाटक के मुख्य पात्र निराला हैं और दूसरे का मुख्य पात्र राजनेता का पुत्र था। लेकिन ये दोनों एक दूसरे की शकल में उपस्थित हुए थे। निराला का ध्यान तेज खुशबू से भंग हुआ। वह खुशबू ऐसी थी, जैसे उनकी प्रेयसी के बालों से आ रही हो, जिनमें खुशबूदार तेल डाला गया हो। लेकिन, उन्होंने सोचा, वे नदी-तट पर अकेले आए हैं, फिर यह कैसे संभव है? उलटकर देखा, तो उद्यान में खिली हुई बेला हंस रही थी। उन्होंने यहां बेला के घिरी होने के बारे में लिखा है जिसका मतलब है जीवन की प्रतिकूल परिस्थितियों से घिरी होना। प्रतिकूल परिस्थितियों के चलते ही

उसके जीवन में ताप भी है और त्रास भी लेकिन इनके बावजूद वह जैसे पाताललोक से ऊपर आई हो, अपने माथे पर उसकी अतुलनीय सांस यानी सुगंध धारण किए हुए। संकेत बेला की अनुपम सुगंध और उसकी फुनगियों पर खिले हुए फूल दोनों तरफ हैं। उसके पाताल-लोक से ऊपर उठने की उपमा निराला ने यह कहकर दी है कि जैसे जीवन के कर्मों के दुस्तर क्लेश को भेदकर परम और सुंदर सिद्धि ऊपर आई हो, यानी व्यक्ति को प्राप्त हुई हो। यहां कर्म वेदांत वाला है, जिसके छूटने पर ही मुक्ति की प्राप्ति होती है। सिद्धि के लिए 'सुषम' विशेषण का प्रयोग उसे एक सुंदरी का रूप दे देता है, क्योंकि इस शब्द का अर्थ है 'सुडौल'। ताज्जुब नहीं कि निराला इस तरुणी के लिए भी एक उपमा का प्रयोग करते हैं। कहते हैं, जैसे खारे सागर को पार कर सुंदर अप्सरा अर्थात उर्वशी ऊपर उठी हो,आर्द्र शरीर और बालों के साथ, विश्व के दर्शन-शर से समुद्र की लहरों पर कांपती हुई! उन्होंने जान-बूझकर 'दृष्टि' की जगह 'दर्शन' शब्द का प्रयोग किया है। पहला शब्द जहां सामान्य रूप में प्रयुक्त होता है, वहां दूसरा विशिष्ट रूप में। 'विश्व' इसलिए कि उर्वशी रवींद्रनाथ के अनुसार 'विश्वप्रेयसी' है। सागर को पार करने का मतलब उसे तैरकर पार करना नहीं, उसके तल से ऊपर उभरना है। चूंकि यह दृश्य चकित कर देने वाला है, इसलिए विश्व उसे आंखें गड़ाकर देखता है। जो 'चकित' व्यक्ति या विश्व के लिए प्रयुक्त होता है, उसे दृश्य के विशेषण के रूप में प्रयुक्त कर निराला ने छायावादी कवियों की सामान्य प्रवृत्ति का परिचय दिया है। यह अंतिम चित्र अतिशय मोहक है क्योंकि इस बार उन्होंने समुद्र से ऊपर उठने वाली उर्वशी को बेला का उपमान बनाया है! फूलों के साथ निराला के उल्लासमय और आत्मीयतापूर्ण संबंध को एक बार फिर समझा जा सकता है। यह खंड भी बड़ा है और उसका सत्रह पंक्तियों में समाप्त होने वाला यह पूर्वार्द्ध एक ही वाक्य का।

वह वाक्य यह है :

तप तप मस्तक
हो गया सांध्य नभ का रक्ताभ दिगंत-पलक;
खोली आंखें आतुरता से, देखा अमंद
प्रेयसी के अलक से आती ज्यों स्निग्ध गंध,
'आया हूं मैं तो यहां अकेला, रहा बैठ'
    सोचा सत्वर,
देखा फिरकर, घिरकर हंसती उपवन-बेला
    जीवन में भर—
    यह ताप, त्रास
मस्तक पर लेकर उठी अतल की अतुल सांस,
    ज्यों सिद्धि परम

भेदकर कर्म-जीवन के दुस्तर क्लेश, सुषम
आई ऊपर,
जैसे पार कर क्षार सागर
अप्सरा सुघर
सिक्त-तन-केश, शत लहरों पर
कांपती विश्व के चकित दृश्य के दर्शन-शर।

खंड के उत्तरार्ध में बेला के साथ निराला का संवाद है। वे बहुत ही आत्मीयता के साथ उससे कहते हैं कि वह ऐसी जगह खिली है, जहां उस पर लोगों का ध्यान न जा सके, जैसे वन्य गान! 'लौटे यात्री का वक्तव्य' शीर्षक अपनी प्रसिद्ध कविता में अज्ञेय की उक्ति है—'सभी जगह/जो मूल्यवान है सकुचा रहता है; अदृश्य, सीपी के मोती सा'। निराला भी उसी तरफ संकेत करते हैं। उन्होंने 'अरण्य रोदन' को यहां 'वन्य गान' बना दिया है क्योंकि प्रसंग भिन्न है। बेला दृश्य है लेकिन कवि-कल्पना के स्पर्श से वह श्रव्य होकर और आकर्षक हो गई है। आगे वे उससे कहते हैं कि भीषण गर्मी में अपने फूलों के छोटे-छोटे प्यालों में भरकर वह जो सुगंध की सुरा का पान करा रही है, वह जैसे अतल की सुशीतलता है। वह अतल से ही ऊपर उठी है। जैसे कुएं का जल शीतल होता है, उसकी सुगंध में भी शीतलता है। 'सुगंध की सुरा'—ऊपर जैसे दृश्य श्रव्य हो गया है, वैसे ही यहां घ्रातव्य आस्वाद्य। इस सबसे निराला की कविता में ऐंद्रियता का क्या महत्व और रूप है, समझा जा सकता है :

बोला मैं—'बेला, नहीं ध्यान
लोगों का जहां, खिली हो बनकर वन्य गान!
जब ताप प्रखर,
लघु प्याले में अतल की सुशीतलता ज्यों भर
तुम करा रही हो इस सुगंध की सुरा पान!'

'खिली हो' और 'करा रही हो' में जो पुष्प-विशेष के प्रति अपनापन है तथा 'लघु प्याले में' में जो अभिव्यक्ति की सटीकता है, वह फिर से ध्यातव्य है। फूलों की प्याले के रूप में कल्पना नई नहीं है। पंत जी के 'आंसू' में ही यह प्रयुक्त है—'पियालों में फूलों के', लेकिन बेला के फूलों के लिए 'लघु प्याले' का प्रयोग नया है, जिसमें गजब की खूबसूरती है। यहां 'लघु' और 'प्याले' का संयोग भी द्रष्टव्य है। निराला चाहते तो 'प्याले' के बदले 'चषक' भी लिख सकते थे, लेकिन तब उसमें वह ताजगी न होती।

कवि बेला को देखकर लज्जित हो जाता है। एक बेला है, जो भीषण ताप में भी मुदित है और शीतल गंध बिखेर रही है और एक वह है, जो भौतिक समृद्धि हासिल न कर पाने की वजह से पस्त है, व्यर्थता और पराजय के बोध से ग्रस्त है! वह उससे आकृष्ट होकर उसके और पास जाना चाहता है कि सहसा शाम की ठंडी हवा चल

पड़ती है। इस हवा में बेला हिल उठती है। निराला ने उसके हिलने और विशिष्ट मुख-मुद्रा के साथ उसके बोलने का जो चित्र खींचा है, वह विलक्षण है। उसे दुबारा देखने में भी आनंद कम न होगा। पूरा वर्णन यह है :

> लाज से नम्र हो उठा, चला मैं और पास
> सहसा वह चली सांध्य बेला की सुवातास,
> झुक-झुक तन मन, फिर झूम-झूम, हंस-हंस, झकोर,
> चिरपरिचित चितवन डाल, सहज मुखड़ा मरोर,
> भर मुहुर्मुहु: तन-गंध विमल बोली बेला—

दूसरे चरण में 'स' वर्ण की पांच बार आवृत्ति है, जिससे हवा की सरसराहट पैदा हुई है। बातास 'सुबातास' इसलिए है कि वह 'झकोर' है, 'झकोरा' नहीं। उसमें बेला झुक-झुककर, तन-तनकर, फिर झूम-झूमकर और हंस-हंसकर कवि से निवेदन करती है, उस पर चिरपरिचित दृष्टि डालती और किसी युवती की तरह अतिशय मोहक स्वाभाविक मुख-मुद्रा अख्तियार करती हुई, साथ ही बार-बार अपनी पवित्र देह-गंध बिखेरती। 'सहज मुखड़ा मरोड़' से मिलता-जुलता एक चित्र बाद में 'अणिमा' की एक कविता में भी आता है—'मालिन सुई चलाती है मुंह मोड़-मोड़कर'। यहां ब्रजभाषा के आधुनिक स्वच्छंद कवि सत्यनारायण 'कविरत्न' की कविता 'वसंत-स्वागत' का भी नई कलिका से संबंधित एक चित्र स्मरण आता है : 'मुखहि मोरि जमुहाति भरी तन अतन उमंगन'। 'मुहुर्मुहु:' का प्रयोग हरिऔध जी ने 'प्रिय-प्रवास' में किया है। निराला ने इस अप्रचलित संस्कृत शब्द को सटीक स्थान में प्रयुक्त कर और अपना स्पर्श प्रदान कर स्वर्ण-मुद्रा सा खनका दिया है। इस शब्द का प्रयोग उन्होंने अपने एक परवर्ती गीत 'शाप तुम्हारा : गरज उठे सौ-सौ बादल' में भी किया है—'मुहुर्मुहु: वज्रहार,/संसृति के संहत चंचल।'

बेला कवि से कहती है कि वह उसका स्पर्श न करे, उसे दूर से ही देखे। क्यों? इसलिए कि उसके मन में अपने प्रति अवहेलना का जो भाव उत्पन्न हुआ है, उसने उसके स्पर्श को अपवित्र बना दिया है। अपने प्रति सम्मान के भाव से रहित व्यक्ति को उस बेला को छूने का अधिकार नहीं, जो अपना सर्वस्व समर्पण कर और बदले में कुछ न पाकर भी गौरवान्वित है। निराला के मन में अपने प्रति अवमानना का भाव इसीलिए तो पैदा हुआ था कि उन्हें अपनी साहित्य-सेवा के लिए भौतिक पुरस्कार नहीं मिला! जाहिर है कि बेला के साथ उनका संवाद वस्तुत: आत्मालाप है। उनके भीतर एक संघर्ष छिड़ा हुआ है। एक तरफ उनके जीवन का यथार्थ है और दूसरी तरफ उनका आदर्श। उनके निर्माण में निश्चय ही आदर्श का भी योगदान रहा है। वे यथार्थ से बार-बार टकराकर भी, लहूलुहान होकर भी, आदर्श की शरण में चले जाते हैं लेकिन यह सत्य है कि उनमें यथार्थ का पलड़ा भारी होता जाता है और आदर्श के साथ उसके संघर्ष

में अंततः उसी की विजय होती है। वैसे उनका विकास सरल नहीं है, क्योंकि यथार्थ की विजय के दौर में भी वे आदर्श को छोड़ते नहीं और 'कुकुरमुत्ता' तथा 'नए पत्ते' की कविताओं के साथ 'अणिमा' तथा 'बेला' के गीत और ग़ज़लें भी रचते रहते हैं। इसी तरह अपनी काव्य-रचना के अंतिम दौर में वे गीत लिखते हैं, तो उनमें उनका आदर्श तो होता ही है, यथार्थ का बोध भी तीक्ष्णतर हुआ प्रतीत होता है। 'वन-बेला' उनके अंत:संघर्ष का आईना है।

कविता का पांचवां खंड दूसरे खंड की तरह ही छोटा है और इसमें कवि ने बेला की प्रशस्ति की है। उसकी फटकार के बाद :

मैं रुका वहीं
वह शिखा नवल
आलोक स्निग्ध भर दिखा गई पथ जो उज्ज्वल;
मैंने स्तुति की—'हे वन्य वह्नि की तन्वि नवल!
कविता में कहां खुले ऐसे दल दुग्धधवल ?—
यह अपल स्नेह—
विश्व के प्रणयि-प्रणयिनियों कर
हार-उर-गेह ?—
गति सहज मंद
यह कहां-कहां वामालकचुंबित पुलक गंध ?'

बेला कवि को नई ज्योतिशिखा के समान प्रतीत हुई, जिसने अपना स्निग्ध आलोक बिखेरकर उसे सही मार्ग दिखला दिया। उसके फूल चूंकि सफेद होते हैं, इसलिए निर्धूम शिखा के रूप में उसकी कल्पना उपयुक्त है। उस शिखा से पथ का उजागर हो जाना अत्यधिक सुंदर। उससे प्रभावित होकर कवि ने उसे वन्य वह्नि की नवल तन्वी कहकर संबोधित किया। यह निराला के प्रसिद्ध गीत '(प्रिय) यामिनी जागी' की प्रसिद्ध उक्ति 'ज्योति की तन्वी' से आगे की चीज है क्योंकि वहां 'ज्योति' है, जबकि यहां वह्नि। वे बेला की पंखुड़ियों को 'दुग्धधवल' कहते हैं। अभिज्ञानशाकुंतल में शकुंतला ने चमेली को 'वनज्योत्स्ना' का नाम दिया था! निराला चूंकि कवि थे, इसलिए अपने कवि-रूप को हमेशा याद रखते थे, साथ ही कविता को कभी न भूलते थे। स्वभावतः मुक्तिबोध की तरह वे भी अपनी कविताओं में कविता का आदर्श या आकांक्षित रूप प्रस्तुत करते चलते हैं। यहां बेला की धवलता देखकर उन्हें कविता की ही याद आती है और वे उसे कविता से बढ़कर बतलाते हुए यह विचार प्रकट करते हैं कि कविता में यह बात कहां? उसमें न बेला की पंखुड़ियों-जैसी शुभ्रता है, न उन पंखुड़ियों-जैसी निर्निमेष प्रेम-दृष्टि। सांसारिक अथवा गृहस्थ प्रेमी-प्रेमिका अपने हाथों में बेला के फूलों का हार लेकर ही एक दूसरे को पहनाते हैं, जो उनके हृदय पर शोभा पाता है।

कविता में वह भी नहीं। इसी तरह उसमें बेला के फूलों जैसी मंद-मंद पुलक का संचार कर देने वाली वह गंध भी नहीं, जो सुदंरी के बालों से आने वाली गंध की तरह हो। यहां यह उल्लेख कर देना आवश्यक है कि निराला में प्रेमी-प्रेमिका प्रायः पति-पत्नी के रूप में ही सामने आते हैं। अभी-अभी जिस गीत का हवाला दिया गया है, उसमें भी प्रेमिका 'गेह में प्रिय-स्नेह की जयमाल' है। 'अनामिका' के प्रथम संस्करण में निराला ने 'दुग्धधवल दल' लिखा था लेकिन 1946 में जब 'अपरा' प्रकाशित होने लगी, तो उसमें उन्होंने प्रवाह की रक्षा के लिए उसे 'दल दुग्धधवल' कर दिया। यह बात और है कि उसके दो वर्ष बाद प्रकाशित होने वाले 'अनामिका' के दूसरे संस्करण में भी पहला ही रूप बना रहा। 'वामालकचुंबित पुलक गंध' 'प्रेयसी के अलक से आती ज्यों स्निग्ध गंध' की ही नए ढंग से आवृत्ति है।

छठे खंड में बेला फिर बोलती है और पहली बार सिर्फ यह कहकर कि 'केवल आपा खोया, खेला/इस जीवन में,' रोमांचित होकर रह जाती है। लगातार अपने को लुटाना और जीवन को नाटक या क्रीड़ा के रूप में लेना एक रोमांचकारी प्रसंग है, इस तरफ हमारा ध्यान जाना चाहिए, क्योंकि यह निराला को समझने के लिए आवश्यक है। तत्पश्चात निराला ने प्रकृति अथवा प्राकृतिक परिवेश का जो वर्णन किया है, वह अद्‌भुत है। जैसे उनकी सारी निराशा छंट गई है, जिससे प्रकृति उन्हें हर्ष और उल्लास से भरी हुई दिखलाई पड़ती है :

> 'कूऊ कू-ऊ' बोली कोयल अंतिम सुख-स्वर,
> 'पी कहां' पपीहा-प्रिया मधुर विष गई छहर,
> उर बढ़ा आयु
> पल्लव-पल्लव को हिला हरित बह गई वायु,
> लहरों में कंप और लेकर उत्सुक सरिता
> तैरी, देखतीं तमश्चरिता
> छवि बेला की नभ की ताराएं निरुपमिता,
> शत-नयन-दृष्टि
> विस्मय में भर कर रही विविध-आलोक-सृष्टि।

कोयल ने कूक भरी, जिसमें सुख और आनंद की पराकाष्ठा थी, और पपीहा ने 'पी कहां?' की रट से वातावरण में मधुर विष बो दिया। निराला ने लिखा है कि 'भावुकता की मादक शक्ति विद्यापति में भी है, और बड़ी ही तीव्र, जैसे नागिन का जहर।' यह जहर थोड़ा-बहुत उनकी कविता में भी है, जो 'अंतिम सुख-स्वर' और 'मधुर विष के छहरने' में दिखलाई पड़ता है। पपीहा चूंकि 'पी कहां?' बोलता है, इसलिए वे उसे मादा-पपीहा कहते हैं। 'परिमल' की 'वसंत-समीर' शीर्षक कविता में भी 'विकल पपीहा-वधू डाल पर/पिया कहां, कह, रही पकार'। बिहारी को 'सजग कलाकार'

कहा जाता है। आधुनिक युग में निराला से बड़ा सजग कलाकार कोई नहीं हुआ। कोयल की कूक और पपीहे की पिहक के बाद हवा का झोंका आया, तो मन में जीवनदायक स्फूर्ति दौड़ गई। यह निराला की सजगता का ही प्रमाण है कि वे मन के लिए 'उर' और 'जीवनदायक स्फूर्ति' के लिए 'आयु' शब्द का प्रयोग करते हैं। इन दोनों ही शब्दों में अर्थ की गहराई ज्यादा है। हवा के झोंके ने वृक्ष के एक-एक पत्ते को हिला दिया। एक-एक पत्ते को हिला देना–इस वर्णन में सजगता तो है ही, भव्य चित्र खड़ा करने की गजब की क्षमता है। पत्ते भी कैसे हैं? हरे। पाठक समझेंगे कि यह वसंत के बाद ग्रीष्म का पहला चरण है, जिसमें वसंत में निकले वृक्ष के पत्ते गहरे हरे हो जाते हैं। हवा के उस झोंके का असर निराला जिस नदी के तट पर बैठे हैं, उस पर भी हुआ। उसकी लहरें और कांप उठीं और लगा कि वह औत्सुक्य से भरकर तीव्रतर गति से बहने लगी। कवि ने यहां 'बहने' नहीं, 'तैरने' की बात कही है। नदी में दूसरे तैरते हैं, यहां स्वयं नदी तैर रही है। जैसे उसे नदी पार कर किसी से मिलने जाना हो! आकाश में तारे निकल आए थे। निराला ने उन्हें अंधकार में विचरण करने वाली निरुपम सुंदरियां कहा है, उन्हें 'ताराएं' या 'तारिकाएं' कहते हुए। यह भौगोलिक सत्य है कि तारे आकाश में स्थिर नहीं रहते, चलते रहते हैं। वे तारक-सुंदरियां ऊपर से टकटकी लगाकर पृथ्वी पर बेला की सुंदरता देखने लगीं। आकाश में तारे और पृथ्वी पर बेला के फूल! तारे विभिन्न आकार के होते हैं, विभिन्न दूरियों पर स्थित और विभिन्न प्रकार के प्रकाश वाले, इसलिए वे सैकड़ों दृष्टियों से पृथ्वी पर देखते हैं, बेला के सौंदर्य से विस्मित होकर, तो उनसे विविध प्रकार के आलोक की सृष्टि होती है। निराला ने यहां तारों के झिलमिलाहट से भरे हुए प्रकाश का बहुत ही जादुई चित्र उपस्थित किया है, जो कविता में प्रत्येक वस्तु के प्रति उनकी सजगता का अन्यतम उदाहरण है। यह वह वातावरण है, जो राजनेता के पुत्र वाले राजनीतिक माहौल के विरुद्ध खड़ा है। इन दोनों के बीच विरोध का जो तीखापन है, वह अकथनीय है।

कहा जा चुका है कि बेला ने निराला को स्वस्थ मनोदशा में ला दिया, जिससे वे प्रसन्न हो उठे। उन्हें प्रसन्न भावावस्था में पाकर वह हलके से मुस्कुरा दी और उनकी भर्त्सना नहीं की, अप्रकट स्वर में उन्हें समझाना शुरू किया। यह उसका यथार्थ जगत का फिर सामने ला देना था, भले विरोध के लिए। उसने कहा—यह जीवन एक मेले की तरह है, जिसमें भौतिक वस्तुओं की चमक-दमक का ही महत्व है। लेकिन सचाई यह है कि ज्यों-ज्यों यह चमक-दमक बढ़ती जाती है,आत्मा की निधि पत्थर में तब्दील होती जाती है। आज उपभोक्तावादी संस्कृति के विरोध की बहुत बात कही जाती है। सुख-सुविधा की भौतिक सामग्री का अतिरेक या जीवन में उसका प्रमुखता प्राप्त कर लेना मनुष्य के भीतर अलगाव अथवा 'एलिएनेशन' की भावना पैदा करता है, सुख-सुविधा के भौतिक साधन धीरे-धीरे मनुष्य को भी साध्य से साधन बना देते हैं, इसका

जोरदार एहसास किसी न किसी रूप में विवेकानंद से लेकर महात्मा गांधी तक को था। इसीलिए वे हमेशा इस पक्ष में रहे कि भौतिकता पर मनुष्य के उच्च नैतिक और मानवीय गुणों को प्रश्रय दिया जाए। बेला निराला से कहती है कि जीवन के मेले में तो कीमती चीजें ही मिलती हैं; यदि कोई कौड़ी के भाव बिकने वाली चीज है, यानी भौतिक दृष्टि से मूल्यहीन, तो उसके लिए तो यह बियावान है! उसका इशारा अपनी तरफ है। आगे वह गर्व से कहती है कि उसकी बराबरी दुनिया के संपन्न नगरों की कोई वस्तु न कर सकेगी। यहां मान और प्रतिष्ठा नहीं, वह नगरों में है, इसलिए वहां एक आदमी बड़ा है और बाकी सभी छोटे। इसके विपरीत जहां ज्ञान है, वहां बड़प्पन नहीं, सभी छोटे यानी साधारण हैं और वहां असमानता नहीं, सभी समान हैं। सभी एक दूसरे के मित्र हैं। उनकी आंखों से फूटने वाली प्रेम की आभा से वहां स्वर्ग निर्मित हो जाता है। कहने की आवश्यकता नहीं कि यह वही साधारण लोगों की दुनिया है, 'वैशिष्ट्य-धर्म के भ्रू-विलास' और 'भेदों के क्रम' से रहित, जिससे ब्रिटिश साम्राज्य के राजसिंहासन को ठुकराकर एडवर्ड अष्टम जा मिले थे। यह नई मानवीय संस्कृति का आह्वान था। बेला भी उसी संस्कृति का संदेश सुनाती है।

निराला ने बेला की बातें सुनीं और प्रतिक्रिया में जो कुछ कहा, उसका आशय यह है कि साधारणता और समानता ही सत्य है, सुंदर भी। इस ज्ञान को आत्मसात करने से ही मन में त्याग और बलिदान का भाव उत्पन्न होता है, जिसके आगे कोई भी प्रहार छोटा है। इसका मूर्तिमान उदाहरण बेला है। उसके ऊपर प्रहार भी होता है, तो वह अपने वृंत पर नाचती रहती है। निराला को फिर कविता याद आती है और वे उससे कहते हैं कि वह अपनी कविता है। वे चाहते हैं कि वह अपने पवित्र सौंदर्य के साथ उनके हृदय में संचरित होती रहे, यानी उनकी कविता भी उसी के अनुरूप हो, साधारणता और समानता तथा तज्जनित उत्सर्ग-भाव से भरी हुई। इस खंड का आरंभिक अंश तो प्रायः गद्यात्मक है, जैसे यथार्थ जगत की तरह ही नीरस लेकिन अंतिम अंश भाव के अनुरूप ही कवित्वपूर्ण, यथा–

> बोला मैं—'यही सत्य, सुंदर!'
> नाचती वृंत पर तुम, ऊपर
> होता जब उपल-प्रहार प्रखर!
>   अपनी कविता
> तुम रहो एक मेरे उर में
> अपनी छवि में शुचि संचरिता।

'नाचती वृंत पर तुम, ऊपर/होता जब उपल-प्रहार प्रखर!' यह तेज ओला-वृष्टि में अपने वृंत पर चंचल बेला का चित्र तो बहुत पूर्ण रूप में आंखों के सामने लाता ही है, 'सरोजस्मृति' का निराला का यह स्वकीय चित्र भी उपस्थित कर देता है—'देखता

रहा मैं खड़ा अपल/वह शर-क्षेप, वह रण-कौशल।' क्या बेला और निराला, निराला और बेला एक ही हैं, दो नहीं ? कहा जा चुका है कि बेला के साथ उनका संवाद वस्तुत: आत्मालाप है, अपने ही मन में एक हिस्से के साथ, एक वृत्ति के साथ उनका वार्तालाप। सूक्ष्म शुभ्र उत्सर्ग-वृत्ति को उन्होंने बेला का रूप प्रदान किया है, यह बात अपने आप में बहुत मोहक है, सटीक तो है ही। 'वन-बेला' की उक्त दोनों पंक्तियां सममात्रिक भी हैं और तुकांत भी, जिससे उनमें दृश्य के अनुरूप ही गति आ गई है। ध्यान देना चाहिए कि निराला में फूलों के अपनी डाल पर पवन के साथ क्रीड़ा करने वाले चित्र ही नहीं हैं, ऐसे चित्र भी हैं। 'संचरित' की जगह 'संचरिता' का प्रयोग पुरानापन लिए हुए है लेकिन इससे उन्होंने यहां एक नयापन पैदा कर दिया है। नयापन भी ऐसा, जिससे अर्थ में एक गहराई आ गई है, क्लासिकी स्पर्श से युक्त।

'वन-बेला' का अंतिम खंड भी बहुत छोटा है, लगभग दूसरे खंड के बराबर। इसमें अगली सुबह की बात है। कवि टहलता हुआ फिर नदी के किनारे पहुंचा, तो उसने देखा कि एक ब्राह्मण बेला की डाल को झुकाकर फूल तोड़ रहा था। बेला ने कवि से कहा कि वह अपने जीवन को अपने प्रिय के चरणों पर अर्पित करने के लिए जा रही है। उसने और कुछ नहीं कहा, सिर्फ देखती रही, अपनी पंखुड़ियां खोले, जैसे वे उसकी पलकें हों। उसके बाद कुछ नहीं हुआ, सुबह की बेआवाज हवा चलने लगी :

फिर उष:काल
मैं गया टहलता हुआ, बेल की झुका डाल
' तोड़ता फूल कोई ब्राह्मण,
'जाती हूं मैं,', बोली बेला,
'जीवन प्रिय के चरणों पर करने को अर्पण':—
देखती रही;
नि:स्वन, प्रभात की वायु बही।

अंतिम पंक्ति पर पाठक सोचता रह जाता है, वायु नि:स्वन क्यों थी ? यह स्वाभाविक बात थी, या वह बेला के बलिदान से चुप थी ? या बेला चूंकि कौड़ीमोल बिकने वाली थी, 'छोटी', इसलिए उसके अपने प्राण उत्सर्ग कर देने पर भी ढोल न बज सकता था, इसलिए शांत थी ? कहा जा चुका है कि विवेकानंद की सहायता से निराला यथार्थ और आदर्श का सामंजस्य बिठाने का प्रयास करते हैं। पहले उसके जिस व्याख्यान 'भारत का भविष्य' का हवाला दिया जा चुका है, उसी में मद्रास के नवयुवकों का आह्वान करते हुए उन्होंने कहा था : 'अपनी जाति, देश, राष्ट्र और समग्र मानव समाज के कल्याण के लिए आत्मोसर्ग करना सीखो। इस जीवन में क्या है ?' और 'आओ, हम अपने आगे महान आदर्श खड़ा करें और उसके लिए अपना जीवन उत्सर्ग कर दें।' आत्मोसर्ग उनके लिए बहुत बड़ा मूल्य था। अन्यत्र भी उन्होंने कहा है : 'परहित के लिए जीवन का

उत्सर्ग कर दें।' बेला तो एक प्रतीक है। ब्राह्मण द्वारा देवता पर चढ़ाए जाने के लिए वह अपनी डाल से विच्छिन्न कर दी गई और इसमें उसने अपने जीवन की सार्थकता मानी, यह माना कि वह अपने प्रिय के चरणों पर अर्पित हो रही है। वह लोक या परहित के लिए ही किया जाने वाला उत्सर्ग है।

3

जैसा कि कहा जा चुका है, 'वन-बेला' निराला की एक विलक्षण कविता है। इसमें उन्होंने प्रकृति के मुकाबले मनुष्य को और उसके मुकाबले फिर प्रकृति को खड़ा किया है। पहला प्रकृति-लोक बहुत ही आनंदमय है। उसकी तुलना में मनुष्य-लोक क्षोभ से भरा हुआ। अंत में प्रकृति फिर उपस्थित होती है, तो उसमें आनंद है लेकिन निरा आनंद नहीं क्योंकि उसमें मनुष्य भी वर्तमान है। बेला मनुष्य-लोक पर तीखी टिप्पणी करती है। कविता का पर्यवसान यद्यपि एक आदर्श में होता है, फिर भी उससे यथार्थ के साथ उसका जो संघर्ष था, वह समाप्त नहीं होता। खुद विवेकानंद के भीतर यह संघर्ष मौजूद था, जो उनके जीवनानुभव के साथ तीखा होता गया था। उसी के परिणामस्वरूप उन्होंने अपनी मृत्यु के कुछ ही दिन पहले कहा था : 'देश के लोग दो वक्त दो दाने खाने को नहीं पाते, यह देखकर कभी-कभी मन में आता है, छोड़ दे शंख बजाना, घंटी हिलाना, छोड़ दे लिखना-पढ़ना और स्वयं मुक्ति की चेष्टाएं—हम सब मिलकर गांव-गांव में घूमकर चरित्र और साधना के बल पर धनिकों को समझाकर धन-संग्रह करके ले आएं और दरिद्रनारायण की सेवा कर करके जीवन बिता दें।' (विवेकानंद साहित्य, 6/215) अपनी मुक्ति की चेष्टा छोड़कर लोक-कल्याण को समर्पित होना तो ठीक है लेकिन लोक-कल्याण का यहां जो मार्ग बतलाया गया है—भिक्षाटन, वह भी यथार्थ और आदर्श के टकराव से पैदा होने वाला एक आदर्श ही है, भूदान से भारत की भूमि-समस्या हल करने की तरह। इस कविता में निराला ने समस्या को व्यक्तिगत रूप में उठाया है लेकिन है वह सामाजिक, जिसका समाधान त्याग और उत्सर्ग से निकलने वाला नहीं है, यद्यपि उसका महत्व कम नहीं।

'वन-बेला' की अंतर्वस्तु के अनुरूप ही इसका ढांचा है। यह भी कहा जा चुका है कि ऐसे विषम स्तरों वाली कविता निराला की दूसरी नहीं। यह उन विषम स्तरों के संतुलन पर ही टिकी है। ढांचे के भीतर की जो कारीगरी है, वह बेमिसाल है। जो सरल ढंग से रचित यथार्थवादी अंश है, उसकी चित्रात्मकता भी देखते ही बनती है। लगता है, निराला युद्ध के दूसरे मैदान में उतरने के लिए अपने हथियार पैना कर रहे हैं। बेला और उनके बीच जो संवाद होता है, उसमें केवल आदर्श नहीं है, यथार्थ के तत्व भी हैं। छंद के बारे में पिछली कविता पर विस्तार से विचार करते हुए संकेत किया जा चुका है

कि यह चौबीस मात्राओं का 'राम की शक्तिपूजा' वाला ही छंद है, लेकिन इसका इस कविता में कवि ने तीन तरह से इस्तेमाल किया है—कभी उसने आठ मात्राओं की इकाई बनाई है, कभी सोलह मात्राओं की और कभी चौबीस मात्राओं की। ऊपर कविता का जो अंतिम खंड उद्धृत किया गया है, उसमें पहला चरण आठ मात्राओं का, दूसरा चौबीस मात्राओं का और तीसरा सोलह मात्राओं का है। इस तरह एक ही छंद का त्रिविध उपयोग करके उसने कविता को छंद की दृष्टि से एकरस होने से बचाया है।

11. हिंदी के सुमनों के प्रति पत्र : एक और व्याख्या

निराला की इस कविता के रचनागत संदर्भ की ओर डा. रामविलास शर्मा ने अपनी 'साहित्य-साधना' के प्रथम दो खंडों में यथास्थान संकेत किया है। बनारसीदास चतुर्वेदी ने निराला के विरुद्ध सुनियोजित ढंग से अभियान चलाया था। उसी परंपरा में 1936-37 में नई पीढ़ी के लेखकों द्वारा उन पर तीन तरफ से आक्रमण किए गए। 1936 के नवंबर की 'माधुरी' में भुवनेश्वर ने उन पर एक लेख लिखा, जिसमें उनकी बहुत ही तीखी आलोचना की गई थी, और 1937 के मार्च के 'विशाल भारत' में शिवदानसिंह चौहान ने भारत में प्रगतिशील साहित्य की आवश्यकता बतलाते हुए चारों श्रेष्ठ छायावादी कवियों पर बहुत ही भद्दा आक्षेप किया। जो सबसे बड़ा आक्रमण निराला पर किया गया, वह 'विश्वभारती क्वार्टरली' के अगस्त 1937 के अंक में, जिसमें एस.एच. वात्स्यायन के नाम से अज्ञेय के एक लंबे आलेख का पूर्वार्ध प्रकाशित हुआ था। ये तीनों आक्रमण कितने अविचारित और भयानक थे, यह जानने के लिए संक्षेप में उनसे परिचित होना जरूरी है, क्योंकि विचारणीय कविता के मूल में वही हैं।

भुवनेश्वर ने 'श्री सूर्यकांत त्रिपाठी निराला' शीर्षक अपने संक्षिप्त लेख में निराला की प्रशंसा भी की लेकिन उनका असली उद्देश्य उन्हें चोट पहुंचाना था। उन्होंने लिखा, निराला एक ऐसा कलाकार है, जो कलम हाथ में लेकर सोचता है और चमत्कार के लिए भाषा का सहारा खोजता है। वह पंद्रह वर्षों से साहित्य की अनेक विधाओं में लिख रहा है, पर प्रथम श्रेणी तक वह कवि, कथाकार, विचारक या समालोचक किसी भी हैसियत से नहीं पहुंचता। पंत को उसने बार-बार रवींद्रनाथ का रक्षित बतलाया है, पर सत्य यह है कि वह भी उन्हें पचा न सका। वह 'मैनरिज्म' का कवि है, वह उपमाओं और उत्प्रेक्षाओं का कवि है, वह अपने सर्वोत्तम रूप में भी एक चतुर शिल्पी है! उसकी कविता में साधना है, अध्यवसाय है, कारीगरी है, कोमलता है, पौरुष है, पर वही नहीं है, जिसके बगैर वह न ब्राउनिंग है, न बर्न्स, केवल निराला है। कथाकार की हैसियत से निराला गंभीर विवेचन का पात्र है, यह मैं नहीं मानता। शिवदानसिंह चौहान ने अपने विस्तृत लेख में छायावाद को रहस्यवाद मानते हुए अपना यह निष्कर्ष रखा कि फिर से रहस्यवाद का साहित्य में जन्म पूंजीवादी समाज की पतितावस्था का द्योतक है। भारत में साम्राज्यवाद के कारण चारों ओर नैराश्य व्याप्त हो गया। जो कवि वास्तविकता को नहीं देख सके, या उससे दूर भागना चाहते थे, या जिनकी कल्पनाशक्ति मुर्झा गई थी और जो नई शक्तियों के उत्थान को न समझ पाए, वे रहस्यवाद का दामन पकड़कर

आंसू बहाने लगे। इन रहस्यवादी कवियों में प्रगति नहीं होती, वे प्रतिगामी शक्तियों के रक्षक और अग्रगामी नेता बन जाते हैं। 'रवींद्रनाथ ठाकुर के बाद यह धारा हिंदी में सर्वश्री जयशंकर प्रसाद, सूर्यकांत त्रिपाठी निराला, सुमित्रानंदन पंत, श्रीमती महादेवी वर्मा और अनेक छोटे-मोटे कवियों के मुख से निसृत हो उठी।' अंत में उन्होंने अपना यह फैसला सुनाया : 'इस छायावाद की धारा ने हिंदी के साहित्य को जितना धक्का पहुंचाया, उतना शायद ही हिंदू महासभा या मुसलिम लीग ने भारत को पहुंचाया हो।'

अज्ञेय ने अपने 'मॉर्डन (पोस्ट-वार) हिंदी पोएट्री' शीर्षक आलेख के पूर्वार्ध में मैथिलीशरण, प्रसाद, सियारामशरण, सुभद्राकुमारी और पंत पर किंचित विस्तार से विचार किया था और अंत में निराला को एक-डेढ़ अनुच्छेदों में निबटाते हुए उनके संबंध में वे तमाम बातें कही थीं, जो उन्हें विचलित करने के लिए काफी थीं। उन्होंने पंत को सौंदर्यवादी कहा था। तत्पश्चात यह स्थिर किया कि पंत और सौंदर्यवादियों के मनोविज्ञान के बारे में सामान्य रूप में जो कहा गया है, वह आवश्यक फेर-बदल के साथ निराला के बारे में भी सही है, बल्कि तथ्य यह है कि सौंदर्यवाद के खतरे अधिक स्पष्टता से उन्हीं में दिखलाई पड़ते हैं। उनकी कलात्मक योग्यता उनके घृण्य अहंकार और जानबूझकर मौलिक बनने के प्रयास के कारण सही रास्ते से भटक गई है। शुरू में उन्होंने प्रायः बहुत अच्छा लिखा था लेकिन बाद में उन्होंने जिद पकड़ ली कि कविता की मुख्यधारा जड़ हो गई है। उन्होंने भी कठोर रूपवाद से कविता को मुक्त करने के लिए आवाज उठाई थी, इसके लिए उन्हें श्रेय देने के बाद और कुछ कहने की जरूरत नहीं। 'किसी भी तरह से विचार करें, निराला साहित्य में कोई शक्ति नहीं रहे, उस रूप में वे मृत हो चुके हैं।' (... ऐज ए लिटररी फोर्स, ऐट एनी रेट, निराला इज ऑलरेडी डेड।)

'माधुरी' निराला की पहुंच के भीतर थी। उसमें बराबर उनकी रचनाएं निकला करती थीं। उन्होंने भुवनेश्वर के लेख का उत्तर दिया, दो अन्य व्यक्तियों की भुवनेश्वर के संबंध में राय के साथ, जो कि उसके जनवरी 1937 के अंक में 'श्री भुवनेश्वर की तारीफ' शीर्षक से प्रकाशित हुआ। निराला सहित बाकी दोनों व्यक्तियों ने भुवनेश्वर की योग्यता और विश्वसनीयता को अच्छी तरह से संदिग्ध बना दिया था। अंत में भुवनेश्वर का प्रत्युत्तर भी छापा गया था, जिसमें उन्होंने अपने फरेब के बारे में स्वीकार किया कि मैं अपराधी हूं, परिस्थितियां मनुष्य से जघन्य काम करा लेती हैं। प्रसंगवश उन्होंने अपना यह कथन भी उद्धृत किया कि 'मैंने निराला जी का परिमल श्रम से पढ़ा और जहां तक भाषा का सवाल है, सिर्फ भाषा का, निराला के यहां पिघला हुआ सोना है, पंत जी ने टीन झलमला दी है।' पूरे प्रत्युत्तर का स्वर आत्मरक्षात्मक था। इससे निराला को किसी हद तक परितोष हुआ लेकिन वे भुवनेश्वर के प्रहार को भूले नहीं। शिवदान सिंह चौहान के लेख से भी वे बहुत विचलित हुए थे लेकिन 'विशाल भारत' के माध्यम से वे उन्हें कोई उत्तर न दे सकते थे। जब अज्ञेय का आलेख प्रकाशित हुआ, तो उनका

आक्रोश और दु:ख अपनी सीमा पर पहुंच गया। जैसा कि डा. शर्मा ने लिखा है, भूसामंडी (लखनऊ) वाले घर में उसे पढ़ने के बाद उन्होंने कई बार दुहराया—'निराला इज ऑलरेडी डेड'। जाहिर है, यह उन पर सबसे बड़ा आघात था। मेरा खयाल है, इसी की तात्कालिक प्रतिक्रिया उनकी 'हिंदी के सुमनों के प्रति पत्र' कविता में हुई। वे चौहान द्वारा दिए गए आघात को भी भूले नहीं थे लेकिन कविता उन्होंने अज्ञेय जैसे नए रचनाकारों को 'सुमन' के रूप में अभिहित करते हुए रची, आलोचकों को बस कविता के अंत में 'बीज' कहकर याद किया। 1933 में अज्ञेय का कविता-संग्रह 'भग्नदूत' निकल चुका था। उसके बाद से वे लगातार कविताएं लिख रहे थे, जो पत्र-पत्रिकाओं में छप रही थीं और जिनका मिजाज निश्चय ही छायावादी कविताओं से बहुत कुछ भिन्न था। स्वभावत: नकारात्मक रूप में ही सही लेकिन निराला ने उन्हें एक नई पीढ़ी का कवि माना।

अपने आलेख में निराला पर की गई कुत्सित टिप्पणी के लिए अज्ञेय ने बाद में अफसोस जाहिर किया है। 'स्मृतिलेखा' में निराला पर उनका जो संस्मरण है, 'वसंत का अग्रदूत' शीर्षक से (दिलचस्प है कि यह शीर्षक 'सुमनों के प्रति' कविता से ही लिया गया है!), उसमें वे आत्मस्वीकृति के स्वर में कहते हैं, ' 'विश्व भारती' पत्रिका में मेरा एक लंबा लेख छपा था। आज यह मानने में भी मुझे कोई संकोच नहीं है कि उसमें निराला के साथ घोर अन्याय किया गया था। यह बात 1936 (?) की है जब 'विशाल भारत' में पंडित बनारसीदास चतुर्वेदी निराला के विरुद्ध अभियान चला रहे थे। यों चतुर्वेदी जी का आक्रोश निराला जी के कुछ लेखों पर ही था, उनकी कविताओं पर उतना नहीं (कविता से तो वह बिलकुल अछूते थे) लेकिन उपहास और विडंबन का जो स्वर चतुर्वेदी जी की टिप्पणियों में मुखर था उसका प्रभाव निराला जी के समग्र कृतित्व के मूल्यांकन पर पड़ता ही था और मेरी अपरिपक्व बुद्धि पर भी था ही।' सहसा विश्वास नहीं होता कि अंग्रेजी में वैसा आलेख लिखने वाला लेखक निराला जैसे कवि के बारे में कविता से दूर-दूर रहने वाले एक संपादक के बहकावे में आ गया होगा और 1937 में वह ऐसी अपरिपक्व बुद्धि का था कि निराला की कविता उसकी समझ में न आती थी। लेकिन आत्मस्वीकृति के आगे चारा ही क्या है? वह तो सामने वाले को निरस्त्र करने के लिए ही होती है। आगे अज्ञेय लिखते हैं, 'इसके बाद की जिस भेंट (1951) का उल्लेख करना चाहता हूं उससे पहले निराला जी के काव्य के विषय में मेरा मन पूरी तरह बदल चुका था। वह परिवर्तन कुछ नाटकीय ढंग से ही हुआ। शायद कुछ पाठकों के लिए यह भी आश्चर्य की बात होगी कि वह उनकी 'जुही की कली' अथवा 'राम की शक्तिपूजा' पढ़कर नहीं हुआ, उनका 'तुलसीदास' पढ़कर हुआ।' पुन: 'उनके 'तुलसीदास' का पहला प्रकाशन 1938 में हुआ था और मैंने उनकी रचनाओं के बारे में अपनी धारणा के आमूल परिवर्तन की घोषणा रेडियो से जिस समीक्षा में की थी उसका प्रसारण शायद 1940 के आरंभ में हुआ था।' 'तुलसीदास' का प्रथम प्रकाशन

1938 में नहीं, 1935 में हुआ था, 'सुधा' के पांच अंकों (फरवरी, मार्च, अप्रैल, मई और जुलाई) में लेकिन अपनी सतर्कता और सन्नद्धता के लिए प्रसिद्ध अज्ञेय की दृष्टि इस महत्वपूर्ण कविता पर तब गई, जब वह 1938 नहीं, 1939 के आरंभ में पुस्तकाकार छपकर सामने आई! संभव है, इस कविता को उन्होंने 'सुधा' के अंकों में ही पढ़ लिया होता, तो निराला के बारे में उनका खयाल उसी समय बदल गया होता। लेकिन तब अपने आलेख में साहित्यिक शक्ति के रूप में निराला को निश्चयात्मक रूप से मृत घोषित करने का अवसर उन्हें न मिलता। संस्मरण के अंत में अज्ञेय ने 'सुमनों के प्रति' कविता का उल्लेख किया है और कहा है कि 'सचमुच वसंतपंचमी के दिन जन्म लेने वाले निराला हिंदी काव्य के वसंत के अग्रदूत थे।' उन्होंने अपनी भूल तहे दिल से महसूस की, अपने को सुधारा लेकिन तब, जब उनका आघात अपना काम कर चुका था।

डा. शर्मा ने आहत निराला की आत्माभिव्यक्ति 'सुमनों के प्रति' कविता के साथ उनकी 'ठूंठ यह है आज', 'जला है जीवन यह' और 'कुछ न हुआ न हो' आदि कविताओं को भी गिना दिया है लेकिन आत्माभिव्यक्तिमूलक होते हुए भी इन कविताओं में कवि की भिन्न मनोदशा का प्रकटीकरण हुआ है। एक और बात यह है कि निराला की कविताओं की अंतर्वस्तु के संबंध में वे कभी-कभी दो तरह की बातें कहते हैं। 'मित्र के प्रति' कविता के बारे में 'साहित्य साधना' के प्रथम खंड में उन्होंने कहा था कि 'उमाशंकर वाजपेयी ब्रजभाषा में कविताएं लिखते थे; पुराने ढंग की चीजें उन्हें ज्यादा पसंद थीं। निराला ने उन्हें लक्ष्य करके कविता लिखी—'मित्र के प्रति'।' (पृ. 290) उक्त ग्रंथ के द्वितीय खंड में भी उन्होंने प्राय: यही बात दुहराई थी, 'रीतिवादी परास्त हुए— 'मित्र के प्रति' में यह विश्वास है।' (पृ. 287) लेकिन 'प्रगतिशील काव्यधारा और केदारनाथ अग्रवाल' नामक पुस्तक में उनका कहना है कि यह कविता निराला ने छायावादी कविता के समर्थकों के विरोध में लिखी थी : 'इसी साल (1935) निराला ने छायावादी कविता के प्रेमियों को संबोधित करते हुए कहा था–'कहते हो, नीरस यह/बंद करो गान—कहां छंद, कहां भाव/कहां यहां प्राण?'' (पृ. 78) ऐसी स्थिति में क्या आश्चर्य, यदि 'साहित्य-साधना' के प्रथम खंड में यह कहने के बाद कि 'सुमनों के प्रति' कविता निराला ने नई पीढ़ी के लेखकों को संबोधित कर लिखी थी, वे उसके द्वितीय खंड में कहते हैं, ''हिंदी के सुमनों के प्रति पत्र'. . . में संवाद की जगह निराला की उक्ति है। बोलने वाले हैं अकेले निराला, सामने संबोधित हैं रीतिवादी मित्रों की जगह समकालीन छायावादी कवि।. . छायावादी कवियों में वह श्रेष्ठ नहीं माने जाते—यह क्षोभ 'हिंदी के सुमनों के प्रति पत्र' में है।' (पृ. 287) डा. शर्मा से यह भूल असावधानी के कारण नहीं होती। प्राय: वे प्रसंग-विशेष में अपनी बात जमाने के लिए कविताओं के आशय को तोड़-मरोड़ देते हैं। उस समय वे यह भी नहीं देखते कि पहले वे उन कविताओं की एकदम भिन्न व्याख्या कर चुके हैं।

2

'सुमनों के प्रति' कविता का रचनाकाल 6 अगस्त 1937 है। उसी वर्ष यह 'माधुरी' के नवंबर के अंक में प्रकाशित हुई, तत्पश्चात 1939 के प्रारंभ में बाहर आने वाली निराला की कविता-पुस्तक द्वितीय 'अनामिका' में संगृहीत। इसका मूल के सर्वाधिक निकट पाठ यह है :

मैं जीर्ण-साज बहु-छिद्र आज,
तुम सुदल सुरंग सुवास सुमन,
मैं हूं केवल पदतल-आसन,
तुम सहज बिराजे महाराज।

ईर्ष्या कुछ नहीं मुझे, यद्यपि
मैं ही वसंत का अग्रदूत,
ब्राह्मण-समाज में ज्यों अछूत
मैं रहा आज यदि पार्श्वच्छबि।

तुम मध्य भाग के, महाभाग !—
तरु के उर के गौरव प्रशस्त (;)
मैं पढ़ा जा चुका पत्र, नयस्त,
तुम अलि के नव रस-रंग-राग।

देखो, पर, क्या पाते तुम 'फल'
देगा जो भिन्न स्वाद रस भर,
कर पार तुम्हारा भी अंतर
निकलेगा जो तरु का संबल।
फल सर्वश्रेष्ठ नायाब चीज
या तुम बांधकर रंगा धागा;
फल के भी उर का कटु, त्यागा,
मेरा आलोचक एक बीज।

आक्रोश और दु:ख ने इस कविता में निराला के स्वर को प्रचुर व्यंग्यात्मक बना दिया है। वे नई पीढ़ी के लेखकों और अपने को दो भिन्न बल्कि विरोधी रूपों में कल्पित करते हैं और उनसे कहते हैं कि तुम्हारा कहना सही है, तुम सुंदर पंखुड़ियों, सुंदर रंग और सुंदर गंध वाले सुमन हो और मैं आज छिद्रों से भरा पतझड़ का पीत और म्लान पत्र हूं। उन्होंने स्पष्ट शब्दों में यहां अपने को 'पत्र' नहीं कहा, लेकिन कविता के तीसरे बंद में 'पत्र'

शब्द के श्लिष्ट होने का फायदा उठाते हुए वे कहते हैं—'मैं पढ़ा जा चुका पत्र'। यह इससे भी सूचित है कि कविता के शीर्षक में 'पत्र' शब्द का प्रयोग हुआ है। इस दृष्टि से त्रिलोचन का यह कहना सही है कि इस शब्द का अर्थ 'चिट्ठी' न होकर 'पत्ता' है। इसे न मानें तब भी उसमें श्लेष तो मानना ही पड़ेगा। 'मैं जीर्ण-साज बहु छिद्र आज' से यह व्यंजित है कि वे अपने को पतझड़ का पत्ता ही कह रहे हैं क्योंकि वह नए पत्ते की हरियाली और चमक से भी रहित होता है और कभी-कभी छेदों भरा भी। नए कवियों को लगता था कि निराला की कविता पुरानी पड़ गई है और उनमें अनेक त्रुटियां हैं। इस कारण निराला का उक्त रूप में अपने को कल्पित करना बहुत सटीक है। वस्तुतः वे न पुराने पड़े थे, न उनमें त्रुटियां थीं, उनकी कवित्व-क्षमता अपने पूरे वैभव और ऐश्वर्य के साथ बरकरार थी, यह भी वे अपनी शब्द और बिंब-योजना से सूचित कर देते हैं। 'मैं जीर्ण-साज बहु-छिद्र आज' यह पदावली ही बतला देती है कि इस कथन में स्वीकारोक्ति नहीं, बल्कि व्यंग्योक्ति है। ठीक इसी प्रकार 'तुम सुदल सुरंग सुवास सुमन' यह मधुर पदावली भी अपने भीतर व्यंग्य छिपाए हुए है, जैसे पुष्प के भीतर डंक मारने वाला भौंरा बैठा हो! सुमन की पंखुड़ियां छूने में कोमल हैं, अपने रंग के कारण वह देखने में भी मोहक है और उसमें मादक गंध भी है लेकिन वस्तुतः उसमें कुछ नहीं है! आगे की दो पंक्तियों में भी निराला 'सुमन' और 'पत्र' के ही समानांतर सिंहासन और पादपीठ का विरोधपूर्ण रूपक खड़ा करते हैं। सुमन वृक्ष की टहनियों पर होता है, जबकि झड़ा हुआ पत्ता नीचे धरती पर। नए लेखक सिंहासन पर सहज भाव से आरूढ़ हैं, जबकि निराला उनके पांव रखने के लिए बने हुए काठ हैं, उनके तलवों के नीचे पादपीठ! 'सहज' और 'महाराज' दोनों व्यंग्यात्मक शब्द हैं। यह पूरी कविता काव्य-रचना के कठोर अनुशासन में बंधकर रची गई है, जिसका प्रमाण यह है कि इसके प्रत्येक बंद में पहले और चौथे तथा दूसरे और तीसरे चरणों को तुकांत रखा गया है। इसके अलावा इसमें वर्ण-संयोजन बहुत संगीतपूर्ण है। पहले बंद की अंतिम दो पंक्तियों में भी 'केवल' और 'पदतल' में ही अनुप्रास नहीं है, 'सहज बिराजे महाराज' में तीन बार 'ज' वर्ण की आवृत्ति करके एक झंकार उत्पन्न की गई है। 'बिराजे' तद्भव शब्द का प्रयोग निराला की संस्कृत शब्द-योजना को गतिशील बनाकर रखता है। अभिव्यक्ति के स्तर पर इतना सजग और समर्थ कवि क्या वैसा हो सकता था, जैसा उसे नई पीढ़ी के लेखकों ने समझा था?

पहले बंद में निराला अपने ऊपर पूरा नियंत्रण रखते हैं और जो कहना होता है, व्यंग्य के माध्यम से ही कहते हैं, लेकिन दूसरे बंद में वे साफ शब्दों में यह घोषणा करते हैं कि 'मैं ही वसंत का अग्रदूत'। त्रिलोचन ने पत्ते के रूपक को ध्यान में रखकर इस पंक्ति का संबंध भी पतझड़ से ही जोड़ा है क्योंकि पतझड़ ही वसंत का सूचक होता है, वसंत उसके बाद ही आता है लेकिन यहां वह अर्थ लेना अधिक संगत नहीं। निराला

सरल ढंग से कहते हैं कि आज हिंदी कविता में जो वसंत आया हुआ है, जिसकी देन नए कवि-सुमन हैं, उसे संभव करने वाले वही हैं। उन्हीं की कविताओं से सर्वप्रथम वसंतागम की सूचना मिली थी। हिंदी की कल्पना उद्यान के रूप में उन्होंने काफी पहले की थी। 'परिमल' की भूमिका का आरंभ ही इन पंक्तियों से होता है : 'हिंदी की वाटिका में खड़ी बोली की कविता की क्यारियां, तो कुछ समय पहले दूरदर्शी बागबानों के परिश्रम से लग चुकी थीं, आज धीरे-धीरे कलियां लेने लगी हैं। कहीं-कहीं, किसी-किसी पेड़ के दो-चार सुमन पंखुड़ियां भी खोलने लगे हैं। उनकी अमंद सौरभ लोगों को खूब पसंद आई है।' इससे यह भी स्पष्ट है कि हिंदी की वाटिका में वसंत लाने वाला छायावाद है और जिस वृक्ष में दो-चार सुमन पंखुड़ियां खोल चुके हैं, वह और कोई हो या नहीं, कवि निराला अवश्य हैं! 'सरोजस्मृति' में तो उन्होंने बेहिचक यह गर्वोक्ति की :

> ... जहां हैं भाव शुद्ध
> साहित्य-कला-कौशल-प्रबुद्ध
> हैं दिए हुए मेरे प्रमाण
> कुछ वहां, प्राप्ति को समाधान,
> पार्श्व में अन्य रख कुशल हस्त
> गद्य में पद्य में समाभ्यस्त।

दूसरे बंद में निराला कहते हैं कि आज यदि मैं किनारे कर दिया गया हूं, हाशिए पर ठेल दिया गया हूं, जैसे ब्राह्मणों के समाज में अछूत को, तो मुझे नए लेखकों से ईर्ष्या नहीं है। ईर्ष्या उन्हें क्यों होगी, वे तो स्वयं वसंत के विधायक हैं! 'तुलसीदास', 'सरोजस्मृति' और 'राम की शक्तिपूजा' जैसी महान कविताओं की रचना कर श्रेष्ठ कवि के रूप में प्रतिष्ठित हो चुके हैं। लेकिन क्षोभ उन्हें पूरा है, इसलिए अपनी आलोचना वे स्वीकार नहीं करते, स्वीकार करने के ढंग से उसे जोरदार ढंग से अस्वीकार करते हैं। उनमें आत्मविश्वास की कमी नहीं थी लेकिन यह सही है कि अपनी आलोचना पर वे जोरों से प्रतिक्रिया करते थे। इस बंद में भी 'मैं रहा आज यदि पार्श्वच्छबि' जैसी ओजपूर्ण अभिव्यक्ति उनकी कविता को स्तरीय बनाकर रखती है। पूरे रूपक से इस बंद का संबंध इसकी दूसरी पंक्ति से जुड़ता है और ब्राह्मण और शूद्र इसमें वैसे ही आए हैं, जैसे पहले बंद में महाराज और पदतल-आसन। स्पष्टतः इसकी व्यंजना यह भी है कि नए लेखक ब्राह्मण हैं और निराला शूद्र। पहले बंद की वाक्य-रचना सरल है लेकिन दूसरे बंद की जटिल क्योंकि इसमें एक अंतर्वाक्य भी आता है और अंत में एक उपमान-वाक्य भी। यदि अन्वय करें, तो यह बंद इस प्रकार होगा :

> ईर्ष्या कुछ नहीं मुझे, यद्यपि
> मैं ही वसंत का अग्रदूत,

मैं रहा आज यदि पार्श्वच्छबि,
ब्राह्मण-समाज में ज्यों अछूत।

यह जटिल गद्यात्मक वाक्य-रचना इस बात की सूचक है कि निराला की कविता मात्र भावुकता का विस्फोट नहीं होती थी और उसके निर्माण में उस बौद्धिकता का प्रचुर योगदान होता था, जो बहुत ही व्यवस्थित और दृढ़ गद्य का दामन पकड़कर चलती थी।

तीसरे बंद में जो 'मध्य भाग' है, उसका संबंध दूसरे बंद के 'पार्श्वच्छबि' शब्द से है। नए लेखक मध्य भाग में प्रतिष्ठित हैं, जबकि निराला एक किनारे पर हैं! इस बंद का पूरा संबंध 'सुमन' और पत्र से है। पत्ता वृक्ष के नीचे पड़ा होता है, या हवा से उड़ाकर किनारे कर दिया जाता है, लेकिन फूल उसके वृंतों पर खिला होता है, किनारे पर नहीं, मध्य में। यह फूल का सौभाग्य है, उसकी समृद्धि का सूचक है। वह वृक्ष के हृदय को विपुल गौरव से भरने वाला होता है। निराला चिट्ठी के लिए श्लिष्ट पद होने से 'पत्र' शब्द का प्रयोग करते हुए कहते हैं कि वे तो पढ़े हुए पत्र की तरह उठाकर अलग रख दिए गए हैं! दूसरी ओर फूल के समान खिले हुए नए लेखक भ्रमर के लिए नए रस, क्रीड़ा और गुंजार का आलंबन हैं। पत्र को लोग मन ही मन पढ़कर रख देते हैं। इस तरह उधर निःशब्दता है, जबकि इधर मधुर भ्रमर-गुंजार! 'तुम अलि के नव रस-रंग-राग' लाक्षणिक उक्ति तो है ही, इसमें वैसा ही व्यंग्य है, जैसा 'तुम सुदल सुरंग सुवास सुमन' में। निराला कैसी पदावली से व्यंग्य की मार करते हैं, यह देखने लायक है। साथ ही यह भी कि पहली पंक्ति में जहां 'रंग' शब्द एक अर्थ देता है, वहां दूसरी पंक्ति में 'रस' के साथ होने से दूसरा।

स्पष्टतः तीसरे बंद में निराला पुनः अपने को नियंत्रित कर लेते हैं, जिससे उनकी उक्ति पुनः व्यंग्यात्मक हो जाती है। 'तुम मध्य भाग के, महाभाग!', 'तरु के उर के गौरव प्रशस्त' और 'तुम अलि के नव रस-रंग-राग' इन तीनों ही पंक्तियों में व्यंग्य है। चौथे बंद में निराला का नियंत्रण फिर शिथिल हो जाता है और वे नए लेखकों से कहते हैं कि फूल तो तुम हो लेकिन क्या इस फूल में फल भी लगेगा, जो विशिष्ट स्वाद और रस से युक्त हो? आशय यह कि वैसा नहीं होगा। उन्होंने 'फल' शब्द का जो प्रयोग किया है, उसे उद्धरण-चिह्नों के भीतर रखा है, जिसका मतलब यह है कि वे फूल के बाद फल का तो जिक्र कर ही रहे हैं, उससे 'परिणाम' का भी अर्थ व्यक्त करते हैं। परिणाम के अर्थ में 'फल' का प्रयोग लाक्षणिक है लेकिन आज इसकी लाक्षणिकता इस कदर घिस गई है कि यह शब्द अभिधेयात्मक हो गया है। सुमन, फल आदि शब्द इस कविता में लाक्षणिक रूप से ही प्रयुक्त हुए हैं लेकिन एक जगह निराला ने 'फल' का ऐसा प्रयोग किया है कि उससे 'अभिधेयात्मक' अर्थ भी ग्राह्य है। फल फूल के भीतर से निकलता है और चूंकि वह अपने भीतर निहित बीज से वृक्ष के वंश का विस्तार

करता है, इसलिए वह 'तरु का संबल' है। वृक्ष उसी संबल को ग्रहण कर आगे चलता है। निराला नए लेखकों से कहते हैं कि तुम ऐसे फूल हो, जिनमें फल नहीं लगेगा, जिससे वृक्ष का वंश-विस्तार असंभव है। तात्पर्य यह कि उन्होंने तो हिंदी कविता का विकास किया, जिस वसंत में नए कवि-सुमन खिल रहे हैं, उसे बुलाने वाले वही हैं, लेकिन इन नए कवियों से हिंदी कविता का विकास न होगा। निराला साफ कुछ नहीं कहते, सिर्फ प्रतीक्षा करने को कहते हैं। उनका विश्वास है कि वे कवि-सुमन सुमन ही रह जाएंगे, उनमें फल कदापि न लगेगा, जिससे वृक्षों की परंपरा चलती है।

कविता का अंतिम बंद सर्वाधिक उलझनभरा है, जिसके अर्थापन में त्रिलोचन और डा. शर्मा दोनों न केवल लड़खड़ा गए हैं बल्कि उसका बिलकुल उलटा-सीधा अर्थ किया है। कविता के पास सरल मन से विद्वान नहीं जाते, विद्वत्ता और वाग्मिता का सहारा लेने लगते हैं, तो कविता उनसे भी दूर चली जाती है और शेष रह जाता है केवल विद्वत्तापूर्ण वाग्जाल। ध्यान देने पर इस बंद के सही अर्थ तक पहुंचना कोई कठिन नहीं था लेकिन दुर्भाग्यवश किन्हीं विद्वान ने ध्यान नहीं दिया और वे पाठ से बिलकुल हटकर बातें करते रहे। प्रमाण के लिए विजेंद्र-संपादित 'ओर' का चौदहवां अंक देखा जा सकता है, साथ ही 'साहित्य-साधना' का द्वितीय खंड भी, जिसमें निराला की कला के विवेचन के क्रम में 'संवाद' शीर्षक लेख में यथास्थान इस कविता का संक्षेप में अर्थ बतलाया गया है।

नए लेखकों को यह कहने के बाद कि वे ऐसा फूल हैं, जिसमें फल लगने की संभावना नहीं है, निराला अब आक्रोश के मारे उनसे यह कहते हैं कि फल ही असली चीज है, तुम तो फूल हो, वह भी नकली—धागों को बांधकर रंगकर बनाया गया! ऐसा फूल फल की समकक्षता नहीं कर सकता। नकली फूल कागज, रुई, कपड़ा, धागा आदि अनेक चीजों से बनाया जाता है, बनाया जा सकता है। निराला ने इसी बात का यहां उपयोग किया है। यह नकली फूल 'सुदल सुरंग सुवास सुमन' और 'अलि के नव रस-रंग-राग' के व्यंग्य को पूरी तरह से स्फुट कर देता है। 'फल' का महत्व बतलाने के लिए निराला ने 'सर्वश्रेष्ट' के साथ फारसी के 'नायाब' शब्द का प्रयोग किया है, जो इस बात का सूचक है कि वे हर प्रकार की चिंता छोड़कर प्रयोग के लिए उन्हीं शब्दों को चुनते थे, जो अर्थ को उसकी अधिक से अधिक छायाओं के साथ अधिकतम मात्रा में अभिव्यक्त करते थे। वे उत्तर अज्ञेय को देते हैं, लेकिन जैसा कि कहा जा चुका है, शिवदान सिंह चौहान भी उन्हें भूले न थे। कविता के अंत में वे अपने आलोचकों को भी याद करते हैं और कहते हैं कि जैसे मेरा अवमूल्यन करने वाले नए लेखक नकली फूल हैं, वैसे ही मेरा आलोचक फल के भीतर रहने वाला वह बीज है, जिसकी कड़वाहट के चलते लोग उसे खाते नहीं, फेंक देते हैं! बीज से वृक्ष निकलता है, जिसका संकेत निराला ने ऊपर किया है लेकिन यहां वे बीज का उल्लेख एक त्याज्य वस्तु के रूप में

करते हैं, पूर्वोक्त रूप में नहीं। यह भी द्रष्टव्य है कि जैसे फूल के अंतर से फल निकलता है, वैसे ही फल के अंतर से बीज। लेकिन फल जहां मधुर होता है, वहां बीज कटु।

पूरी कविता पत्र, फूल, फल और बीज को लेकर लिखी गई है, जिसमें एक उत्कृष्ट संगति है। निराला में संगति का निर्वाह करने की विलक्षण क्षमता थी। इसमें उनकी तर्क-बुद्धि, संवेदना और कल्पनाशीलता तीनों का कमोबेश योगदान होता था। यह कविता भी उनकी उक्त क्षमता को प्रमाणित करती है।

3

पांच बंदों की इस कविता के आरंभिक तीन बंद ऐसे हैं, जिनमें मुख्यत: निराला का दु:ख उनके आक्रोश पर हावी रहता है। स्वभावत: उनकी उक्ति में एक गहराई होती है, कारुणिक प्रभाव डालने वाली, और स्वर व्यंग्यात्मक होता है। लेकिन उसके बाद उनके दु:ख पर उनका आक्रोश हावी हो जाता है और वे नए लेखकों से कहने लगते हैं कि तुम ऐसे फूल हो, जिसमें फल नहीं लगेगा; फिर यह कि तुम नकली फूल हो और मेरी आलोचना करने वाला फल का त्याज्य कटु बीज है! इससे कविता के अंतिम दो बंद कमजोर हो गए हैं। तर्क-योजना उनमें है, वह कविता की अन्विति बरकरार भी रखती है लेकिन यह सचाई है कि उनमें काव्योचित भावना गौण हो गई है और प्रत्याक्रमणमूलक तर्क प्रधान। इससे इन बंदों में सरसता की जगह तार्किकताजनित एक कर्कशता भी आ गई है।

आक्रोश की अतिशयता ने कवि को यथार्थ से भी हटा दिया है। क्या यह सच है कि अज्ञेय जैसे कवियों की काव्य-साधना हिंदी कविता में निष्फल हुई? क्या उन्होंने श्रेष्ठ काव्य नहीं रचा और हिंदी कविता का विकास नहीं किया? और निराला की आलोचना में जो कुछ कहा गया था क्या वह सब गलत था? क्या वे आलोचनाओं के परे थे? निश्चय ही ऐसा नहीं है, लेकिन क्रोध के आवेश में निराला ने सत्य को देखने और स्वीकार करने से बिलकुल इनकार किया। जब कविता में सत्य के स्थान में कोई दूसरी चीज प्रकट होगी, तो उसका मूल्य कम होना अनिवार्य है। आज हम निराला के साहित्यिक जीवन के एक प्रसंग की जानकारी के लिए भले इस कविता को पढ़ें, इसे महत्व दें, लेकिन इसमें नई पीढ़ी के लेखकों के बारे में उन्होंने जो कहा है, वह न तब सत्य था, न बाद में सत्य साबित हुआ। इस कारण इस कविता का उनकी श्रेष्ठ कविताओं में से एक न होना स्वाभाविक है। इस कविता की तुलना में उनकी 'मित्र के प्रति' कविता उनकी श्रेष्ठ कविताओं में से एक है क्योंकि उसमें छायावादी कविता या उसमें उनकी अपनी कविता की तरफ से जो कुछ कहा गया है, वह सत्य है। कविता में कवि नहीं, हमेशा सत्य ही महत्वपूर्ण होता है।

क्या विडंबना है कि पुरानी पीढ़ी और नई पीढ़ी के संघर्ष में दोनों सत्य को भुलाकर एक-दूसरे पर आक्रमण-प्रत्याक्रमण करती हैं। 1958-59 में जब नई कविता के कवियों द्वारा अज्ञेय की, जो उस समय तक नई धारा के कवि के रूप में पूर्णत: प्रतिष्ठित हो चुके थे, आलोचना होने लगी, तो उन्होंने जोरों से प्रतिक्रिया करते हुए उनसे कहा :

आ, तू आ,
हां, आ,
मेरे पैरों की छाप-छाप पर रखता पैर,
मिटाता उसे,
मुझे मुंह भर-भर गाली देता—
आ, तू आ

साथ ही

मेरी तो तुझे पीठ ही दीखेगी—क्या करूं कि मैं आगे हूं
और देखता भी आगे की ओर ?
....
....
मैं चला नहीं था पथ पर,
पर मैं चला इसी से
तुझको बीहड़ में भी ये पद-चिह्न मिले हैं . . .

मानना पड़ेगा कि यह 'मैं ही वसंत का अग्रदूत' से आगे की गर्वोक्ति है। इसकी प्रतिक्रिया होना स्वाभाविक था। नए कवियों में इसकी व्यापक प्रतिक्रिया हुई और उनकी तरफ से एक कवि ने एक कविता लिखकर यह कहते हुए अज्ञेय को उत्तर दिया :

हमें प्रतीक्षा न थी तुम्हारे आवाहन की
हम आए आवाहन के पूर्व ही
नए भिन्न पथ से, जो तुम्हें अज्ञात था
हमने नहीं रक्खे चरण तुम्हारे पद-चिह्नों पर . . .

और

आह ! यह हमारा दोष नहीं था
कि सूर्य की तरह अभिमानी होकर भी
तुम असमय अस्त हो गए।

'निराला इज ऑलरेडी डेड' और 'तुम असमय अस्त हो गए' में कितनी समानता है ! जिसने पहले निराला को मृत घोषित किया था, ठीक उसी तरह उसको भी अस्तंगत घोषित किया जा रहा है। जगदीश गुप्त ने 'नई कविता-5-6' के संपादकीय में अज्ञेय के नए कवियों पर गतानुगतिकता के आरोप को अस्वीकार करते हुए लिखा कि 'आज

की नई कविता किसी व्यक्ति विशेष की ही प्रेरणा से उद्भूत न होकर युग विशेष की आवश्यकता से उद्भूत है।' यह बात पूरी तरह सही थी और नई कविता पर ही नहीं, प्रत्येक युग की कविता पर लागू है। वसंत के अग्रदूत निराला ही क्यों, प्रसाद और पंत क्यों नहीं, जो उनसे पहले से छायावादी कविताएं लिखते और प्रकाशित कराते आ रहे थे? इसी तरह 1937 में निराला के बारे में जहां अज्ञेय का यह कहना गलत था कि साहित्यिक शक्ति के रूप में वे मृत हो चुके हैं, वहां 1958-59 में अज्ञेय के बारे में नए कवि का यह कहना भी कि वे अस्त हो चुके हैं। प्रतिक्रिया का आवेश सत्य को देखने से रोकता है। प्रश्न है कि 'सुमनों के प्रति' कविता में प्रतिक्रिया को छोड़कर क्या बच रहता है? यदि कुछ महत्व होगा, तो उसी का, वरना आधुनिक हिंदी कविता के इतिहास में यह कविता सिर्फ एक दिलचस्प प्रसंग के रूप में याद की जाएगी।

12. निराला की कविता और मार्क्सवाद

19 मार्च 1941 को निराला ने जानकीवल्लभ शास्त्री को एक पत्र में लिखा था, 'मैंने अत्याधुनिक धारा और *समाजवाद* का इधर कुछ अध्ययन किया है, कुछ लिख रहा हूं।' 'समाजवाद' से उनका मतलब है मार्क्सवाद से। इस दौरान वे मार्क्सवाद के साथ भारतीय कम्युनिस्ट पार्टी और प्रगतिशील लेखक संघ के संपर्क में भी आए। इस सबसे उनकी काव्य-संवेदना का प्रभावित होना स्वाभाविक था। लेकिन इसका यह अर्थ नहीं है कि इस कारण उन्होंने आध्यात्मिक भावधारा से अपना संबंध तोड़ लिया। इन दोनों को लेकर वस्तुत: उनके भीतर एक दुविधा या द्वंद्व की स्थिति बनी रही। इसका अच्छा आभास उनके द्वारा लिखी गई गिरिजाकुमार माथुर की पहली कविता-पुस्तक 'मंजीर' (1941) की भूमिका के इन शब्दों से मिलता है : 'हमारे काव्य-साहित्य में जो प्रश्न हल होने को हैं वे एक तरह के नहीं। हमारा समाजवाद भी एक सीमा में ही बंधा है, क्योंकि देश परतंत्र है। समाजवाद लिया जाए तो प्रश्न उठता है अध्यात्मवाद को कहां जगह मिलेगी? नग्नता को प्रश्रय देते हैं तो देश के संत-चरित्र सामने आकर खड़े हो जाते हैं। नए स्वरों की चीज अलापी जाती है तो पुराने गाने राग-रागिनियां देख-देखकर मुसकराते रहते हैं।' यही कारण है कि वे आध्यात्मिक और 'प्रगतिशील' दोनों तरह की रचनाएं साथ-साथ करते रहे। कभी उनकी ये भावधाराएं समानांतर बहती हैं, कभी एक-दूसरे को काटती हुई चलती हैं और कभी इन दोनों का जल आपस में मिलकर एक भी हो जाता है। ज्ञातव्य है कि उनमें आध्यात्मिकता और भौतिकता की जो परस्पर विरोधी चेतना मिलती है, वह वेदांत के लिए भले ही नई चीज हो लेकिन विवेकानंद में वह शुरू से मौजूद थी और अंतिम दिनों में तो बहुत बढ़ गई थी, जब उन्होंने अपने शिष्यों से कहा था कि मंदिर में घंटी डोलाना बंद करके गरीबों के बीच जाकर उनकी सेवा करो।

1941 के ही आरंभ में निराला ने 'कुकुरमुत्ता' शीर्षक कविता लिखी, जिसमें 'सर्वहारा-दर्शन' का उपहास किया। उसके पहले 'मास्को डाएलाग्स' शीर्षक कविता लिखकर वे 'सोशलिस्टों' का असली क्रांतिकारी चरित्र दिखला चुके थे। इन कविताओं से यह भ्रम न होना चाहिए कि मार्क्सवाद के प्रति उनका दृष्टिकोण सर्वथा नकारवादी ही था। नहीं, मार्क्सवाद या मार्क्सवादियों में जो गलत रुझान था, बड़े व्यापक रूप में, या उनमें जो मात्र दिखावा था, वे उसका विरोध कर रहे थे। मार्क्सवाद अपने साथ समाज और उसके इतिहास की जो नई समझ लाया था, उसकी अनेक बातें उन्हें सकारात्मक लगती थीं। इस दौर में उन्होंने उन्हीं का प्रभाव लेकर कुछ कविताएं लिखीं, जो काव्यत्व की दृष्टि से भी एक नएपन से युक्त होने के कारण यहां विचारणीय हैं।

उसके पहले 'बेला' के कुछ ऐसे गीतों और गजलों को ध्यान में लाना जरूरी है, जो असंदिग्ध रूप से निराला की 'प्रगतिशीलता' का पता देती हैं।

सर्वप्रथम हम 'बेला' के उन दो गीतों को देखें, जो दार्शनिक किस्म के गीत हैं। वे हैं : 'मिट्टी की माया छोड़ चुके / जो, वे अपना घट फोड़ चुके' और 'बाहर मैं कर दिया गया हूं। भीतर, पर भर दिया गया हूं'। पहले गीत में 'मिट्टी की माया' यह भौतिक जगत है। निराला कहते हैं, जो उस माया से मुक्त हो गए, उनका काम तमाम हो गया। आगे वे धरती को छोड़कर आकाश में आध्यात्मिक उड़ान भरने को निस्सार बतलाते हैं। उनके शब्द हैं : 'नभ की सुदूरता से ऊंचे/जीवन के क्षण अब हैं छूंछे'। फिर जैसे वे निर्णायक स्वर में कहते हैं :

> जो रूप-मोह से हुआ दूर,
> जो युद्ध जीतकर हुआ शूर,
> उनकी मानवता से दानव
> अपना जीवन-क्रम जोड़ चुके।

यह अरूप का गायक कह रहा है कि रूप के मोह से मुकत होने वाले व्यक्ति की मानवता दानवता में परिणत हो जाती है! इसी तरह दूसरे गीत में, जिसका हिंदी में गलत अर्थ लगाया जाता रहा है, निराला यह कहते हैं कि मैं आत्मा की दुनिया से निकलकर भौतिक जगत में आ गया हूं, लेकिन इससे भीतर से खाली नहीं हुआ, और संपन्न हुआ हूं! उनके ये शब्द स्मरणीय हैं, जिनमें उन्होंने कहा है कि जो भीतर है, वही बाहर है और जो बाहर है, वही भीतर; इन दोनों में कोई फर्क या विरोध नहीं और मैं इस ज्ञान की प्राप्ति के बाद अनश्वर हो गया हूं : 'भीतर, बाहर; बाहर, भीतर; देखा जबसे, हुआ अनश्वर'। इसी दर्शन के परिणामस्वरूप उन्होंने शोषित-पीड़ित जनगण, वर्ग संघर्ष, क्रांति, राष्ट्रीयकरण आदि की बातें करना शुरू किया। 'वेश-रूखे, अधर-सूखे' गीत में वे 'पेट-भूखे' लोगों से कहते हैं :

> तिमिर ने जब घेरकर
> तुमको प्रकाश हरा तुम्हारा,
> इस धरा के पार खोला द्वार
> कृति ने विश्व हारा;
> जग गई जनता, हुए लुंठित
> मुकुट, जीवन सुहाए।

'इस धरा' से मतलब है भारत से और 'द्वार खोलने' से मतलब है क्रांति करने से। यह रूसी क्रांति की तरफ स्पष्ट संकेत है। आगे की पंक्तियों में वे क्रांति का दृश्य उपस्थित करते हैं, बहुत ही गर्व के साथ :

प्यास पानी से बुझाने को
बुझाई रक्त से जब,
आंख से आया लहू,
लोहा बजाया शक्त से जब,
रुंडमुंडों से भरे हैं खेत
गोलों से बिछाए।

'बेला' की एक गजल 'चढ़ी हैं आंखें जहां की' में भी वे कहते हैं कि शोषित-पीड़ित जनगण क्रोध में आ गए हैं। वे जो ऊपर हैं उन्हें नीचे ले आएंगे और जो आगे बढ़े हुए हैं,उन्हें परास्त कर बेहतर ढंग से समाज की रचना करेंगे। इसके शुरू के दो शेर देखने लायक हैं :

चढ़ी हैं आंखें जहां की, उतार लाएंगी।
बढ़े हुओं को गिराकर संवार लाएंगी।
समाज ने सर उठाया है, राज़ बदला है,
सलास वे पतझर से बहार लाएंगी।

'किनारा वह हमसे' गजल का यह शेर काफी प्रसिद्ध है, जिसमें निराला ने घोषणा की है कि उन पर यह रहस्य प्रकट हो चुका है कि समाज का जो प्रभुत्वशली वर्ग है, वह शोषण पर टिका हुआ है : 'खुला भेद, विजयी कहाए हुए जो,/लहू, दूसरे का पिए जा रहे हैं।' इस काल में 'समी' अर्थात 'समता का भाव' को लेकर वे कितने उत्साह में थे, यह देखने के लिए चार शेरों की उनकी यह पूरी गजल देखनी चाहिए :

नए विचार के संसार में आया है समी।
सही, चढ़ाव को उतार से लाया है समी।
पड़े थे पैरों-तले जो उन्हें किया है खड़ा,
शरीर कैसा कि रग-रग में समाया है समी।
शराब लोहे की ऐसी पिलाई है उसने,
कि चांदी-सोने की भी आंखों को भाया है समी।
तरंगें और बढ़ीं और उमंगें और आईं,
जवानो, आज बुड्ढे-बुड्ढे पर छाया है समी।

तीसरे शेर में 'लोहा' और 'चांदी-सोना' का विरोध दिलचस्प है। 'चांदी-सोने' की आंखें यानी संपन्न वर्ग की आंखें। तात्पर्य यह कि समता अथवा साम्य के भाव का ऐसा प्रचार हुआ है कि इस वर्ग को भी वह अच्छा लगने लगा है। यह उस भाव की विजय भी है और इसमें स्थिति पर थोड़ा व्यंग्य भी है। 'किनारा वह हमसे' गजल की तरह 'भेद कुल खुल जाय वह' गजल का यह शेर भी बहुत प्रसिद्ध है जिसमें निराला पुनः

रहस्य जान लेने की बात कहते हैं, साथ ही यह कि मिलमालिकों अर्थात उद्योगपतियों की पूंजी पर अधिकार किए बगैर देश की तरक्की नहीं हो सकती : 'भेद कुल खुल जाय वह सूरत हमारे दिल में है।/देश को मिल जाय जो पूंजी तुम्हारी मिल में है।'

अंत में मैं 'बेला' की सर्वाधिक चर्चित प्रगतिशील कविता 'जल्द-जल्द पैर बढ़ाओ' के संबंध में कुछ निवेदन करना चाहता हूं, अपनी पुस्तक 'यथाप्रसंग' की एक टिप्पणी 'निराला और कम्युनिस्ट पार्टी' के कुछ अंशों के उद्धरण के माध्यम से। वे अंश हैं :

'1945 का साल था। भारतीय कम्युनिस्ट पार्टी ने ढाई लाख के कोष-संग्रह के लिए अपील जारी की थी। निराला उन दिनों इलाहाबाद में रह रहे थे। वे इस पार्टी के इलाहाबाद जिला-दफ्तर में आए और जिला-सचिव जियाउल हक को चंदे के रूप में दस रुपए देते हुए उनसे कहा कि ये पार्टी के लिए भेज दो, बाकी दो-चार दिन बाद दूंगा। जिला-सचिव ने उनसे पार्टी के लिए संदेश की याचना की, तो उन्होंने ये वाक्य लिखवाए : 'तुम्हारी पार्टी के लिए मेरे हृदय में अपार श्रद्धा है। कम्युनिज्म के बिना, उद्योग-धंधों के राष्ट्रीयकरण और विकास की सबको समान सुविधा के बिना, देश की जनता का उद्धार नहीं हो सकता। कम्युनिस्ट पार्टी इन उद्देश्यों के लिए लड़ती है, इसलिए मैं उसके साथ हूं।'

'यह वह जमाना था, जबकि 'भारत छोड़ो आंदोलन' के बाद देश में कम्युनिस्ट-विरोधी प्रचार जोरों पर था। कम्युनिस्टों को राष्ट्रीय स्वाधीनता का विरोधी ही नहीं, देशद्रोही तक कहा जा रहा था। इसी प्रसंग में निराला ने आगे लिखवाया : 'मुझे झगड़ा-झंझट और फूट पसंद नहीं है। आजकल जो लोग कम्युनिस्ट-विरोध का नारा उठाए हुए हैं, वे देश के लिए अच्छा नहीं कर रहे हैं। मैं आशा करता हूं, तुम्हारी पार्टी के तथा अन्य समझदार लोगों के प्रयत्न से यह झगड़ा मिट जाएगा और हमारा देश एक और अजेय देश हो जाएगा।' ('लोकयुद्ध', 3 जून 1945) लक्ष्य करने योग्य है कि निराला ने न केवल कम्युनिस्टों को देशद्रोही नहीं माना, बल्कि राष्ट्रीय प्रगति और राष्ट्रीय एकता के लिए उनके महत्व को असंदिग्ध रूप से स्वीकार किया।

'उक्त घटना के कुछ दिनों बाद उन्होंने इलाहाबाद के प्रसिद्ध कम्युनिस्ट बुद्धिजीवी और कार्यकर्ता श्रीकृष्ण दास को एक कविता दी और उनसे कहा : 'मैं स्वयं गरीब हूं। तुम गरीबों के हिमायती हो। इसीलिए मेरा-तुम्हारा साथ है। अपनी पार्टी के पास मेरी यह कविता पहुंचा दो। यही मेरा संदेश है।' बाद में 'लोकयुद्ध' में उनकी वह कविता 'संदेश' शीर्षक से ही प्रकाशित हुई। अब वह उनके कविता-संग्रह 'बेला' में संकलित है। कविता अत्यंत मार्मिक है, इसलिए उस पर दृष्टिपात करना उपयोगी होगा।

' 'संदेश' शीर्षक कविता 'जल्द-जल्द पैर बढ़ाओ, आओ, आओ' से शुरू होती है और तीन बंदों में समाप्त होती है। गौर करने पर पता चलता है कि निराला ने इन तीनों बंदों में तीन बातें कही हैं और तीनों बातों में कम्युनिस्ट पार्टी की भूमिका को अहम माना

है। यह निर्विवाद है कि भारतीय क्रांति की पहली मंजिल जनवादी होगी, जिसमें सामंती सामाजिक और आर्थिक शोषण को अंतिम रूप से समाप्त कर दिया जाएगा। सामंती व्यवस्था ने देश को विभिन्न जातियों में विभाजित कर रखा है और विशेषत: अनुसूचित जातियों को अपना आहार बनाया है। निराला कल्पना करते हैं कि समाज के दबे-कुचले लोग ही कम्युनिस्ट पार्टी के नेतृत्व में संगठित होकर देश के नए भविष्य का निर्माण करेंगे। 'एक पाठ पढ़ेंगे, टाट बिछाओ'—पाठ होगा एकता का और जिस टाट पर बैठकर शोषित-पीड़ित जातियां वह पाठ पढ़ेंगी, वह टाट कम्युनिस्ट पार्टी बिछाएगी! निराला का स्वप्न था कि अमीरों की हवेली हवेली न रह जाएगी और उसमें अपढ़ किसानों के लिए पाठशाला खुल जाएगी। स्पष्टत: उन्होंने यहां अनुसूचित जातियों और किसानों को एक सूत्र में बांधा है, जातीय भेद-भाव के आधार पर दोनों के बीच कोई दरार नहीं डाली। निराला की वर्ग-भावना में जाति, किसान और खेत-मजदूर इसी तरह घुले-मिले थे।

'कविता के दूसरे बंद में निराला का ध्यान शहर पर गया है और उसमें उन्होंने उन सेठों को याद किया है, जो अपने व्यापारिक कारोबार से जन-साधारण का शोषण करते हैं। यहां उन्होंने दो खास बातें कही हैं। एक तो यह कि शहर के सेठ-साहूकार जिन लोगों का शोषण करते हैं, उन्हीं के बल पर उनकी अकड़ चलती है और दूसरी यह कि अपनी अकड़ में वे यह नहीं देख पाते कि वही लोग एक दिन विद्रोह कर देंगे तो उनकी सारी हेकड़ी निकल जाएगी। निराला कम्युनिस्ट पार्टी का आह्वान करते हैं कि वह सेठों की तिजोरी को किसानों के बैंक में बदल दे। कविता के अंतिम बंद में उन्होंने साफ शब्दों में कहा है कि राष्ट्र की संपूर्ण संपत्ति पर राष्ट्र का ही स्वामित्व होना चाहिए, व्यक्ति-विशेष या वर्ग-विशेष का नहीं। सारी संपत्ति राष्ट्र की और सारी विपत्ति भी राष्ट्र की! इस तरह उन्होंने देश की जनता के लिए एक नई जातीयता और राष्ट्रीयता की आकांक्षा की। लेकिन उन्हें इस बात का पता था कि इस आकांक्षा की पूर्ति बिना वर्ग संघर्ष के संभव नहीं है। वर्ग संघर्ष में सत्ताधारी वर्ग बड़े पैमाने पर हिंसा का प्रयोग करता है। वे न वर्ग संघर्ष से विमुख होने वाले थे और न आवश्यक होने पर हिंसा से। कविता की ये अंतिम पंक्तियां यह मार्मिक संदेश देती है—'वाद से विवाद यह ठने,/ कांटा कांटे से कढ़ाओ।' वाद-विवाद का मतलब है वर्ग संघर्ष, कांटे से कांटा निकालने का मतलब है शक्ति-प्रयोग का उत्तर शक्ति-प्रयोग से देकर सत्ता पर कब्जा कर लेना!....

'यह कविता निराला की विचारधारा का परिचय देने के क्रम में हिंदी आलोचना में बार-बार उद्धृत हुई है। इसका दुष्परिणाम यह हुआ है कि विद्वानों से लेकर पाठकों तक का ध्यान इसकी विषय-वस्तु से ही उलझा रहा है। असलियत यह है कि यह कविता एक ऐसी गीतात्मक लय में रची गई है, जो कम्युनिस्ट पार्टी के प्रति निराला की गहरी ममता और प्यार की सूचना देती है। लय की दृष्टि से संपूर्ण कविता का विश्लेषण करने

की जरूरत नहीं है। टेक की पंक्ति पर ध्यान केंद्रित करना ही काफी है 'जल्द-जल्द पैर बढ़ाओ' यह पंक्ति खास लय के साथ शुरू होती है और यति के बाद आगे खास मंथर लय में ही 'आओ' शब्द की दो बार आवृत्ति होती है। फिर तो पूरी कविता ममता और प्यार की उसी लय में मस्ती के साथ आगे बढ़ती चलती है और पाठकों को बहुत प्रभावशाली ढंग से अपनी गिरफ्त में ले लेती है।'

इस गीत के लगभग समानांतर निराला ने कुछ ऐसी कविताएं लिखीं, जिन पर मार्क्सवाद का स्पष्ट प्रभाव दिखलाई पड़ता है। वे कविताएं उनके कविता-संग्रह 'नए पत्ते' में संकलित हैं और उनके शीर्षक : 'थोड़ों के पेटे में बहुतों को आना पड़ा', 'राजे ने अपनी रखवाली की', 'दगा की', 'चर्खा चला' और 'तारे गिनते रहे'।

मार्क्स ने पूंजीवाद को मानव-सभ्यता का विकास माना था क्योंकि इसमें बड़े पैमाने पर उत्पादन होता है, उत्पादन का चरित्र सामाजिक हो जाता है, श्रमिक और श्रम दोनों स्वतंत्र हो जाते हैं, यानी श्रमिक के शरीर पर किसी का अधिकार नहीं रहता और वह कहीं भी जाकर अपना श्रम बेच सकता है, लेकिन पूंजीवाद के चरित्र का गहराई से अध्ययन कर उन्होंने यह भी घोषित किया था कि उसमें मनुष्य द्वारा मनुष्य के शोषण का अंत नहीं होता, बल्कि उसके नए-नए तरीके निकल आते हैं और वह और भयावह हो उठता है। 'थोड़ों के पेटे में बहुतों को आना पड़ा' शीर्षक कविता में निराला इसी सत्य को बहुत ही नंगे और तीखे रूप में रखते हैं। पूरी कविता इस तरह से है :

धूहों और गुफाओं और पत्थरों के घरों से
आजकल के शहरों तक, दुनियां ने चोली बदली।
बिजली और तार और भाप और वायुयान
उसके वाहन हुए!
जान खींची खानों से
कल और कारखानों से।
रामराज के पहले के दिन आए।
बानिज के राज ने लछमी को हर लिया
टापू में ले चलकर रखा और कैद किया।
एक का डंका बजा,
बहुतों की आंख झपी।
लहलही धरती पर रेगिस्तान जैसा तपा।
जोत में जल छिपा,
धोखा छिपा, छल छिपा;
बदले हुए दिमाग बढ़े,
गोल बांधे, घेरे डाले,
अपना मतलब गांठा,

फिर आंखें फेर लीं।
जाल भी ऐसा चला
कि थोड़ों के पेटे में बहुतों को आना पड़ा।

यह विचार-कविता का बहुत अच्छा उदाहरण है, जिससे विचार ही संवेदना बन गया है। पूरी कविता एक सांस में लिखी गई है, जिससे इसमें एक तनाव भरा हुआ है। इसके अलावा स्वाभाविक रूप से इसमें निराला का स्वर तीखा या कड़वा हो गया है।

आरंभिक पंक्तियों में वे मानव-सभ्यता के विकास की ओर संकेत करते हैं। बतलाते हैं कि कैसे मनुष्य दूहों, गुफाओं और पत्थरों से घेरकर बनाए गए घरों से आज की इमारतों वाले शहरों तक पहुंचा है। यह दुनिया का कायापलट है, जिसके लिए चोला बदलना इस मुहावरे का प्रयोग सटीक है, लेकिन वे कहते हैं, 'दुनिया ने चोली बदली'। दुनिया चूंकि स्त्रीलिंग शब्द है, इसलिए पूरे विकास पर व्यंग्य करते हुए उन्होंने 'चोला' को 'चोली' कर दिया है। आगे वे इस विकास के मूल में वैज्ञानिक प्रगति की स्थिति मानते हुए यह कहते हैं कि बिजली, तार, भाप तथा वायुयान उसके वाहक बने और खानों, मशीनों तथा कारखानों के फैलाव से उसने जीवनीशक्ति प्राप्त की। पहली और तीसरी पंक्तियों में उन्होंने पांच बार 'और' शब्द का प्रयोग किया है, जिससे उनके कथन की गति की क्षिप्रता का बोध होता है। वे बहुत कम समय में बहुत बातें कह डालना चाहते हैं, जबकि शब्द कुछ ज्यादा ही खर्च किए जा रहे हैं।

पूंजीवाद के इस विकास का यह परिणाम हुआ कि रामराज के पहले के यानी कुराज के दिन आ गए। ऐसा कहने के पीछे समझ यह है कि पूंजीवाद का संकट जब गहरा होता है, तभी समाजवाद अस्तित्व में आता है। इस तरह अभी का समय पूंजीवाद के संकट का यानी समाजवाद के पहले का है। ध्यातव्य है कि निराला समाजवाद को 'रामराज' कहकर अभिहित करते हैं। पूंजीवादी देशों में उत्पादन बहुत ज्यादा बढ़ गया, तो उसकी खपत के लिए उन्होंने दूसरे कमजोर और पिछड़े देशों को अपना उपनिवेश बनाना शुरू कर दिया। इसे निराला ने 'बानिज का राज' कहा है। 'रामराज' शब्द के प्रयोग का यह परिणाम हुआ है कि उन्हें रामायण-काल की लंका याद आ गई है, जहां रावण ने सीता का हरण कर उन्हें कैद में रखा था। 'बानिज के राज ने लछमी को हर लिया'। वे जैसे आम जनता को पूंजीवादी शोषण और उपनिवेशवाद से परिचित कराना चाहते हैं। इसीलिए 'बानिज' और 'लछमी' शब्द का प्रयोग करते हैं। 'लछमी' शब्द के प्रयोग से उनके हृदय की पीड़ा भी प्रकट होती है। 'लक्ष्मी' शब्द के प्रयोग में यह बात न होती। यहां तद्भव तत्सम से अधिक अर्थसंपन्न है। यही भाषा की लीला है, जिसे समझे बगैर कोई श्रेष्ठ कवि नहीं हो सकता। दूसरे, उन्होंने लंका के स्थान पर 'टापू' शब्द का प्रयोग किया है, जिसका पौराणिक संदर्भ है, तो आधुनिक भी। आधुनिक संदर्भ यह है कि जो सर्वाधिक विकसित पूंजीवादी राष्ट्र था और जिसके उपनिवेश

सबसे अधिक थे, यानी ग्रेट ब्रिटेन, वह भी एक टापू है। इस तरह निराला की उक्ति दोतरफा अर्थ रखती है। वे औपनिवेशिक शोषण, आवश्यकता से अधिक उत्पादन, पूंजीवाद और औद्योगिक प्रगति इन सबों का आपसी संबंध समझते हैं, मार्क्सवाद के अपने ज्ञान के आधार पर, और जनसाधारण को उसके बारे में समझाना चाहते हैं, यह बात इस कविता में बहुत प्रत्यक्ष है। यह बड़ी बात भी है क्योंकि इस दौर में उनकी चिंता कविता में सिर्फ सांस्कृतिक और सौंदर्यात्मक मूल्यों की प्रतिष्ठा की चिंता नहीं थी बल्कि उससे बड़ी चिंता थी—पूरे समाज की चिंता। आधुनिक भारत के इतिहास में शायद वैसा सजग दौर उसके बाद फिर नहीं आया है।

पूंजीवाद का उपनिवेशवाद के रूप में विकास हुआ, तो उसका अंजाम किस रूप में सामने आया? 'एक का डंका बजा,/बहुतों की आंख झपी', यानी एक राष्ट्र जगता रहा, उसका जय-जयकार होता रहा और ढेर सारे राष्ट्र नींद में चले गए, यानी उन्हें गुलाम बना लिया गया। स्थिति की विडंबना यह है कि डंके की आवाज में ज्यादा लोग सोते रहे! गुलामी का अनिवार्य परिणाम यह हुआ कि लहलहाती हुई धरती रेगिस्तान की तरह तप उठी, हरे-भरे देश के देश उजाड़ हो गए। जब किसी देश को गुलाम बनाया गया, तो उपनिवेशवादियों ने यह कहा कि वे उसे सभ्य-सुसंस्कृत बनाने और उसकी गरीबी दूर करने के लिए आए हैं। निराला कहते हैं, यह धोखा और छल था—मृगमरीचिका, जिसमें तेज धूप बहते हुए जल के समान दिखलाई पड़ती है। इससे पूंजीवाद का चमक-दमक वाला रूप भी प्रत्यक्ष होता है, जिससे जनता का कोई हित नहीं होता। वैज्ञानिक प्रगति से पूंजीवादियों के बदले हुए दिमाग अपने पक्ष में और सक्रिय हो उठे। उपनिवेशवादी राष्ट्रों ने आपस में सांठ-गांठ और गिरोहबंदी करके गरीब राष्ट्रों के खिलाफ घेरेबंदी की और इस तरह उन्हें पराधीन बनाया। औपनिवेशिक शोषण का यह हाल रहा कि उन्होंने उन्हें लूटा, अपना स्वार्थ साधा और फिर उनकी तरफ से आंखें फेर लीं, यानी उनके हित की कोई परवाह नहीं की।

अंत में निराला एक बहुत ही सटीक और विराट रूपक का प्रयोग करते हुए कहते हैं कि उपनिवेशवादी राष्ट्रों ने ऐसा जाल फेंका कि 'थोड़ों के पेटे में बहुतों को आना पड़ा।' एक राष्ट्र ने अनेक राष्ट्रों को हड़प लिया। उन्होंने जाल के साथ 'फेंकने' क्रियापद का प्रयोग न करके 'चलने' क्रियापद का जानबूझकर प्रयोग किया है क्योंकि इसमें अधिक ताकत है। दूसरे, 'पेटा' शब्द का प्रयोग भी असाधारण है। 'पेटा' जानवरों की अंतड़ी को कहते हैं। यह एक शब्द औपनिवेशिक शोषण की व्यापकता को भी स्पष्ट कर देता है और उसकी क्रूरता तथा वीभत्सता को भी। इस तरह यह कविता ऐतिहासिक भौतिकवाद को कवि द्वारा आत्मसात कर लिखी गई एक कविता है।

'राजे ने अपनी रखवाली की' उपर्युक्त कविता की तुलना में निराला की अधिक लोकप्रिय कविता है। यह इस प्रकार है :

राजे ने अपनी रखवाली की :
किला बनाकर रहा :
बड़ी-बड़ी फौजें रखीं।
चापलूस कितने सामंत आए
मतलब की लकड़ी पकड़े हुए।
कितने ब्राह्मण आए
पोथियों में जनता को बांधे हुए।
कवियों ने उसकी बहादुरी के गीत गाए,
लेखकों ने लेख लिखे,
ऐतिहासिकों ने इतिहासों के पन्ने भरे,
नाट्यकलाकारों ने कितने नाटक रचे,
रंगमंच पर खेले।
जनता पर जादू चला राजे के समाज का।
लोक-नारियों के लिए रानियां आदर्श हुईं।
धर्म का बढ़ावा रहा धोखे से भरा हुआ।
लोहा बजा धर्म पर, सभ्यता के नाम पर।
खून की नदी बही।
आंख-कान मूंदकर जनता ने डुबकियां लीं।
आंख खुली—राजे ने अपनी रखवाली की।

निराला की यह कविता भी बहुत वेग से भरी हुई है। शिल्प भी पिछली कविता वाला ही है। उसमें पूंजीवाद का पर्दाफाश किया गया है, तो इसमें राजा के वर्गीय चरित्र का। दोनों की कविताओं में जैसे रहस्य अंत में खुलता है। इसके साथ यह बात भी है कि यह कविता भी कवि के ऐतिहासिक भौतिकवाद के ज्ञान पर ही आधारित है, जिसमें सामंतवाद और राजतंत्र की असलियत उजागर की गई है।

'राजे ने अपनी रखवाली की' यह पंक्ति कविता के शुरू में भी आती है लेकिन यहां वह बात शुरू करने के लिए है। रहस्योद्घाटन तो अंत में होता है, जहां निराला कहते हैं—'आंख खुली—राजे ने अपनी रखवाली की'। 'राजा' की जगह 'राजे' शब्द का प्रयोग केवल उसे संस्कृत से हिंदी बना लेने के कारण नहीं है, बल्कि इसमें राजा के प्रति थोड़ा अनादर का भाव भी है। क्यों? इसलिए कि वह दुहाई देता रहा प्रजा के कल्याण या धर्म की रक्षा की लेकिन लगा रहा वस्तुतः आत्मरक्षा में। 'राजे' शब्द 'राजा' के परंपरागत प्रभामंडल को पूरी तरह से ध्वस्त कर देता है।

बड़े-बड़े किले और बड़ी-बड़ी फौजें ये सब लोककल्याणकारी राज्य या उसकी प्रजा की सुरक्षा के लिए नहीं बल्कि अपनी सुरक्षा के लिए राजाओं ने खड़े किए थे। एक राजा के अधीन अनेक सामंत होते थे। वे सब उसकी खुशामद में लगे रहते थे, अपनी

स्वार्थसिद्धि के लिए। निराला की अनावरण भाषा देखने लायक है : 'मतलब की लकड़ी पकड़े हुए'। सामंतों के साथ पंडित वर्ग, फिर कविगण, लेखक, इतिहासकार और नाट्यकर्मी। इन सबों ने राजा की चापलूसी में क्या-क्या नहीं किया। पंडितों ने अपने ग्रंथों में ऐसे नियमों की रचना की, जो जनता को पराधीन बनाने वाले थे और कवियों ने प्रशस्ति-काव्य की परंपरा चला दी, जिसमें कायर राजाओं को भी इंद्र की तरह योद्धा बतलाया गया। ऐसे ही कवियों के बारे में तुलसीदास ने कहा था कि 'कीन्हें प्राकृत जन गुन गाना। सिर धुनि गिरा लगत पछिताना।' लेखक भी पीछे न रहे। उन्होंने भी राजा की स्तुति में लेख लिखे। इसी तरह इतिहासकारों ने उसके लिए झूठा इतिहास रचा और नाट्यकलाकारों ने नाटक लिखे और खेले।

इस सबका परिणाम यह हुआ कि जनता भ्रमित हुई और वह राजा और उसके लोगों को आदर्श मानने लगी। निराला के शब्दों में, 'जनता पर जादू चला राजे के समाज का'। इसका एक ठोस प्रमाण तो यह है कि रानियां चाहे कैसी भी रही हों, कितनी भी विलासिनी, वे लोक की सभी स्त्रियों के लिए आदर्श के रूप में मान्य हुईं। राजाओं ने जनता के बीच यह प्रचारित किया कि वे दूसरे राज्यों या देशों पर उनमें अपने धर्म को फैलाने के लिए आक्रमण कर रहे हैं, जबकि सचाई यह थी कि उनका असली उद्देश्य अपने राज्य का विस्तार करना था। यह राज्य-विस्तार बिना युद्ध के संभव न था। राजाओं ने युद्ध का कारण धर्म को बतलाया और चूंकि धर्म ही सभ्य बनाता था, इसलिए सभ्यता को लेकिन उन्हें धर्म और सभ्यता से कुछ लेना-देना नहीं था। ऊपर 'लकड़ी' का जिक्र आ चुका है। यहां निराला कहते हैं, 'लोहा बजा धर्म पर, सभ्यता के नाम पर'। पाठक मानेंगे, यह बहुत ही नंगी और बेलौस भाषा है, बावजूद इसके कि युद्ध करने के लिए 'लोहा बजाना' इस प्रचलित मुहावरे का इस्तेमाल किया गया है। मुहावरे भाषा का इस कदर अंग बन जाते हैं कि अभिधेयात्मक शब्दों और उनमें कोई फर्क नहीं रह जाता। एक बात यह भी कि मुहावरों का ज्यादा प्रयोग जनसाधारण ही करता है। युद्ध में खून की नदियां बहीं। उनमें किसने डुबकियां लगाईं? जनता ने क्योंकि वही युद्ध लड़ती है। चूंकि उसे राजाओं के छिपे हुए उद्देश्य का ज्ञान नहीं, उसने आंख-कान मूंदकर यानी अंधी और बहरी होकर उनकी तरफ से लड़ाई लड़ी। उसके विरुद्ध उसने न कुछ देखा, न सुना। इसका श्रेय तो मार्क्सवाद को है कि उसने दुनिया में इस ज्ञान का प्रचार किया कि राजाओं को धर्म या सभ्यता से कुछ मतलब नहीं था, वे तो वस्तुत: अपनी सुरक्षा में लगे हुए थे।

यह नया तत्व-ज्ञान था, जो निराला को इस दौर में प्राप्त हुआ था। उन्होंने सामंतों, ब्राह्मणों, कवियों, लेखकों, इतिहासकारों और नाट्यकर्मियों सबों पर व्यंग्य करते हुए उसे इस कविता में रखा। कविता के उत्तरार्द्ध में उन्होंने राजाओं की संस्कृति के प्रभुत्वशाली होने की बात तो कही ही, खास तौर से उनके द्वारा धर्म का इस्तेमाल किए जाने के तथ्य

को अनावृत्त किया। अंत में उन्होंने इस बात पर भी क्षोभ प्रकट किया है कि जनता बिना समझे-बूझे राजाओं के हित के युद्ध में कटती-मरती रही। अंतिम पंक्ति में आंख खुलने वाली जो बात है, उसे उसके ऊपर की पंक्ति में कही गई आंख मूंदने वाली बात से जोड़कर देखना चाहिए।

'दग़ा की' शीर्षक कविता में निराला ने अपना ध्यान साधारण जन पर केंद्रित किया है और पूरी सभ्यता ने उसके साथ जो धोखा किया है, उसका चित्रण करते हुए उस पर टिप्पणी की है। 'दग़ा की इस सभ्यता ने दग़ा की' यह वस्तुतः एक चीत्कार है, जो उनके कंठ से निकलता है। ऐसा चीत्कार उन्होंने अपनी किसी दूसरी कविता में नहीं किया। नीचे पूरी कविता दी जा रही है, जो इस शृंखला की उनकी सर्वश्रेष्ठ कविता है :

चेहरा पीला पड़ा।
रीढ़ झुकी। हाथ जोड़े।
आंख का अंधेरा बढ़ा।
सैकड़ों सदियां गुज़रीं।
बड़े-बड़े ऋषि आए, मुनि आए, कवि आए,
तरह-तरह की वाणी जनता को दे गए।
किसी ने कहा कि एक तीन हैं,
किसी ने कहा कि तीन तीन हैं।
किसी न नसें टोईं, किसी ने कमल देखे।
किसी ने विहार किया, किसी ने अंगूठे चूमे।
लोगों ने कहा कि धन्य हो गए।
मगर खंजड़ी न गई।
मृदंग तबला हुआ,
वीणा सुर-बहार हुई।
आज पियानो के गीत सुनते हैं।
पौ फटी।
किरनों का जाल फैला।
दिशाओं के होंठ रंगे
दिन में, वेश्याएं जैसे रात में।
दग़ा की इस सभ्यता ने दग़ा की।

चेहरा पीला पड़ा हुआ, रीढ़ झुकी हुई, हाथ जुड़े हुए और आंखों का अंधेरा बढ़ा हुआ— यह है उस साधारण जन की तसवीर, जिसमें सभ्यता के विकास से कोई फर्क नहीं पड़ा है। उसे सबों ने उलझाया है, सबों ने छला है। किसी ने एक तरह से और किसी ने दूसरी

तरह से। बड़े-बड़े ऋषि, मुनि और कवि उसे तरह-तरह की वाणी सुनाते रहे। किसी ने कहा कि शरीर, मन और आत्मा ये तीनों एक हैं और किसी ने कहा कि नहीं, ये तीनों एक दूसरे से अलग और स्वतंत्र हैं। न्यूयार्क में दिए गए अपने 'वास्तविक और व्यावहारिक मनुष्य' शीर्षक व्याख्यान में विवेकानंद ने कहा था : 'मनुष्य का शरीर, मन और आत्मा—ये क्या तीन विभिन्न वस्तुएं हैं अथवा एक के भीतर ही तीन हैं, अथवा ये सब एक ही सत्ता की तीन विभिन्न अवस्थाएं हैं ?' निराला ने यहीं से तीन एक हैं और तीन तीन हैं वाली बात ली है। आगे वे कहते हैं कि किसी ने जनता की नसें टटोलीं और किसी ने उसके कमल देखे। ये योग और उसके चक्रों की बातें हैं। विदित है कि प्रत्येक चक्र की कल्पना अलग-अलग दलों वाले कमल के रूप में की गई है। बात यहीं तक नहीं रुकी। किसी ने जनता को मित्र बनाकर उसके साथ विहार किया और किसी ने उसे अपना प्रभु बतलाकर उसकी खुशामद की। ये दोनों ही दो प्रकार के छल थे, जिनका शिकार उसे बनाया गया। भोली-भाली जनता ने चूंकि इसे समझा नहीं, इसलिए वह अपने प्रति प्रदर्शित मित्रता और स्तुति के भाव से प्रसन्न होती रही, अपने को धन्य मानती रही।

जनता की वास्तविक स्थिति पर निराला ने कविता के उत्तरार्द्ध में प्रकाश डाला है। कहते हैं, सभ्यता के विकास के साथ उसकी स्थिति में कोई परिवर्तन न हुआ। खंजड़ी, जो लोकसंस्कृति की प्रतीक है, खंजड़ी ही रही, जबकि ऊपर के वर्गों के वाद्ययंत्रों में भारी परिवर्तन घटित हुआ। मृदंग तबला हो गया और वीणा सुरबहार। आज नया वाद्ययंत्र आ गया है—पियानो, जिस पर गाए जाने वाले गीत उन वर्गों के लोग सुनते हैं। यह है सभ्यता का सुप्रभात। निराला के शब्द ध्यातव्य हैं : 'किरणों का जाल फैला।/दिशाओं के होंठ रंगे/दिन में, वेश्याएं जैसे रात में।' चतुर्दिक सभ्यता की किरणें नहीं फैली हैं, एक जाल फैला है, जनसाधारण को फांसने के लिए। इसी तरह प्रभात-काल में दिशाएं जो अनुरंजित हो उठी हैं, वह उस तरह से उनके होठों का रंगना है, जिस तरह से रात में वेश्याएं लिपस्टिक से अपने होंठ रंगती हैं। कल्पना की जा सकती है कि जन-विरोधी सभ्यता की कितनी वीभत्स तसवीर निराला के मन में थी। स्वभावत: वे चीख उठते हैं, 'इस सभ्यता ने धोखा दिया, धोखा दिया।' जनसाधारण के प्रति ऐसी गहरी संवेदना मुक्तिबोध के अलावा अन्यत्र दुर्लभ है। उक्त बिंब भी विलक्षण है। वह निराला की बिंब-निर्माण की क्षमता का अचूक प्रमाण है। ऐसा लगता है कि कैसे भी भाव के अनुरूप वे सटीक बिंब रच सकते थे। बड़ी बात यह कि एक ही बिंब में थोड़ा परिवर्तन करके वे उससे ठीक उलटा काम भी ले सकते थे। यह जन-विरोधी सभ्यता वर्ग-सभ्यता है, यह कहते की जरूरत न होनी चाहिए।

मार्क्सवाद से निराला को जो भौतिकवादी दृष्टि प्राप्त हुई, प्रकारांतर से उसकी प्रतिष्ठा उन्होंने '*चर्खा चला*' शीर्षक कविता में की है। यह काम उन्होंने भारतीय इतिहास

के विकास-क्रम का उल्लेख करते हुए उसके माध्यम से किया है। कविता थोड़ी लंबी है, जिसमें चार बंद हैं। शुरू के दो बंदों में उन्होंने सिर्फ भारतीय इतिहास का विकास दर्शाया है, यथा :

वेदों का चर्खा चला,
सदियां गुज़रीं।
लोग-बाग बसने लगे,
फिर भी चलते रहे।
गुफाओं से घर उठाए।
ऊंचे से नीचे उतरे।
भेड़ों से गाएं रखीं।
जंगल से बाग़ और उपवन तैयार किए।

खुली ज़बां बंधने लगी।
वैदिक से संवर-दी भाषा संस्कृत हुई।
नियम बने, शुद्ध रूप लाए गए,
अथवा जंगली सभ्य हुए वेशवास से।
कड़े कोस ऐसे कटे।
खोज हुई, सुख के साधन बढ़े—
जैसे उबटन से साबुन।

इन बंदों में भाषा का जो प्रयोग हुआ है, कटी-छंटी और साफ-सुथरी, वही इन्हें कविता बनाने के लिए काफी है। यह भाषा उससे आगे एक त्वरा से भी युक्त है। प्रत्येक वाक्य जैसे एक सोपान है, जिससे क्रम-क्रम से हम एक आशय की तरफ बढ़ते जाते हैं। जहां तक इसमें निहित अर्थ की बात है, वह स्पष्ट है। निराला पहले वेदों के चक्र की बात कहते हैं, फिर उसके बाद का हाल बयान करते हैं। लगातार सभ्यता का विकास होता रहा। यायावर आर्यों ने गुफाओं से निकलकर अपने लिए घर बनाए, पहाड़ी इलाके से मैदानी इलाके में आए, भेड़ों की जगह गायों को पालना शुरू किया और जंगल की जगह बाग-बगीचे तथा उद्यान तैयार किए। 'जंगल से बाग और उपवन तैयार किए'— यह बहुत सुंदर उक्ति भी है। दूसरे बंद में वैदिक संस्कृत से विकसित लौकिक संस्कृत का जिक्र है, फिर उसके व्याकरण का और इस तरह वन्य वेशभूषा से सभ्य वेशभूषा तक पहुंचने का। इतिहास की लंबी दूरी आर्यों ने इस तरह तय की। सुख-सुविधा के साधनों में वृद्धि के लिए अनुसंधान चलता रहा। उसमें सफलता भी मिली। प्रतीकस्वरूप निराला ने कहा है, जैसे 'उबटन से साबुन'। उबटन में बहुत झंझट था। साबुन सुख-सुविधा बढ़ाने वाले अनुसंधान की सफलता का बहुत ठोस प्रमाण है, दिलचस्प भी।

तीसरे बंद में वे कहते हैं :

> वेदों के बाद जाति चार भागों में बंटी,
> यही रामराज है।
> वाल्मीकि ने पहले वेदों की लीक छोड़ी,
> छंदों में गीत रचे, मंत्रों को छोड़कर,
> मानव को मान दिया,
> धरती की प्यारी लड़की सीता के गाने गाए।

इतिहासकारों के अनुसार भी वर्णव्यवस्था उत्तर-वैदिक काल की देन है। निराला वर्ण-व्यवस्था को उचित ही तत्कालीन संदर्भ में एक प्रगतिशील कदम मानते हैं, क्योंकि इससे समाज में एक व्यवस्था आई थी। सभी जानते हैं कि आरंभ में वर्ण का निर्धारण जन्म से न होकर कर्म से होता था। वह तो उसके पतनशील दौर में वर्ण को जन्मगत माना जाने लगा। इस प्रसंग में निराला ने जो महत्वपूर्ण बात कही है, वह यह कि जिस 'मर्यादा' का इतना शोर रहा है, वह वस्तुत: वर्ण और आश्रम की मान्यता है। चूंकि राम के राज्यकाल में वर्णाश्रम को सर्वाधिक माना गया, इसलिए मर्यादा की दृष्टि से उस काल को आदर्श माना जाता है। 'रामराज' की अवधारणा उसी से लगी हुई है, यह उन्होंने संकेतित कर दिया है। इसके बाद वे असली विषय पर आते हैं और वाल्मीकि का नाम लेते हैं। यह भी महत्वपूर्ण है कि उनकी दृष्टि में भौतिक संस्कृति के प्रथम प्रतिष्ठाता वाल्मीकि हैं, सौभाग्य से एक कवि, जो भारत के 'आदि कवि' के रूप में मान्य हैं। सर्वप्रथम उन्होंने ही वेदों से अपना रास्ता अलग किया, दोनों ही रूपों में : ऋचाओं को छोड़कर छंदों में अपनी कविता लिखी और वैदिक देवी-देवताओं की जगह अपने काव्य में मनुष्य को प्रतिष्ठित किया। अलग से निराला कहते हैं, 'धरती की प्यारी लड़की सीता के गाने गाए'। इस पंक्ति में 'धरती' शब्द रेखांकन के योग्य है। वाल्मीकि ने धरती की बेटी के गीत गाए, आसमान की बेटी के नहीं—यह है उनकी भौतिकता। दुहराने की जरूरत न होनी चाहिए कि सीता जमीन से निकली थीं, आसमान नहीं उतरी थीं, किसी अलौकिक देवी की तरह। 'प्यारी' विशेषण कवि ने अपनी तरफ से लगाया है, जिससे उसकी प्रतिश्रुति स्पष्ट हो जाती है।

कविता का अंतिम बंद इस प्रकार है :

> कली ज्योति में खिली
> मिट्टी से चढ़ती हुई।
> 'वर्जिन स्वैल', 'गुड अर्थ', अब के परिणाम हैं।
> कृष्ण ने भी ज़मीं पकड़ी,
> इंद्र की पूजा की जगह
> गोवर्धन को पुजाया :

मानवों को, गायों और बैलों को मान दिया।
हल को बलदेव ने हथियार बनाया,
कंधे पर डाले फिरे।
खेती हरीभरी हुई।
यहां तक पहुंचते अभी दुनियां को देर है।

इस बंद में निराला धरती का महत्व बतलाते हैं। कली ज्योति में खिलती है, लेकिन धरती से निकलकर ही। यह धरती का ही महत्व है, जो आज रूसी उपन्यासकार तुर्गनेव के उपन्यास 'वर्जिन स्वैल' और अमरीकी उपन्यासकर्त्री पर्ल एस. बक के उपन्यास 'द गुड अर्थ' के नामों में दिखलाई पड़ रहा है। फिर उनका ध्यान पुराणों की तरफ जाता है, तो उन्हें कृष्ण याद आते हैं, जिन्होंने स्वर्ग से अधिक पृथ्वी को महत्व दिया और इंद्र की पूजा बंद कराकर गोवर्धन पर्वत की पूजा शुरू कराई, जिससे वृंदावनवासियों के हित जुड़े हुए थे। कृष्ण का एक नाम 'गोपाल' भी है, जिससे गो-जाति के साथ उनके संबंध की सूचना मिलती है। इसी तरह वे 'गोपेश' भी हैं, जिससे गोकुल के मनुष्यों से उनका गहरा लगाव प्रमाणित होता है। यह सब उनका गहरे रूप में भौतिक होना ही बतलाता है, और कुछ नहीं। उनके बड़े भाई बलदेव का अस्त्र हल है, जो उसे कंधे पर लिए फिरते हैं। इसी कारण उन्हें 'हलधर' कहा जाता है। यह स्पष्टतः हल का सम्मान है। इस हल से ही पृथ्वी पर हरी-भरी खेती लहराई है।

इस तरह धरती का महत्व प्रतिपादित करने के बाद बंद के अंत में निराला कहते हैं : 'यहां तक पहुंचते अभी दुनियां को देर है।' तात्पर्य यह कि जिस भौतिकवाद का पश्चिम में इतना शोर है और जिसे भारत के लिए पश्चिम का अवदान माना जाता है, उसे भारत में उतना महत्व प्राप्त रहा है, जितना पश्चिम में प्राप्त करने में उसे काफी देर लगेगी। यह है, पश्चिम से प्राप्त दृष्टि के आलोक में भारत की भौतिकवादी संस्कृति का पुनराविष्कार।

मार्क्सवाद-प्रभावित निराला की कविताओं की शृंखला में अंतिम कविता है—'*तारे गिनते रहे*'। इसमें मार्क्सवाद का प्रभाव इस रूप में है कि उसी की मदद से उन्होंने अपने पराधीन देश की अवस्था को साफ-साफ समझा है और उसे शब्दों में रखा है। पूरी कविता यों है—

राज-चेतना की राह रोककर
लोग खड़े हुए, कामयाब हुए।
दुश्मनों के पैर न जमने दिए।
आपस में मिले रहे, ज़बांदराजी न की।
लोक की, समाज की लाज रखी,
बढ़े चले।

राज में बेकारों की आखिरी सांसें रहीं।
ज़मींदार चांद-जैसे कर के लिए लगे रहे
देश के आकाश पर,
कपड़े की ज़मीं पर।
दूसरे प्रकाश के लिए जैसे चोला पाया।
मेह जैसे तने रहे,
टपते भी, बरसे भी।
बालों के नीचे पड़ी जनता बलतोड़ हुई।
माल के दलाल ये वैश्य हुए देश के।
सागर भरा हुआ,
लहरों से बहले रहे;
बानिज की राह खोई।
किरनें समंदर पर कैसी पड़ती दिखीं।
लहरों के झूले झूले,
कितना विहार किया कानूनी पानी पर;
बंधे भी खुले रहे।
रात आकाश के तारे गिनते रहे!

कविता के पहले बंद में निराला ने इस बात पर हर्ष और संतोष प्रकट किया है कि जमींदारों और व्यापारियों की तरह पराधीन भारत में सारे लोग राजभक्त नहीं हो गए, बल्कि वे इस राजभक्ति का रास्ता रोककर खड़े हो गए और उसमें सफलता प्राप्त की। अंग्रेजों ने बहुत कोशिशें कीं, पर यह संभव न हुआ कि वे देश की समग्र जनता को अपना अनुयायी बना लें। इस तरह शासक होने के बावजूद उनके पांव इस देश में कभी भी इस कदर न जम सके कि वे फिर उखड़ न सकें। भारतीय जनता ने दृढ़ एकता का परिचय दिया, सिर्फ लंबी-लंबी बातें न कीं। इसी से वह लोक की और समाज की लज्जा रखने के योग्य सिद्ध हुई। उसका आगे बढ़ना जारी रहा। यह जन-प्रतिरोध है, जिसे कुशासन स्वाभाविक रूप से जन्म देता है।

दूसरे बंद की विषय-वस्तु अंग्रेजी हुकूमत में बुनकरों और साधारण जनता की तबाही से संबंधित है। यह जानी हुई बात है कि अंग्रेज यहां आए, तो धीरे-धीरे उन्होंने यहां के चरखे-करघे से चलने वाले वस्त्र-उद्योग को समाप्त कर दिया। वे कच्चा माल यहां से ढोकर इंगलैंड ले जाने लगे और वहां से तैयार माल लाकर सरकारी सहूलियतों के साथ उससे भारतीय बाजार को पाट दिया। इसके अनिवार्य परिणामस्वरूप यहां के बुनकर या जुलाहे बेकार हो गए, उनकी सांस टूटने लगी। एक तरफ उनका सरकार ने यह हाल किया और दूसरी तरफ जमींदार लगान के लिए उनके सीने पर सवार था। निराला ने लिखा है, 'जमींदार चांद जैसे कर के लिए लगे रहे/देश के आकाश पर,/

कपड़े की जमीं पर।' बुनकरों के लिए उनसे छुटकारा पाना संभव न था। वे चांद की तरह चमक रहे थे, आकाश पर भी और जमीन पर भी। आकाश देश का था और जमीन कपड़े की। 'कपड़े' शब्द से स्पष्ट है कि संकेत जुलाहों की तरफ है। ये ऐसे चांद थे, जिनमें अपनी चमक नहीं थी। चांद में अपनी चमक होती भी नहीं। उसकी चमक या प्रकाश तो सूर्य का प्रकाश होता है। जमींदारों के संरक्षक अंग्रेज ही थे। उन्होंने ही ज़मींदारी-प्रथा लागू की थी। स्वभावत: जमींदारों को शक्ति अंग्रेजों से ही मिलती थी। उन्हें देखकर ऐसा लगता था कि उन्होंने दूसरे से प्रकाश प्राप्त करने के लिए ही जैसे जन्म लिया है! कहने की आवश्यकता नहीं कि इस उक्ति में निराला का घनीभूत क्षोभ बहुत ही संयत रूप में प्रकट हुआ है, जिससे उसकी गंभीरता और बढ़ गई है।

पुन: वे दूसरे रूपक का प्रयोग करते हुए कहते हैं कि ये जमींदार आकाश में बादलों की तरह छाए रहे—उन्होंने 'तने रहे' लिखा है, जिसमें श्लेष है। 'तनना' क्रियापद के दो अर्थ हैं—खिंचना, जो अभिधेयात्मक है और रुष्ट होना, जो लाक्षणिक है। रोष में आकर जमींदार जनता पर बादलों की तरह टपकते भी रहे और बरसते भी। 'टपकना' का प्रयोग यहां उस तरह का है, जिस तरह का 'छत के टपकने' में होता है। इसी तरह बरसना का प्रयोग भी लाक्षणिक रूप में है, जिसका अर्थ है—रोष में आकर फटकारना। इस सबसे उनके नीचे रहने वाली जनता की दशा वही हुई, जो बालों के नीचे बलतोड़ घाव की होती है। 'बालों के नीचे पड़ी जनता बलतोड़ हुई'—यह उक्ति बहुत पीड़ित मन से निकली है, जो जनता की पीड़ादायक स्थिति को व्यक्त करने में पूर्णत: समर्थ है। यह अभिव्यक्ति लोकप्रेरित है। लोक-प्रयोग की शक्ति का बेहतर ढंग से एहसास तुलसीदास को भी था, जिन्होंने एक भिन्न प्रसंग में 'बलतोड़' शब्द का बहुत सशक्त प्रयोग किया है, यथा : 'दलकि उठेऊ सुनि हृदय कठोरू। जनु छुइ गयउ पाक *बरतोरू।*'

तीसरा बंद इस देश के वैश्यों यानी व्यापारियों पर केंद्रित है, जो पराधीन भारत में अपना कारोबार छोड़कर अंग्रेजी माल के दलाल बन गए। अब उनका काम हो गया अंग्रेजी माल लाकर उसे भारतीय बाजार में बेचना और उससे मुनाफा कमाना। अंग्रेजी माल समुद्री रास्ते से भारत आता था, इसलिए निराला कहते हैं कि भरे हुए समुद्र में जो लहरें उठती थीं, उन्हीं से उनकी तबीयत बदलती रही! निश्चय ही यह विषण्ण मन से निकली हुई उक्ति है, जिसमें तीखा व्यंग्य है। क्यों विषाद है उनके मन में? इसलिए कि जिस समुद्र से अंग्रेजी माल भारत आता था, उसकी लहरों की क्रीड़ा देखने में भारत के अपने वाणिज्य का मार्ग खो गया। पुन: समुद्र का वर्णन है। काफी व्यंग्यात्मक लहजे में वे कहते हैं—अहा, समुद्र पर सूर्य की किरणें कैसी झलमलाती हुई दिखलाई पड़ीं! मालवाही जहाज उन लहरों पर हिचकोले खाता हुआ भारतीय समुद्र-तट की ओर बढ़ रहा था। जहाज के साथ भारतीय व्यापारी लहरों के झूले पर झूलने का आनंद लेते रहे। तत्पश्चात निराला का कहना है : 'कितना विहार किया कानूनी पानी पर;/बंधे भी खुले

रहे।' यह उक्ति और व्यंग्यात्मक है। भारतीय व्यापारी जिस जल पर विहार कर रहे थे, वह कानून से नियंत्रित था, यानी अंग्रेजी माल लाने और उन्हें बेचने के संबंध में अनेक नियम थे, जिनका पालन उनसे कठोरतापूर्वक कराया जाता था, लेकिन वह भूलकर वे विहार करते रहे। इसी संदर्भ से उनकी विहार करने वाली उक्ति में व्यंग्य संभव हुआ है। इस व्यंग्य के मूल में वस्तुत: विडंबना है, जो अगली उक्ति से बिलकुल स्पष्ट हो जाती है। ये व्यापारी बंदी थे, पर उन्हें इसका चेत नहीं था, जिससे उसके बावजूद खुलकर विहार करते रहे।

अंतिम पंक्ति में निराला ने सूचित किया है कि जब रात हुई, तो उसमें भी उनका विहार करना जारी रहा। वे आनंद में जागते रहे। 'तारे गिनते' मुहावरे का यहां यही अर्थ है।

स्पष्ट है कि ये कविताएं निराला-काव्य को एक नया आयाम प्रदान करती हैं। छायावादी काल में निराला में जो सामंत और उपनिवेश-विरोधी चेतना थी, उसने जैसे प्रगतिवाद के वातावरण में तर्कसंगत रूप में अपना विकास किया। लक्ष्य करने योग्य है कि मार्क्सवाद का जो भी ज्ञान उन्होंने अर्जित किया, उसे अपनी कविताओं की पृष्ठभूमि में रखा, अग्रभूमि में नहीं। इससे भी बड़ी बात यह कि उसने उनकी संवेदना और सौंदर्यबोध को नवीन बना दिया। स्वभावत: उनकी कविता के पुराने पाठकों को, जिनकी रुचि में गतिशीलता नहीं थी, ये कविताएं पसंद नहीं आईं। निकट से इनका अध्ययन करने पर पता चलता है कि ये न केवल तत्कालीन प्रचलित कविताओं से रूप-रंग में भिन्न हैं बल्कि इनकी बुनावट और इनका शिल्प अपने ढंग का है। इनकी भाषा निखरे हुए गद्य का नमूना तो है ही, एक-एक वाक्य तराशा हुआ है, उसमें अपने ढंग की ग्रंथिलता है, सर्जनात्मक अंतराल है, मुहावरेदारी है और चुस्तबयानी है। सबसे ऊपर एक खास किस्म का लहजा है, जो हिंदी में केवल निराला का है। जहां तक छंद और लय की बात है, ये कविताएं भी वृत्तगंधी हैं। तात्पर्य यह कि ये भी कवित्त की लय को लेकर ही चलती हैं, जिसमें विराम और बलाघात के अपने नियम हैं।

आखिरी बात यह कि निराला जैसे 'प्रगतिशीलता' के प्रति आलोचनात्मक दृष्टि रखते हुए भी मार्क्सवाद का सकारात्मक प्रभाव लेकर एक नई धज की कविता लिख रहे थे, वैसे ही इस कविता के साथ वे आध्यात्मिक गीतों की भी रचना कर रहे थे। इस समय के उनके वैसे असंख्य गीत 'बेला' में संकलित हैं। यह उनकी सर्जनात्मक स्वतंत्रता का पक्का प्रमाण है। विचारधारात्मक संहति या वैचारिक अंतर्विरोध की अनुपस्थिति श्रेष्ठ कवि की अनिवार्य पहचान नहीं। वह पहचान यह है कि कवि अपनी संवेदनशीलता में अपराजेय है और उसकी संवेदना कभी बंधी हुई नालियों में प्रवाहित नहीं होती। यह क़ाम्य भी है, क्योंकि मानव-जीवन को क्या, सामाजिक यथार्थ को भी कभी पूर्णत: प्रणालीबद्ध नहीं किया जा सकता। अकारण नहीं कि हर प्रणाली एक सीमा के बाद जीवन और समाज की व्याख्या करने में असमर्थ सिद्ध होती है।

13. 'देवी सरस्वती' और किसान-संबंधी कविताएं

अपनी काव्य-रचना के आरंभिक काल में निराला ने अपनी प्रसिद्ध सरस्वती-वंदना लिखी थी—'वर दे, वीणावादिनि वरदे!' पं. रामकृष्ण त्रिपाठी के अनुसार उसका समापन भी उन्होंने सरस्वती-वंदना से ही किया। अन्य विद्वान उनकी कविता 'पत्रोत्कंठित जीवन का विष बुझा हुआ है.' को उनकी अंतिम रचना मानते हैं, लेकिन त्रिपाठी जी बहुत विश्वास के साथ कहते हैं कि पिताजी की अंतिम रचना है—'हाथवीणा, समासीना; /विशद-वादन-रत प्रवीणा।' यह सुपरिचित तथ्य है कि 'देवी सरस्वती' शीर्षक से एक लंबी कविता निराला ने अपनी काव्य-रचना के मध्यवर्ती काल में भी लिखी थी। इस कविता में, जो कि 'नए पत्ते' में संगृहीत है, सरस्वती का रूप बहुत कुछ बदला हुआ है। यह ठीक है कि इसके आरंभ और अंत में वर्णित सरस्वती परंपरागत ही हैं, लेकिन इसका असली आकर्षण इसके बीच में जो उनका वर्णन आया है, उसमें है। वैसे आरंभ और अंत के वर्णन में भी अपना आकर्षण है। उदाहरण के लिए दोनों से क्रमशः दो छंद नीचे उद्धृत हैं :

हंस चरणतल तैर रहा है
लघूर्मियों पर,
सुनता हुआ तीव्र-मृदु
झंकृत वीणा के स्वर।
... ...
तुम्हीं चिरंतन जीवन की
उन्नायक, भविता,
छवि विश्व की मोहिनी,
कवि की सनयन कविता।

कविता जब आगे बढ़ती है, तो निराला सरस्वती से निवेदन करते हैं : 'शुभ्रे, कुल रंगों की,/रागों की, शब्दों की,/नित्यनवीना हो/वंदित यद्यपि अब्दों की।' इसमें जो 'नित्यनवीना' शब्द है, उस पर वे रुक जाते हैं और आगे के छंदों में विस्तार से उनके नवीन रूप को चित्रित करते चले जाते हैं, ऐसी भाषा में, सरस्वती-संबंधी उन्हीं के एक अन्य गीत से शब्द लेकर कहें, तो 'नहा आई जो सरोवर'। उस तरफ बढ़ने की प्रेरणा भी उन्हें उक्त छंद के तुरंत बाद आने वाले इस छंद से मिलती है : 'ऋतु के पुष्प/ भिन्न गंधों से बसा दिए हैं/जग के दुख के मुरझाए मुख/हंसा दिए हैं।' आकस्मिक नहीं कि इसमें सरस्वती

की व्याप्ति दिखलाने के क्रम में विभिन्न ऋतुओं के ही चित्र प्रस्तुत किए गए हैं। इन चित्रों की विशेषता यह है कि ये मुख्यत: ग्रामीण जीवन से संबंधित हैं। इनमें गजब की ताजगी है, जो उससे कवि के गहन आत्मीयतापूर्ण संबंध से संभव हुई है। भाषा के बारे में संकेत किया जा चुका है। 'देवी सरस्वती' कविता की भाषा अनाज के नए दानों की तरह चमकती हुई है। 'दुर्गासप्तशती' में इंद्रादि देवता दुर्गा की स्तुति करते हैं, तो उनसे यह भी कहते हैं कि इस विश्व की उत्पत्ति एवं पालन के लिए आप ही वार्ता (खेती एवं आजीविका) के रूप में प्रकट हुई हैं। संभव है, इससे भी सरस्वती को नया रूप देने की निराला को प्रेरणा मिली हो। वैसे यह कविता एक सरल कविता है, जिसका सौंदर्य इसकी वर्णनात्मकता में ही है।

जिन ऋतुओं का वर्णन किया गया है, वे हैं वर्षा, शरत, हेमंत, शिशिर, वसंत और ग्रीष्म। एक तो ऋतु वर्णन, दूसरे निराला की लेखनी! गालिब याद आते हैं, 'जिक्र उस परीवश का, और फिर बयां अपना!' सर्वप्रथम यह वर्षा-वर्णन :

> खेत निराती हैं बालाएं
> लिए खुरपियां
> गाती बारहमासी
> सावन और कजलियां।
> जुही मुस्कराई। नागन
> बलखाई आई
> मंद गंध से पुरवाई
> डस गई सुहाई।

इस उद्धरण में तीन चित्र हैं—पहला कृषक-बालाओं का, दूसरा जूही का और तीसरा पुरवाई का। पहला चित्र नितांत सरल है, जिसे कल्पना का हलका स्पर्श भी प्राप्त नहीं। कह सकते हैं, वह पूर्णत: इतिवृत्तात्मक है लेकिन उसमें सजीवता की कमी नहीं। दूसरे चित्र में जूही चटखती नहीं है, मुस्कुराती है! इसमें उसकी कल्पना मानवी के रूप में की गई है, जिसमें उसके प्रति अपनापन तो है, पर कोई विलक्षणता नहीं लेकिन तीसरा चित्र प्रचंड है,जैसे निराला धीरे-धीरे अपने असली कवि-रूप में आ गए हों। बरसात में चलने वाली पुरवा हवा नागिन की तरह बल खाकर आती है और मंद गंध से डंस जाती है। गंध जूही के फूलों की ही होगी क्योंकि पहले उसका जिक्र आ चुका है। जिन्हें गांव का अनुभव है, वही नागिन की तरह बल खाकर आने वाली इस पुरवा के सुखद स्पर्श की कल्पना कर सकते हैं। निराला को तो देखिए कि वे हिंदी के 'नागिन' की जगह उर्दू का 'नागन' लिखते हैं, जिससे पुरवा के नागिन होने में कोई कसर न रह जाए। उनका शब्द-विवेक अद्भुत है। जैसे एक-एक शब्द के रूप और ध्वनि से उनकी गहन पहचान है, ठीक तुलसीदास की तरह।

शरद-वर्णन वर्षा-वर्णन की तुलना में बेहतर है, जबकि निराला की सर्वप्रिय ऋतु वर्षा ही थी। शुरू में वे सरस्वती का यह चित्र प्रस्तुत करते हैं :

नमित शालि से भरी हुई,
सुंदर-वन-वसना,
श्वेत-शशि-मुखी,
जगती पर मधुराधर-हसना।

शरदऋतु में धानों में बालियां निकल आती हैं, जिनके पुष्ट होने के साथ धान के पौधे झुक जाते हैं। सरस्वती का वसन वनस्पतियों से ही बना है, इसलिए वे 'वन-वसना' हैं! शरदऋतु का चंद्रमा खूब उज्ज्वल होता है, जो उनका मुखमंडल है। अपने मधुर अधरों से वे गांवों की दुनिया पर हंसी लुटा रही हैं! जैसे तुलसीदास का राम के रूप-वर्णन में अपने पर नियंत्रण थोड़ा शिथिल हो जाता था, निराला भी सरस्वती के रूप-वर्णन में भाव-विह्वल हो उठते हैं। उनकी भाषा संस्कृतनिष्ठ हो उठती है और शब्दों में खनक भर उठती है, यद्यपि चित्र गांव का ही रहता है—धान के खेतों पर चमकता हुआ चंद्रमा!

शरदऋतु रबी की बुवाई का भी समय है। उसका किंचित विस्तृत और असाधारण वर्णन नीचे है :

सिमटा पानी खेतों का;
ओठ पर चले हल;
पांसे खेत, किए जो गए
जोतकर मखमल।
डाले बीज चने के, जौ के
और मटर के,
गेहूं के, अलसी-राई-
सरसों के, कर से।
ऐसे बाह-बाह की वीणा
बजी सुहाई,
पौधों की रागिनी सजीव
सजी सुखदाई।

बरसात में खेतों में पानी भर जाता है, जो शरदऋतु में हटने लगता है। हटकर वह वहां रह जाता है, जहां खेत कुछ नीचे होते हैं। किसान खेतों के जिस हिस्से से पानी हट जाता है, उसे जोतकर वहां रबी की बुवाई कर देते हैं। 'सिमटा पानी खेतों का;/ ओठ पर चले हल'—यह दृश्य जितना ही चित्रात्मक है, उतना ही इस बात का सूचक कि कवि के पास किसानी जीवन का अच्छा अनुभव है। खेतों के किनारे के लिए 'ओठ'

शब्द का प्रयोग बेहद आत्मीयतापूर्ण है। 'पांसना' का मतलब कुदाल से खेत कोड़ना है। किसानों ने उन खेतों को, जिनमें बुवाई करनी है, कोड़कर और उसके बाद जोतकर उनकी मिट्टी को मखमल की तरह मुलायम कर दिया है। यह उक्ति इतनी सटीक और सुंदर है कि मन के भीतर उस मिट्टी को छूने की इच्छा पैदा हो जाती है। फिर निराला ने रबी की फसलों के नाम गिनाए हैं—चना, जौ, मटर, गेहूं—जैसे अनाज और अलसी, राई, सरसों जैसे तेलहन। यह नामावली ही किसान-संस्कार वाले पाठकों को गांव पहुंचा देती है और उनके भीतर आनंद की एक तरंग उठा देती है। आगे की पंक्तियों में उन्होंने जुताई का ऐसा वर्णन किया है, जैसा अब तक शायद ही किसी कवि ने किया हो। जुताई की लकीरें खेतरूपी वीणा के तार हैं और बुवाई के बाद उठने वाली फसलों के पौधे उन तारों से निकलने वाली रागिनी। खेत को वीणा, हल-रेखा को वीणा के तार और पौधों को रागिनी के रूप में कल्पित करने के पीछे जो उल्लास भाव है, वह निराला के गहरे किसानी संस्कार का पता देता है, साथ-साथ सरस्वती की वीणा और उससे फूटने वाले स्वर की विलक्षण अवधारणा का भी। 'बाह' शब्द का प्रयोग 'अणिमा' की चतुर्दशपदी 'सड़क के किनारे दूकान है' में भी हुआ है : . . .बाह पर/बाह किए जा रहा है खेत में/दाहिनी तरफ किसान'। खेत का संगीत के रूप में, दृश्य का श्रव्य के रूप में, यह वाकई अद्‌भुत वर्णन है।

खेतों से अलग इस ऋतु में अच्छी फसल से प्रसन्न किसानों का भी निराला ने बहुत आत्मीयतापूर्ण वर्णन किया है, जो लोकसंस्कृति का भी चित्र खड़ा करने वाला है :

> खुली चांदनी में डफ
> और मजीरे लेकर
> बैठे गोल बांधकर
> लोग बिछे खेसों पर,
> गाने लगे भजन कबीर के,
> तुलसिदास के,
> धनुषभंग के, और राम के
> बनोवास के।

'खेस' एक तरह की मोटे सूत की बुनी चादर है। स्पष्टत: यह लोकभाषा का शब्द है, अनुमानत: बैसवाड़ी का। 'तुलसीदास' को निराला ने लोकप्रचलित दोहे में आने वाले टुकड़े '*तुलसिदास* चंदन घिसैं' की पद्धति पर 'तुलसिदास' कर दिया है। इसी तरह मुख-सुख के लिए 'बनवास' को 'बनोवास'। यह भी लोकभाषा और लोकजीवन से उनके जुड़ाव का ही सूचक है। देखने की बात यह है कि भाषा के द्वारा वे किस तरह लोकजीवन में प्रवेश करते हैं।

शरद के बाद हेमंत। इसमें निराला सरस्वती को इस रूप में चित्रित करते हैं :

बाग-बाग, वन-वन, रन की
सुगंध-मद पीकर
झूम रही हो हिम-शीकर
पल्लव-पल्लव पर
स्निग्ध पवन में;
शस्य-शीर्ष से उठी हुई तुम,
मटर-पुष्प के सौरभ-धन से
लुटी हुई तुम,
सरसों के पीले पुष्पों की
साड़ी पहने,
अलसी के नीले फूलों की
रेखा जिसमें।

हेमंत में बागों में और वनों में कुंद नामक फूल खिलते हैं। वहां से सुगंध की मदिरा पीकर शीतल वायु चलती है और वृक्ष के पत्तों पर झूमती है। इसी ऋतु में रबी की फसलों में बालियां निकलती हैं और मटर के फूल वायु में अपनी सुगंध लुटाते हैं। अंतिम छंद में सरस्वती का रूप बहुत स्पष्ट है। उनकी साड़ी सरसों के पीले फूलों वाली है, जिसमें तीसी के नीले फूलों की रेखाएं खिंची हुई हैं। 'मटर-पुष्प के सौरभ-धन से/लुटी हुई तुम' यह अभिव्यक्ति तो कमाल की है ही, सरसों और तीसी के पीले-नीले फूलों वाला छंद अभिव्यक्ति की पारदर्शिता की पराकाष्ठा है। खेती का जो दृश्य उपस्थित किया गया है, समग्रत: अत्यंत मोहक है।

इस ऋतु में गांव के निर्धन किसान आग तापकर ठंड से अपनी रक्षा करते हैं। निराला उसका भी जिक्र इस तरह करते हैं :

छिना हुआ धन, जिससे
आधे नहीं वसन तन,
आग तापकर
पार कर रहे हैं गृह-जीवन।

लगे हाथ वे उनका शोषण करने वालों पर भी टिप्पणी कर बैठते हैं :

जमींदार की बनी,
महाजन धनी हुए हैं,
जग के मूर्त पिशाच
धूर्तगण गनी हुए हैं।

यह छंद ऊपर उद्धृत छंदों की तरह प्रभावशाली नहीं है, यद्यपि निराला ने इसे रचने में

कोताही नहीं की, जैसा कि 'बनी' के साथ 'धनी' और 'मूर्त' के साथ 'धूर्त' इन सानुप्रास शब्दों के प्रयोग से पता चलता है। फिर भी इसे उद्धृत किया गया है, तो इसलिए कि इससे उनकी उस वैचारिक और मानसिक दशा का ज्ञान होता है, जिसमें उन्होंने किसान-संबंधी अपनी प्रसिद्ध कविताएं लिखीं। शिशिरऋतु में वृक्ष के पत्ते झड़ते हैं। उसका भी उन्होंने निर्धन किसानों से ही जोड़कर बहुत सुंदर वर्णन किया है :

उनको दिखा रही हो,
तारे टूट रहे हैं
पत्तों के, डाल के
सहारे छूट रहे हैं।
जीवन फिर दूसरा
उन्हें पल्लवित करेगा,
किसी अस्त्र से
अन्न-वस्त्र के दुःख हरेगा।

वृक्ष के पत्ते आकाश से बेसहारा तारों की तरह टूटकर धरती पर गिर रहे हैं, यह वर्णन निश्चय ही मनोरम है। इसके अलावा दूसरे छंद में जो ध्यान देने लायक प्रयोग है, वह है, 'अस्त्र' शब्द का, जो बहुत मुखर नहीं है, फिर भी उनके चिंतन की दिशा की तरफ तो हलका संकेत करता ही है।

वसंत का वर्णन शरद-वर्णन जैसा ही आत्मीयतापूर्ण है, उस रूप में किंचित विस्तृत भी। इस ऋतु में एक तो रबी की फसल तैयार हो जाती है, दूसरे, इसी में होली जैसा त्योहार भी पड़ता है, जिसे प्राचीनकाल में मदनोत्सव कहा जाता था। निराला की अप्रतिम भाषा में यह वर्णन देखें :

पके खेत सोने के
जैसे अंचल लहरे;
नव मनोज के मनोभाव
लोगों में घहरे।
प्रतिसंध्या समवेत हुए
ग्रामीण सभ्यजन
ढोलक और मजीरे पर
करते हैं गायन;
फाग हो रहा, उठा रहे हैं
धुन धमार की,
होली, चैती, लेज,
गा रहे हैं संवार की।

प्रकृति से लेकर मनुष्य तक का यह पूरा वर्णन बहुत ही सजीव है। 'नव मनोज के मनोभाव/लोगों में घहरे' यह उक्ति तुलसीदास की उक्ति 'मानहुं मदन दुंदुभी दीन्हीं' के जोड़ की है। 'धमार' फाग का एक प्रकार है, उसी तरह लेज भी एक गीत-प्रकार है। 'संवार' का अर्थ है स्मरण। जायसी में यह प्रयोग मिलता है, यथा 'सरवर संवरि हंस चलि आए'। यह पंक्ति पहले भी उद्धृत की जा चुकी है। 'गा रहे हैं संवार की' का इस तरह अर्थ हुआ कि लोग जो गीत गा रहे हैं, वे उनकी स्मृति में सुरक्षित हैं।

आगे का वर्णन और सजीव है, जिसे पढ़कर लगता है कि खलिहान का दृश्य अपनी जगह से उठकर सीधे कविता के इस पृष्ठ पर चला आया है :

> रबी कटी, आम के तले
> खलिहान लगाया,
> चना, मटर, जौ, गेहूं, सरसों
> कटकर आया।
> पड़ी चारपाई, जिस पर
> बैठा तकवाहा;
> चूल्हा वहीं कहीं लगवाया
> जिसने चाहा
> ज़रा दूर मेड़ के किनारे,
> जैसे बस्ती
> बसी, लगे खलिहान,
> सुवेशा जैसे मस्ती।

कहां 'गीतिका' का वसंत-वर्णन, जो 'सखि, वसंत आया' में देखने को मिला था और कहां 'नए पत्ते' की 'देवी सरस्वती' का यह वसंत-वर्णन! वहां भी पृथ्वी का 'स्वर्ग-शस्य-अंचल' लहराता है लेकिन 'पके खेत', सोने के/जैसे अंचल लहरे' की तुलना में वह काल्पनिक प्रतीत होता है। ऊपर उद्धृत पंक्तियों का वसंत ही असली वसंत है, जिस तक निराला एक दशक की काव्य-साधना के बाद पहुंचे। कविता छंदोबद्ध है, चौबीस मात्राओं के प्रसिद्ध रोला छंद में रचित, पर भाषा-प्रयोग के द्वारा उन्होंने इसे नया बना दिया है। पुरानी काव्य-भाषा की तुलना में यह भाषा गद्यात्मक है, साथ-साथ अनौपचारिक भी। गद्यात्मकता वाक्य-विन्यास से प्रकट है क्योंकि वाक्य अनेक बार चरण के साथ समाप्त नहीं होते। अंतिम पंक्ति में 'सुवेशा' शब्द का प्रयोग अनौपचारिकता का पक्का सबूत है। मस्ती वहां पर अपने पूरे ठाट से उतर आई है, इस बात को निराला इस तरह कहते हैं—'सुवेशा जैसे मस्ती'।

ग्रीष्म का वर्णन अपेक्षाकृत संक्षिप्त है। इसमें वे पहले सरस्वती से निवेदन करते हैं :

तुम हो शीतल कूप-सलिल,
जामुन-छाया-तल,
लदे आम के बागों से
जीवन का संबल।

फिर यह बतलाते हैं कि कैसे इस ऋतु में खलिहान में तैयार किए जाने के बाद अनाज किसानों के घर आ जाते हैं। उस समय निर्धन किसान भी, जो साधनहीन होने के कारण संचय नहीं कर पाते, संपन्न दिखलाई पड़ते हैं। निश्चय ही यह एक सूक्ष्म निरीक्षण है, जो गांव से बहुत निकट का परिचय रखने वाले व्यक्ति के लिए हो संभव है। पंक्तियां हैं :

गेहूं, चने, मटर, मड़कर
घर आए। अतिशय
दिखा ग्राम में, जहां नहीं
साधन या संचय . . .

एक तरफ 'मड़ना' शब्द का प्रयोग और दूसरी तरफ 'अतिशय' का। 'अतिशय' शब्द के प्रयोग की विशिष्टता यह है कि यहां इसका प्रयोग विशेषण के रूप में न होकर संज्ञा के रूप में हुआ है। यह भी एक तरह की अनौपचारिकता है, जिससे अभिव्यक्ति में एक नए प्रकार का सौंदर्य संभव होता है।

इस कविता पर डा. नामवर सिंह ने दिलचस्प टिप्पणी की है। कहते हैं : ' 'नए पत्ते' की एक लंबी कविता 'देवी सरस्वती' जो अपने प्रकृति-चित्र में पंत जी की ग्राम्या से अधिक यथार्थ तथा सांस्कृतिक परंपरा की गरिमा में बेजोड़ है, प्रायः निराला के भक्तों तथा सामान्य पाठकों से भी अनदेखी गुजर गई। जिस तरह छायावादी युग में पंत जी के उच्छ्वास, आंसू वगैरह की सी विशेषताओं को समेटते हुए उसी शैली में 'यमुना के प्रति' शीर्षक लंबी कविता लिखकर निराला ने चुनौती दी, उसी तरह प्रगतिशील युग में उनकी 'देवी सरस्वती' ने पंत जी की ग्राम्या के बिखरे प्रयत्नों को एक ही बृहद प्रयत्न से ललकार दिया।' चुनौती और ललकार वाली बातों को सरल रूप में न लिया जाए, तो यह सही है कि 'देवी सरस्वती' में गांव का जैसा आत्मीयतापूर्ण और मुक्त चित्रण है, वैसा 'ग्राम्या' में नहीं। पंत जी ने 'ग्राम्या' की भूमिका में उसकी कविताओं के बारे में लिखा भी है कि 'इनमें पाठकों को ग्रामीणों के प्रति केवल बौद्धिक सहानुभूति ही मिल सकती है। ग्रामजीवन में मिलकर, उसके भीतर से, ये अवश्य नहीं लिखी गई हैं।' लेकिन तुरंत वे कहते हैं कि 'ग्रामों की वर्तमान दशा में वैसा करना केवल प्रतिक्रियात्मक साहित्य को जन्म देना होता।' तात्पर्य यह कि ग्रामजीवन से मिलने का मतलब है उसकी रूढ़ियों, अंधविश्वासों, अशिक्षा, गंदगी आदि सबको स्वीकार करना! निराला ने प्रेमचंद की तरह 'देवी सरस्वती' कविता ग्रामीणों से गहरी आत्मीयता स्थापित करके लिखी

है, एक तरह से वह कविता धार्मिक भी है लेकिन उन्होंने किसी प्रतिक्रियात्मक साहित्य को जन्म नहीं दिया बल्कि सचाई यह है कि उसके द्वारा एक तरह से प्रगतिशीलता का प्रतिमान निर्धारित किया।

2

जैसा कि हम देख चुके हैं, निराला मूलतः ग्रामीण थे, किसानी संस्कार वाले। 1930 में वे आजादी की लड़ाई में कुछ सक्रिय हुए थे, साथ-साथ किसानों के भी निकट संपर्क में आए थे। अपने गांव में जमींदार-किसान संघर्ष में उन्होंने किसानों का पक्ष लिया था और उन्नाव जाकर उनकी पैरवी भी की थी। इन अनुभवों का कविता में सर्जनात्मक उपयोग उन्होंने करीब डेढ़ दशक बाद किया, द्वितीय विश्वयुद्ध के दौरान। इस दृष्टि से उनकी पांच कविताएं जो 'नए पत्ते' में संकलित हैं, उल्लेखनीय हैं : 'कुत्ता भौंकने लगा', 'झींगुर डटकर बोला', 'छलांग मारता चला गया', 'डिप्टी साहब आए' और 'महगू महगा रहा'। यहां इन कविताओं पर किंचित विस्तार से विचार करना अपेक्षित है।

'*कुत्ता भौंकने लगा*' कविता यह है :

आज ठंढक अधिक है।
बाहर ओले पड़ चुके हैं,
एक हफ्ते पहले पाला पड़ा था—
अरहर कुल-की-कुल मर चुकी थी,
हवा हाड़ तक बेध जाती है,
गेहूं के पेड़ ऐंठे खड़े हैं,
खेतिहरों में जान नहीं,
मन मारे दरवाजे कौड़े ताप रहे हैं
एक दूसरे से गिरे गले बातें करते हुए,
कुहरा छाया हुआ।
ऊपर से हवाबाज़ उड़ गया।
जमींदार का सिपाही लट्ठ कंधे पर डाले
आया और लोगों की ओर देखकर कहा,
'डेरे पर थानेदार आए हैं;
डिप्टी साहब ने चंदा लगाया है,
एक हफ्ते के अंदर देना है।
चलो, बात दे आओ।'
कौड़े से कुछ हटकर
लोगों के साथ कुत्ता खेतिहर का बैठा था,

चलते सिपाही को देखकर खड़ा हुआ,
और भौंकने लगा,
करुणा से बंधु खेतिहर को देख-देखकर।

स्पष्टत: इस कविता में उन किसानों से, जिनकी फसल बर्बाद हो चुकी है वारफंड के लिए जोरजबर्दस्ती से चंदा वसूलने का वर्णन है। कविता भीतर से दो खंडों में विभाजित है। पहले खंड में किसानों की दीन दशा के बारे में कहा गया है और दूसरे खंड में उन पर जो जुल्म किया जाता है, उसके बारे में। पहला खंड पूर्णत: वर्णानात्मक है लेकिन वर्णन की एक-एक रेखा इतनी स्पष्ट है कि निराला की यथार्थवादी शैली का लोहा मान जाना पड़ता है। सादगी और सटीकता मन को मोह लेती है। खड़ी बोली जैसे मंज-घिसकर देदीप्यमान हो उठी हो। उसमें 'हफ्ते', 'दरवाजे' और 'हवाबाज' जैसे फारसी शब्द हैं, तो 'कौड़े' जैसा क्षेत्रीय शब्द भी। ऊपर से 'गिरे गले' जैसा मुहावरेदार प्रयोग भी, जिसका मतलब है—'पस्त आवाज में'। एक-एक शब्द तराशा हुआ है, लेकिन कृत्रिमता नाम को नहीं।

अरहर अवध की मुख्य फसलों में से है, इसलिए उसका जिक्र निराला की कविता में बार-बार आता है। इस बार ओलावृष्टि से उसकी फसल पूरी तरह नष्ट हो चुकी है। स्वभावत: ठंड बहुत ज्यादा है, हड्डी तक को छेदने वाली। गेहूं के पेड़ भी ठिठुरे हुए हैं। कुहासा घिरा हुआ है। ऐसी स्थिति में खेती मारी जाने से निष्प्राण हुए किसान अपने दरवाजे पर अलाव ताप रहे हैं। अलाव के चारों ओर वे गोल बांधकर बैठते हैं। उस समय उनमें खूब बतकही चलती है। अभी भी वे बातें कर रहे हैं, लेकिन उनके स्वर में कोई उत्साह नहीं है। द्वितीय विश्वयुद्ध का समय है। एक युद्धविमान उनके ऊपर से गुजर जाता है। लक्ष्य करने योग्य है कि निराला ने मौसम, फसल की बर्बादी और किसानों का जिक्र करने के बाद अपने वर्णन में युद्धविराम को लाकर कैसा वातावरण रच दिया है—भय से भरा हुआ। एक मार प्रकृति की, दूसरी मनुष्य की। युद्धविमान जैसे किसानों की विपत्ति की पूर्वसूचना दे रहा है।

दूसरे खंड का वर्णन चित्रात्मक है, संवाद होने से अतिशय सजीव भी। जमींदार का सिपाही कंधे पर लट्ठ रखे अलाव को घेरकर बैठे दु:ख में डूबे किसानों के पास आता है और उन्हें यह फरमान सुनाता है कि उनके डेरे पर थानेदार साहब आए हुए हैं। डिप्टी साहब ने जो चंदा लगाया है, वह तुम लोगों को एक सप्ताह के भीतर दे देना है। चलकर उन्हें जवाब दे आओ। कहने की जरूरत नहीं कि चंदा वारफंड वाला है। जमींदार का आतंक ऐसा है कि उससे क्या, उसके सिपाही से भी लोग डरते हैं। जमींदार, थानेदार और डिप्टी साहब यहां ये तीनों किसानों को चूसने के लिए मोर्चाबंद हैं। डिप्टी साहब डिप्टी कलक्टर श्रेणी के कोई अफसर हैं। बेबस किसान कुछ बोलते नहीं, चुप हैं।

अंत में निराला एक किसान के कुत्ते का वर्णन करते हैं, जो अलाव से थोड़ा हटकर

बैठा हुआ था। जब सिपाही जाने लगा, वह खड़ा हुआ और भौंकने लगा। वे कहते हैं, 'करुणा से बंधु खेतिहर को देख-देखकर'। यह एक स्वाभाविक दृश्य भी है और इसकी गहरी व्यंजना भी है। त्रिलोचन ने लिखा है कि 'अंतिम पंक्ति में स्पष्ट ही गम्योत्प्रेक्षा है। उसमें और कुछ ढूंढना ठीक न होगा।' वस्तु-स्थिति यह है कि इस उक्ति को अलंकार के माध्यम से समझने की कोशिश ही ठीक नहीं है। इसकी महत्वपूर्ण व्यंजना यह है कि आदमी के मन में आदमी के लिए करुणा नहीं, लेकिन जानवर के मन में उसके लिए है! कुछ मिलाकर यह दृश्य जितना स्वाभाविक है, उतना ही सजीव भी। जैसे ऊपर निराला ने 'बात देना' मुहावरे का प्रयोग करके सिपाही के संवाद को वस्तुतः सवाक कर दिया है, नीचे 'करुणा' शब्द का प्रयोग करके उक्ति को गंभीरता प्रदान कर दी है। स्थिति अत्यंत विडंबनापूर्ण है, इसलिए यह पूरी कविता कारुणिक विडंबना का बहुत अच्छा उदाहरण है।

जिस कलात्मकता और परिपक्वता के साथ निराला ने अपनी तरफ से बिना कुछ कहे इस कविता में कृषक-जीवन के एक त्रासद खंड को उठाकर रखा है, वह हिंदी कविता में आज भी यथार्थवाद का द्वार उन्मुक्त करने वाला है। यथार्थवाद को लेकर बहुत बहसें हुई हैं। उन्होंने बहस में हिस्सा न लेकर कविता में यथार्थ का सिर्फ एक दृश्य दिखला दिया है।

'*झींगुर डटकर बोला*' नामक कविता में भी यथार्थ का ही एक खंड है, लेकिन यह यथार्थ ज्यादा व्यापक और पेचीदा है। इसमें झींगुर नामक एक किसान है, जो किसान सभा से संबद्ध होने के कारण वर्ग-चेतन हो गया है। वह अंत में छिपे हुए रहस्य का उद्‌घाटन कर स्वतंत्रतापूर्व के भारतीय समाज के एक बहुत ही कटु यथार्थ का उद्‌घाटन कर देता है। पहले हम कविता देखें :

गांधीवादी आए,
कांग्रेसमैन टेढ़े के;
देर तक, गांधीवाद क्या है, समझाते रहे।
देश की भक्ति से,
निर्विरोध शक्ति से,
राज अपना होगा;
जमींदार, साहूकार अपने कहलाएंगे
शासन की सत्ता हिल जाएगी;
हिंदू और मुसलमान
वैरभाव भूलकर जल्द गले लगेंगे;
जितने उत्पात हैं,
नौकरों के किए हुए;

जब तक इनका कोई
एक आदमी भी होगा,
चूल नहीं बैठने की।

•

इस प्रकार जब बघार चलती थी,
ज़मींदार का गोड़इत
दोनाली लिए हुएं
एक खेत फासले से
गोली चलाने लगा।
भीड़ भगने लगी।
कांस्टेबल खड़ा हुआ ललकारता रहा।
झींगुर ने कहा
'चूंकि हम किसान सभा के
भाईजी के मददगार,
जमींदार ने गोली चलवाई
पुलिस के हुक्म की तामीली को।
ऐसा यह पेच है।'

स्पष्टत: यह कविता तीन खंडों में बंटी हुई है। पहले खंड में किसान सभा का वर्णन है, जो जमींदार के विरोध में आयोजित है और जिसमें एक गांधीवादी नेता भाषण देते हैं। दूसरे खंड में गांधीवाद की पोल खोलते हुए सभा पर पुलिस की मिलीभगत से जमींदार के चौकीदार द्वारा गोली चलाने का वर्णन है। तीसरे खंड में झींगुर की टिप्पणी है, जिसमें सामाजिक-राजनीतिक शक्तियों के आपसी संबंध और विरोध पर तीखा प्रकाश डाला गया है।

किसानों की सभा में टेढ़ा या टंढ़वा नामक गांव के एक कांग्रेसी नेता, जो कि गांधीवादी हैं, भाषण दे रहे थे। किसानों का टकराव जमींदार से था, लेकिन इन नेता ने उन्हें पहले गांधीवाद का पाठ पढ़ाया, फिर उनके गुस्से को दूसरी तरफ मोड़ने की कोशिश की। गांधीवाद का पाठ क्या था? यही कि स्वराज्य सच्ची देशभक्ति और निष्क्रिय प्रतिरोध यानी सत्याग्रह से ही प्राप्त होगा। मतलब कि जमींदारों के विरुद्ध उनका जो संघर्ष है, सो गलत है। इसके साथ उन्होंने यह भी कहा कि स्वराज्य-प्राप्ति के बाद जमींदार और सेठ-साहूकार जनता के शत्रु न रहकर मित्र बन जाएंगे। अभी हिंदू और मुसलमान आपस में झगड़ते हैं, स्वतंत्रता प्राप्त होते ही वे भी प्रेमपूर्वक रहने लगेंगे। आखिरी बात उन्होंने यह कही कि सभी उपद्रवों की जड़ ये नौकरशाह हैं, यानी अंगेजों का कोई कसूर नहीं, कसूर इन बिचवानों का है। जब तक इनका एक आदमी भी रहेगा, जनता और इनके बीच सामंजस्य न स्थापित हो सकेगा। संकेत औपनिवेशिक स्वराज्य की तरफ है। अंग्रेजों

के हाथ में शासन रहे, लेकिन शासन चलाने वाले भारतीय हों, फिर कोई दिक्कत न होगी। स्मरणीय है कि इस समय तक कांग्रेस ने पूर्ण स्वराज्य को अपना लक्ष्य बना लिया था लेकिन औपनिवेशिक स्वराज्य की मांग को उसने छोड़ा नहीं था।

इस गांधीवादी प्रवचन पर डा. रामविलास शर्मा की टिप्पणी बहुत ही अच्छी है। वे कहते हैं : 'अपना राज हुआ और भारत में ब्रिटिश पूंजी सुरक्षित रही; जमींदार, साहूकार अपने हुए, इस तरह कि खेत-मजदूरों को जीवित आग में जलाने और गोलियों से भून डालने की घटनाएं आए दिन होती रहती हैं; हिंदू और मुसलमान इस तरह गले मिले कि देश का बंटवारा हुआ और उसके बाद कभी अहमदाबाद तो कभी इलाहाबाद, सांप्रदायिक नरसंहार होता ही रहता है।' स्पष्ट है कि निराला गांधीवाद की और उससे प्रभावित कांग्रेसी राजनीति की जो सीमाएं देख रहे थे, वे कल्पित न होकर यथार्थ थीं। कविता के इस खंड में उनका व्यंग्य बहुत ही दबा हुआ है। उन्होंने उसे उभारने की जरूरत नहीं समझी, क्योंकि आगे की स्थितियां उसे स्वयं एकदम प्रकट कर देती हैं।

कविता के दूसरे खंड की पहली पंक्ति में जरूर व्यंग्य का विस्फोट है— 'बघार' शब्द के प्रयोग से। निराला कहते हैं कि कांग्रेसी नेता द्वारा गांधीवाद बघारा जा रहा था, तभी ऐसी घटना घटी कि उसकी असलियत पूरी तरह से उजागर हो गई। हुआ यह कि जमींदार का चौकीदार एक खेत-जितनी दूरी से अपनी दोनाली बंदूक से किसानों की सभा पर गोली चलाने लगा। उक्त नेता, किसानों की सभा में उनके जमींदार-विरोध को कम करने के लिए ही प्रयासरत थे, उसने इस बात को कोई महत्व न दिया। जब गोलियां चलने लगीं, तो लोग भागने लगे। चूंकि जमींदारों और किसानों के बीच संघर्ष की स्थिति थी, इसलिए वहां पुलिस भी मौजूद थी। लेकिन पुलिस ने क्या किया? वह किसानों को लड़ने के लिए चुनौतियां देती रही। यह है जमीदारों और अंग्रेजों की स्वार्थ पर आधारित वर्गीय एकता, जिसे समझने में गांधीवाद असमर्थ था। यह जानी हुई बात है कि जमींदार ही अंगेजी हुकूमत का मजबूत पाया थे और वे भी अंग्रेजों के ही बल पर टिके हुए थे। यह तथ्य भी अज्ञात नहीं कि अंग्रेजों ने देश के बड़े हिस्से पर जमींदारों और सामंतों के माध्यम से ही शासन किया, यानी भारतीय जनता पर भारतीयों के माध्यम से। यहां भी पुलिस चालाकी करती है। वह किसानों की सभा पर खुद गोली नहीं चलाती,जमींदार के ही चौकीदार से चलवाती है। निराला इन तमाम स्थितियों को जैसे बिजली के तेज प्रकाश में बेपर्द कर देते हैं। चौकीदार के लिए वे 'गोड़इत' शब्द का प्रयोग करते हैं, दूरी की माप के लिए किसानों की भाषा में ही कहते हैं—'एक खेत फासले से', और व्यंग्य करना होता है, तो 'बघार' शब्द को ले आते हैं। यह सब उनकी भाषा को विश्वसनीय ही नहीं, असरदार भी बनाता है।

अंतिम खंड में झींगुर साफ कर देता है कि चूंकि किसान किसान सभा के नेता भाईजी के अनुयायी हैं, इसलिए जमींदार ने उन पर गोली चलवाई है। वह इससे भी

बड़ी बात यह कहता है कि गोली चलाने का हुक्म तो पुलिस ने दिया था, जमींदार ने तो केवल उसे तामील किया। स्पष्ट है कि अंग्रेजी हूकूमत जमींदार-विरोध को अपना विरोध मानकर चल रही थी क्योंकि जैसा कि कहा जा चुका है, जमींदारों और सामंतों के वर्ग ने उसे बहुत ही टिकाऊ आधार प्रदान कर रखा था। स्वभावत: किसानों पर गोलियां चलाने से जितना बड़ा स्वार्थ जमींदारों का सिद्ध होता था, उससे बड़ा स्वार्थ अंग्रेजों का। इसी से गोलियां चलाने का आदेश पुलिस का था, जो राज्य-शक्ति का मूर्त रूप हुआ करती है। झींगुर इस पेच को समझता है। उसकी बुद्धिमत्ता और निर्भीकता निराला को आश्वस्त करती है। इस दृष्टि से यह किसान '*कुत्ता भौंकने लगा*' के किसानों की तरह विवश और निरुपाय नहीं है। ताज्जुब नहीं कि कविता के अंत में उसका संवाद उसमें जान डाल देता है। निराला महान काव्यशिल्पी भी थे। उसके संवाद के साथ कविता का अंत कर उन्होंने इसके प्रभाव को अमिट कर दिया है।

इस कविता में कृषक-जीवन का यथार्थ और गांधीवाद दोनों आमने-सामने हैं। उस यथार्थ के आगे गांधीवाद क़ितना लाचार है, निराला ने यही इसमें दिखलाया है। पूरी कविता में एक नाटकीयता है, गांधीवादी प्रवचन से लेकर किसानों की सभा पर गोली चलाने तक, बल्कि अंत में झींगुर के टिप्पणी करने तक। आंखों के सामने पहले दो दृश्य घटित होते हैं, फिर जैसे झींगुर द्वारा असली दृश्य पर से परदा उठाया जाता है, तो दर्शक नाटक का असली आस्वाद पाते हैं।

'*कुत्ता भौंकने लगा*' की तरह पुन: किसानों की विवशता का चित्रण करने वाली कविता है–'*छलांग मारता चला गया*' लेकिन इसमें कुछ और बातें भी हैं। कविता एक सांस में लिखी गई है, इसलिए इसमें एक एकतानता है। यदि उसे कोई चीज थोड़ा भंग करती है, तो अंत की दो पंक्तियां, जिनमें कवि ने पूरी बदसूरत स्थिति को उजागर किया है। कविता इस प्रकार है :

जमींदार के सिपाही की
लाठी का गूला, लोहाबंधा,
दरवाजे गढ़ा कर जाता है।
लोगों के सर
जैसे ढाल देखती आंखों के नीचे गड़े हों।
निगह कभी भले-भले
उठने न देने वाली।
हाथ-पैर किसी तरह मानकर नहीं चले।
अगर किसी जोत या बाग की मेड़ को
छूता भी पेड़ हो,
बढ़ा हो किसान भी अधिकार के लिए

गूला उस पेड़ के
तने पर रखकर वह
डट-डटकर देखता है।
आंखों में उस अवसर पर,
धुंधी छा जाती है,
आदमी जैसे कमान,
बन जाता है किसान।
सामाजिक और राजनीतिक सहारे कुल
छुटकर भग जाते हैं।
धर्म-कर्म, लोग-जन
जान पर खेलते हैं।
राक्षस विशालकाय
आध्यात्मिक नसों का
खून चूसता हुआ।
पास का मेढक थाले के पानी से उठकर
मूत-मूतकर छलांग भारता चला गया।

यदि इस कविता पर इसे खंडों में बांटकर ही विचार करना हो, तो बिना इसी एकतानता को क्षति पहुंचाए इसके तीन खंड किए जा सकते हैं। पहला खंड 'डट-डटकर देखता है' इस पंक्ति तक मानना चाहिए और दूसरा खंड उससे आगे से लेकर अंतिम दो पंक्तियों के पहले तक। अंतिम दो पंक्तियां तीसरे खंड में आएंगी।

पहले खंड में जमींदार के सिपाही का बहुत ही सजीव वर्णन है, उसके व्यवहार के साथ-साथ उसके आतंक का। उसकी लाठी की नोक में लोहा लगा है, जिसे वह किसानों के दरवाजे पर अड़ाता है, तो वहां गड्ढा बन जाता है। उसकी आंखों में वह तेजी होती है कि वे उसके सामने कभी ठीक-ठीक नजर नहीं उठा पाते। वे उसकी आंखों के नीचे हमेशा सिर झुकाए रहते हैं, जैसे उनके सिर ढाल हों, जिन पर वे उन आंखों का वार झेलते हों। किसानों के मन में जब कभी जमींदार के विरुद्ध विद्रोह का भाव पैदा हुआ, किसी न किसी बात ने उन्हें रोक दिया, वे उनके विरुद्ध हाथ-पांव नहीं चला सके, यानी सक्रिय नहीं हुए। स्थिति यह है कि किसान के बगीचे का कोई पेड़ जमींदार के खेत या बगीचे की मेड़ का किसी तरह से स्पर्श भी करता है और किसान उस पर अपना हक जताता है, तो वह सिपाही उस पेड़ के तने पर अपनी लाठी का गूला रखकर डराने वाली कड़ी नजरों से उसे देखता है। मतलब यह कि वह उस पेड़ को दखल कर लेता है, यह कहकर कि वह जमींदार की जमीन की सीमा में है। उस समय किसान की आंखों के आगे अंधेरा छा जाता है, वह ऐसे झुक जाता है, जैसे कमान हो, आदमी नहीं।

दूसरे खंड में जमींदार के आगे किसानों की बेचारगी का वर्णन है लेकिन जैसा कि ऊपर संकेत किया गया है, उतना ही नहीं है। जमींदार से आतंकित किसान अपने को बिलकुल अकेला महसूस करता है। उसके सारे सामाजिक और राजनीतिक सहारे उसे छोड़कर चल देते हैं। धर्म-भावना और परंपरागत लोक-भावना इन दोनों में से कोई उसे विद्रोह की अनुमति नहीं देती, जिससे उसकी जान पर बन आती है। जानी हुई बात है कि किसान बहुत धार्मिक होते हैं, इसलिए वे राजा के खिलाफ विद्रोह नहीं कर सकते, क्योंकि धर्म के अनुसार राजद्रोह पाप है। परंपरागत ग्राम-जन भी इसी तरह सोचते हैं। यहां निराला ने धर्म पर वज्र प्रहार किया है। कहते हैं, 'राक्षस विशालकाय/ आध्यात्मिक नसों का/खून चूसता हुआ'। विशालकाय राक्षस धर्म है और आध्यात्मिक नसें किसान की हैं। जैसा कि कहा गया, किसान बहुत धार्मिक होते हैं, इसलिए उनकी नसों में आध्यात्मिक रक्त प्रवाहित होता है। इस रक्त को चूसकर उक्त राक्षस उसे निष्प्राण बना देता है। इस तरह धर्म किसान की धर्म-भावना का दोहन कर उसे तनकर खड़ा नहीं होने देता।

यह पूरी स्थिति बहुत ही बदसूरत है, जिसे कविता के अंतिम खंड में निराला दो पंक्तियों में एक दृश्यांकन के द्वारा उजागर करते हैं। जमींदार का सिपाही और किसान जैसे आमने-सामने हैं। उस समय पौधों के थाले में से, जिसमें थोड़ा पानी है, एक मेढक उछलता है और पेशाब करता हुआ छलांग लगाता एक ओर को चला जाता है। जैसे '*कुत्ता भौंकने लगा*' कविता की अंतिम पंक्तियों में कुत्ते का भौंकना व्यंजनापूर्ण है, इन पंक्तियों में मेढक का इस तरह छलांग लगाना भी। डा. शर्मा ने इस वर्णन को प्रतीकात्मक कहा है, जमींदार की शक्ति के आगे किसान की कमजोरी को सामने लाने वाला लेकिन वस्तुत: यह वर्णन व्यंग्यात्मक है। निराला अपनी कविता में प्रतीकों का ऐसा भोंड़ा प्रयोग नहीं करते। उनकी काव्य-कला इससे बहुत ऊंचे स्तर की थी। उसमें व्यंजना का ही महत्व है, स्थूल प्रतीक-योजना का नहीं। तात्पर्य यह कि उनकी कविता में आने वाली चीजें अपने रूप में अपना महत्व रखती हैं, अपना अर्थ छोड़कर कोई दूसरा अर्थ ग्रहण नहीं करतीं। यदि वे ऐसा करती हैं, तो अपने रूप को लिए हुए, उसके साथ। इससे उनकी कविता यथार्थवादी ही नहीं, प्रभावशाली भी बनती है।

'*डिप्टी साहब आए*' कविता में और बातों के साथ जमींदार के षड्यंत्र का पर्दाफाश है। जमींदार रघुवर नामक एक ग्रामीण का बगीचा हड़पना चाहता है। रघुवर मर चुका है। उसकी संपत्ति की वारिस उसकी पुत्री लछमिन है। जमींदार कोर्ट में यह साबित करना चाहता है कि लछमिन उसकी औरस पुत्री नहीं, दोगली लड़की है, इसलिए वह उसकी वारिस नहीं हो सकती! दूसरे, जमींदार और उसके अमले उस बगीचे को बंजर बतलाते हैं। मामले की जांच के लिए डिप्टी साहब आते हैं। बदलू नामक एक किसान अंतत: साहस का परिचय देता है और वह परिस्थिति पैदा करता है, जिससे सारे गांव के लोग लछमिन का पक्ष लेते हैं और सही-सही गवाही देते हैं। यह घटना है, जिसे

पूरी नाटकीयता के साथ निराला ने इस कविता में रखा है। देखने की बात यह है कि उन्होंने किस-किस तरह से न यथार्थवादी काव्य-रचना का मार्ग प्रशस्त किया है।

कविता अविराम गति से अंत तक चलती रहती है, लेकिन अध्ययन की सुविधा के लिए उसके चार खंड किए जा सकते हैं। पहला खंड यह है :

बदलू अहिर के दरवाज़े भीड़ है।
गोड़इत कह रहा है,
'ऐसे-वैसे नहीं हैं,
डिप्टी साहब बहादुर तशरीफ ले आए हैं।'
डरकर दबकर बदलू गोड़इत को देखता है।
फिर खंखारकर सारे गांव को गुंजाता हुआ
गोड़इत कह रहा है,
'अहिर के मूसर, ये दई के दूसर हैं,
इनसे एक घाट में भेड़ और भेड़िए
बिना वैरभाव के पानी पी रहे हैं।
इनके साथ और अफसरान हैं,
जैसे दारोगा जी,
बीस सेर दूध दोनों घड़ों में जल्द भर।'

डिप्टी साहब तहकीकात में आए हैं। जमींदार का चौकीदार उनकी खिदमत में लगा हुआ है। डिप्टी साहब के साथ दूसरें अफसर भी हैं, जैसे दरोगा। उनकी खातिरदारी के लिए बीस सेर दूध चाहिए। चौकीदार उसके लिए बदलू अहीर के दरवाजे पर पहुंचता है और पहले बदलू को खूब डरा देता है, फिर मुफ्त में उसे दो घड़ों में बीस सेर दूध भरने का हुक्म देता है। बदलू के दरवाजे पर अच्छी-खासी भीड़ इकट्ठी है। उस भीड़ में चौकीदार हांकता चला जा रहा है। कहता है, कोई मामूली अफसर नहीं, स्वयं डिप्टी साहब आए हुए हैं। इस सूचना से बदलू डर जाता है और वह दबा हुआ चौकीदार पर दृष्टि डालता है। चौकीदार गला साफ करता है और आगे बहुत ऊंची आवाज में बदलू को बतलाता है कि डिप्टी साहब 'अहिर के मूसर' यानी ग्वाले की लाठी हैं, जो सीधे कपाल पर बजरती है। इसी तरह वह उन्हें 'दई के दूसर' यानी दैव का दूसरा रूप भी घोषित करता है। कहता है, उनके डर से भेड़ और भेड़िए पारस्परिक वैर-भाव बिसराकर एक घाट पर पानी पी रहे हैं। वे अकेले भी नहीं आए हैं। इसी के बाद वह दूध वाला अपना आदेश सुनाता है। इस खंड की भाषा और वर्णन देखने लायक है। 'अहिर के मूसर, ये दई के दूसर हैं'—ऐसी सघन भाषा तो प्रेमचंद में भी नहीं मिलती है। निराला ने कई तरह से गद्य को कविता तक उठाया है। एक ढंग उनका 'अप्सरा' उपन्यास वाला है, जिसमें छायावादी चित्रात्मकता से युक्त भाषा है, दूसरा 'बिल्लेसुर बकरिहा'

वाला, जिसमें आंचलिकता का गहन स्पर्श है। 'डिप्टी साहब आए' जैसी कविताओं की भाषा 'बिल्लेसुर बकरिहा'-वाली भाषा है, सरस और दीप्त आंचलिकता से युक्त। पूरा दृश्य नाटक वाला है, जिसे चौकीदार का संवाद अत्यंत जीवंत बना रहा है।

दूसरे खंड में बदलू और चौकीदार का संवाद है, जिससे जो मामला है, वह सामने आ जाता है :

> 'अरे भाई, सुन तो लो', बदलू कह रहा है,
> 'हम भी देख रहे हैं, लछमिन का बाग है,
> जमींदार अमले हैं, बनजर कह रहे हैं,
> लछमिन को कहते हैं,
> दोगली लड़की है,
> सारा गांव जानता है,
> रघुवर की कोई नहीं।
> इसीलिए आए हैं।
> तुम भी कुछ कहोगे?'
> 'जानता नहीं है बे',
> गोड़इत ने पैर रोपा,
> 'जमींदार के हैं हम,
> मालिक का भला जहां वहां है हमारा भला।'

बदलू असली प्रसंग उठा देता है, जिसके लिए डिप्टी साहब आए हुए हैं। वह दूध वाली बात को पचाकर चौकीदार से जो सच्चाई है, वह कहता है। वह जमींदार की गलतबयानी पर आपत्ति करता है। जमींदार अफवाह फैला रहा है कि सारा गांव जानता है कि लछमिन रघुवर की कोई नहीं है। वास्तविकता इसके बिलकुल उलट है। सारा गांव जानता है कि वह रघुवर की औरस पुत्री है, भले लोग डर के मारे न बोलें। बदलू चौकीदार से कहता है कि सच्चाई से तो तुम भी वाकिफ हो, फिर क्या वह तुम नहीं कहोगे और एकदम चुप रहोगे? उसका सवाल सुनकर चौकीदार ने मजबूती से जमीन पर पांव रोपा और उससे कहा कि बे, क्या तुम यह नहीं जानते कि हम जमींदार के आदमी हैं और उन्हीं के प्रति वफादार हैं? उन्हीं की भलाई में हमारी भलाई है। यह फर्क है एक मामूली किसान और जमींदार के एक चाकर में। देखने लायक बात जमींदार की चालबाजी और फिर बदलू द्वारा उसे बेपर्द किया जाना है। यह पूरा प्रसंग संवादों के माध्यम से उपस्थित किया गया है, जो संटीक तो हैं ही, तनाव से भरे हुए भी हैं।

चौकीदार द्वारा सच्चाई के ऊपर वफादारी को रखा जाता देखकर बदलू गुस्से से भर उठा। उसने उसे गहरी निगाह से देखा और एक घूसा उसकी नाक पर दे मारा। निराला के शब्दों में :

जमकर बदलू ने बदमाश को देखा, फिर
उठा क्रोध से भरकर
और एक घूंसा तानकर नाक पर दिया।
गोड़इत प्रेमीजन था,
जमीं चूमने लगा।
तब तक बदलू के कुल तरफदार आ गए—
मन्नी कुम्हार, कुल्ली तेली, भकुआ चमार,
लुच्छू नाई, बली कहार, कुल टूट पड़े।
कुछ नहीं हुआ, कुछ नहीं हुआ, होने लगा।

यह कविता का तीसरा खंड है, जिसमें चौकीदार अपनी वफादारी के लिए बदलू से ही नहीं, गांव के अन्य लोगों से भी पिटता है। ध्यातव्य है कि निराला ने बदलूसहित जितने जनों के नाम गिनाए हैं, वे सभी पिछड़ी जातियों के हैं। अगली जातियों पर न तो जमींदार का उतना आतंक था, न वे उतने शोषित थे। निराला ने पिछड़ी जाति की लछमिन के हक के सवाल को लेकर पिछड़ी जातियों में क्षणांतर में कायम हो जाने वाली अभूतपूर्व एकता का चित्रण किया है। अनुमान है कि चौकीदार भी पिछड़ी जाति का ही था, जो जमींदार के प्रति वफादारी के कारण लछमिन का विरोध कर रहा था। उसके इस विश्वासघात के लिए ही उसे दंड दिया गया था। निराला का विनोद-भाव इस प्रसंग में भी सक्रिय रहता है। जब लोगों ने उस पर प्रहार किए, तो वह तुरत धराशायी हो गया। उस समय वे कहते हैं, 'गोड़इत प्रेमीजन था,/जमीं चूमने लगा।' आशिकमिजाज लोग आम तौर पर नाजुक हुआ करते हैं। मार पड़ने पर सीधे जमीन पर आ जाते हैं! निराला अपनी यथार्थवादी कविता में अब छायावाद के भावुक प्रेमी का मजाक उड़ाते हैं। दिलचस्प है कि चौकीदार की ठुकाई करने के बाद ठोंकने वालों ने पूछने वालों को यह बतलाया कि कुछ नहीं हुआ है। यह ठुकाई वाली बात को दबाने की गरज से किया गया, जिससे वह जमींदार या डिप्टी साहब तक न पहुंचे और वहीं खत्म हो जाए। यह गांव का बहुत ही स्वाभाविक दृश्य है। जिसे निराला ने एक वाक्य में उतारकर रख दिया है— 'कुछ नहीं हुआ, कुछ नहीं हुआ, होने लगा।'

अंतिम खंड :

बदल गया रावरंग,
सब लोग सत्य कहने के लिए तुल गए।
तब तक सिपाही थानेदार के भेजे हुए
आए और दाम दे-देकर माल ले गए।
सारा गांव बाग की गवाही में बदल गया,
सही-सही बात कही।

'राव' दरबारी सरदार को कहते हैं, या फिर चारण-भाट को। इस तरह 'रावरंग' का मतलब हुआ चापलूसी या वफादारी का रंग, जो चौकीदार पर प्रहार होने के बाद पूरा बदल गया। अब जमींदार को खुश करने या उससे डरने की बात नहीं रह गई। सब लोगों ने निश्चय कर लिया कि लछमिन के बाग के मामले में सही-सही बात कहेंगे और कही। इस बीच थानेदार के भेजे हुए सिपाही आए और पैसे देकर दूध ले गए। पता नहीं घटना की खबर थानेदार तक पहुंच चुकी थी, या चौकीदार ही खैरखाही में बदलू से मुफ्त दूध चाह रहा था।

कहने की आवश्यकता नहीं कि हिंदी में कृषक-जीवन से संबंधित ऐसी यथार्थवादी और जीवंत कविताएं किसी दूसरे कवि ने नहीं लिखीं, जिनमें घटना ही नहीं, एक पूरी कहानी हो, जिसे नाटक बनाकर आंखों के सामने प्रस्तुत किया गया हो। पाठक समझ सकते हैं, ग्रामीण जीवन में कितने रचे-बसे थे निराला। भाषा उनकी गढ़ी हुई बिलकुल नहीं जान पड़ती। लगता है किसानों की बातचीत से उठा ली गई है। उसकी ताजगी का यही कारण है।

'*महगू महगा रहा*' निराला की इस शृंखला की कविताओं में सर्वाधिक प्रसिद्ध है। यह किंचित विस्तृत पटभूमि को लेकर लिखी गई कविता है, जिसमें किसान हैं, तो जमींदार भी, मजदूर हैं, तो मिल-मालिक भी और कांग्रेसी नेता हैं, तो स्वयं कवि भी। यह वस्तुतः कांग्रेस के नेतृत्व में चलने वाले पूरे स्वाधीनता आंदोलन की आलोचना है, साथ-साथ कुछ और चीजों की भी। आलोचना से निराला का अवलोकन-बिंदु और उनकी प्रतिश्रुति बिलकुल स्पष्ट है।

कविता में सर्वप्रथम एक कांग्रेसी नेता का चित्र प्रस्तुत किया गया है :

आजकल पंडितजी देश में बिराजते हैं।
माताजी को स्वीज़रलैंड के अस्पताल,
तपेदिक के इलाज के लिए छोड़ा है।
बड़े भारी नेता हैं।
कुइरीपुर गांव में व्याख्यान देने को
आए हैं मोटर पर
लंडन के ग्रैज्युएट,
एम.ए. और बैरिस्टर,
बड़े बाप के बेटे,
बीसियों भी पर्तों के अंदर, खुले हुए।
एक-एक पर्त बड़े-बड़े विलायती लोग।
देश की भी बड़ी-बड़ी थातियां लिए हुए।
राजों के बाजू-पकड़, बाप की वकालत से;

कुर्सी रखने वाले अनुल्लंघ्य विद्या से
देशी जनों के बीच;
लेंड़ी जमींदारों को आंखें तले रक्खे हुए;
मिलों के मुनाफे खानेवालों के अभिन्न मित्र;
देश के किसानों, मजदूरों के भी अपने सगे
विलायती राष्ट्र से समझौते के लिए।
गले का चढ़ाव बोर्झुआजी का नहीं गया।
धाक, रूस के बल से ढीली भी, जमी हुई;
आंख पर वही पानी;
स्वर पर वही संवार।

स्पष्ट है कि यह वर्णन किसी और नेता का न होकर स्वयं पं. जवाहरलाल नेहरू का है, जिन्हें निराला ने अपनी प्रसिद्ध कविता 'वन-बेला' में भी याद किया है। ऐसा नहीं है कि वे नेहरू-विरोधी ही थे क्योंकि उन्होंने उनके पक्ष में भी बहुत कुछ लिखा है, कविता तक लेकिन यह सही है कि उन्हें उनसे विशेष रूप से शिकायत थी क्योंकि देश में उनकी छवि एक समाजवादी नेता की थी, जबकि व्यवहार में उनमें समाजवाद के पथ से बहुत विचलन दिखलाई देता था। यह चीज उन्हें नागवार गुजरती थी और वे कविता में उनके प्रति बहुत तीखे ढंग से प्रतिक्रिया करते थे। यह जरूर है कि चित्र में वे हलके-फुलके ऐसे परिवर्तन कर देते थे, जिससे वह किसी हद तक निर्वैयक्तिक हो जाता था। यही कारण है कि ऊपर उद्धृत कवितांश में जितनी बातें कही गई हैं, वे सब ऐतिहासिक तथ्य के रूप में उन पर लागू नहीं होतीं। इस कविता पर विचार करने के क्रम में अब तक कवि के विचारों पर ही ध्यान केंद्रित किया गया है, इसकी कला की पूर्णत: उपेक्षा की गई है, जबकि यह कविता एक उत्कृष्ट कलाकृति भी है।

पहली पंक्ति से ही निराला का व्यंग्य शुरू हो जाता है। 'देश में बिराजते हैं' के 'बिराजते हैं' में तो व्यंग्य है ही, 'पंडित जी' और 'आजकल' में भी व्यंग्य है। इस पूरे वाक्य से यह प्रकट है कि ये नेता ज्यादातर विदेशों में ही रहते हैं; यह देश का सौभाग्य है कि आजकल वे देश में हैं! इसी तरह 'इलाज के लिए छोड़ा है' में जो 'छोड़ा है' है, वह भी व्यंग्य में बुझा हुआ है। एक तो स्वीट्जरलैंड, दूसरे, वहां 'छोड़ा है'! इसमें उनकी व्यस्तता का उपहास है। 'बड़े भारी नेता हैं' यह सादा सा वाक्य भी बर्छी की नोक की तरह चुभने वाला है। नेता का बाकी परिचय भी वैसा ही है। 'बीसियों भी पर्तों के अंदर, खुले हुए' और इसके बाद आने वाली दो पंक्तियां बहुत ही मार्मिक हैं। नेता के व्यक्तित्व पर बीसियों पर्तें हैं। ये पर्तें बड़े-बड़े अंग्रेजों से लेकर बड़े-बड़े भारतीयों तक ने बनाई हैं, जो इस देश की 'थाती' है! 'लिए हुए' यह नेता के लिए प्रयुक्त है। तात्पर्य यह है कि वे बड़े-बड़े अंग्रेजों से तो घिरे रहते ही हैं, बड़े-बड़े भारतीयों को भी

अपने से लगा रखा है ! नेता की खूबी यह है कि इतनी पर्तों के भीतर रहते हुए भी वे खुले हुए हैं। पाठक लक्ष्य करेंगे कि किसी हद तक यह पं. नेहरू के व्यक्तित्व की विशेषता थी। उनका व्यक्तित्व ऊपर से बहुत मुक्त लगता था। आगे निराला कहते हैं कि चूंकि इन नेता के पिता नामी वकील हैं और राजाओं-महाराजाओं के मुकदमे लड़ते हैं, इसलिए वे भी उन्हीं के सहायक हैं। लेकिन इस सबसे जनता के बीच उन्हें जो स्थान प्राप्त है, उसे सुरक्षित रखने में उन्हें कोई दिक्कत नहीं होती। उन्हें उसका अचूक गुर मालूम है। वे कांग्रेस के भीतर समाजवाद के प्रवक्ता माने जाते हैं, लेकिन उनका आचरण यह है कि भीरु जमींदार भी उनके प्रिय हैं और मुनाफाखोर मिल मालिक भी उनके अभिन्न मित्र हैं ! मतलब यह कि वे ऐसे समाजवादी नेता हैं, जो एक तरफ सामंतवाद को प्रश्रय दिए हुए हैं और दूसरी तरफ पूंजीवाद को। मजा यह है कि इसके साथ-साथ वे देश के किसानों और मजदूरों के भी अपने सगे बने हुए हैं। इतना ही नहीं, वे स्वाधीनता-संग्राम के नेता हैं, लेकिन अपने राष्ट्र के हितों के विरुद्ध समझौते के द्वारा विलायती राष्ट्र के हितों की रक्षा के लिए प्रस्तुत हैं। इस समझौते के लिए ही उन्होंने देश के किसानों और मजदूरों को मिला रखा है। इस तरह उनका समाजवाद साम्राज्यवाद का भी हितू है ! 'बेला' की एक गजल में भी निराला ने कहा था : 'पटली है बैठने को गोरे की सांवले से'। वे लक्ष्य करते हैं कि ये नेता समाजवादी बनते हैं, लेकिन आवाज में जो पूंजीवादी रोब है, वह बना हुआ है। धाक ढीली हो चुकी है, लेकिन चूंकि रूस के समर्थक हैं, इसलिए वह उखड़ी नहीं, अभी जमी हुई है। आंखों में पहले वाला ही पानी है और स्वर में पहले वाला ही परिष्कार। पहले वाला यानी तब का, जब वे समाजवादी नहीं हुए थे।

डा.शर्मा ने लिखा है कि 'नेहरूवाद की ऐसी नपी-तुली आलोचना हिंदी साहित्य में दूसरी जगह नहीं है। तीनों मुद्दों (सामंतवाद का खात्मा, उद्योग-धंधों का राष्ट्रीयकरण और विदेशी पूंजी से देशी पूंजी के गठबंधन की समाप्ति) पर यह राजनीति समझौतावादी थी, फिर भी वह जनता को भरमाने में सफल इसलिए हुई कि पूंजीवादी प्रचार ने जनता में यह विश्वास जमाने में कुछ उठा न रखा था कि जवाहरलाल नेहरू 'देश के किसानों, मजदूरों के भी अपने सगे' हैं।' यह टिप्पणी सही हो या गलत, इतना तय है कि कांग्रेस या पं. नेहरू के भीतर ज़मींदारों, पूंजीपतियों और अंग्रेजों के साथ समझौता करने की जो प्रवृत्ति थी, जनता के पक्ष से निराला उसके सख्त खिलाफ थे। यदि न होते, तो उन्होंने ऐसी कठोर कविता न लिखी होती। व्यंग्य का पानी उनकी उक्तियों पर चढ़ता ही चला गया है और स्वर का तीखापन भी संवरता ही चला गया है। डा. शर्मा ने यह भी कहा है कि 'नए पत्ते' की रचनाओं में कसाव कम है, फैलाव ज्यादा है और उनमें निराला जिन व्यक्तियों का चित्रण करते हैं, उन्हें पूरी तरह उभार नहीं पाते। इन दोनों में से किसी भी बात से सहमत होना कठिन है।

नेता का परिचय देने के बाद निराला ने कविता की सभा में उपस्थित होने वाले श्रोताओं का परिचय दिया है, उसी तरह विस्तार से :

गांव के अधिक जन कुली या किसान हैं;
कुछ पुराने परजे जैसे धोबी, तेली, बढ़ई,
नाई, लोहार, बारी, तरकिहार, चुड़िहार,
बहना, कुम्हार, डोम, कुइरी, पासी, चमार,
गंगापुत्र, पुरोहित, महाब्राह्मण, चौकीदार;
कामकाज, दीवाली-जैसे परबों के दिन
मनों ले जाने वाले पिछली परिपाटी से;
हुए, मरे, ब्याह में दीवाला लाते हुए,
जमींदार के वाहन।
बाकी परदेश में कौड़ियों के नौकर हैं
महाजनों के दबैल,
स्वत्व बेचकर विदेशी माल बेचने वाले;
शहरों के सभासद।
ऐसे ही प्रकार के प्राकार से घिरे
लोगों में भाषण है।
जब भी अफीम, भांग, गांजा, चरस, चंडू, चाय,
देशी और विलायती तरह-तरह की शराब
चलती है मुल्क,
फिर भी आजादी की हांक का नशा बड़ा;
लोगों पर चढ़ता है।
विपत्तियां कई हैं घूंसे और डंडे की;
उनसे बचने के लिए
रास्ता निकाला है, सभाओं में आते हैं
गांव के लोग कुल।
एक-एक आ गए।

यह गांव की आबादी का पूरा विवरण है। ज्यादा लोग बाहर कुली का काम करते हैं, या घर पर रहकर किसानी। कुछ लोग, जिनकी जातियों के नाम निराला ने गिनाए हैं, पौनी हैं। 'परजे' 'प्रजावर्ग' है, जो 'सरोजस्मृति' नामक कविता में आता है, यथा 'आए पंडितजी, *प्रजावर्ग*/आमंत्रित साहित्यिक, संसर्ग/देखा विवाह आमूल नवल. . .।' इसका अर्थ 'पौनी' ही है। ये पौनी विभिन्न कामकाजों में और दीवाली जैसे त्योहारों के दिन परंपरानुसार अपनी सेवा के बदले गांव वालों से मनों अनाज वसूल ले जाते हैं। निराला कहते हैं कि जन्म, मृत्यु और ब्याह में तो वे किसानों का दिवाला निकाल देते हैं। 'होना'

यह क्रियापद बैसवाड़ी में 'पैदा होना' के अर्थ में भी प्रयुक्त होता है। यहां 'हुए' उसी अर्थ में प्रयुक्त है। यह प्रयोग 'खजोहरा' कविता में भी है, यथा 'सावन में भतीजा *होने* को हुआ/पहले से बुला लाई गईं बुआ', और फिर 'आराधना' के पहले गीत में भी : 'पद्मा के पद को पाकर हो/सविते, कविता को यह वर दो'। निराला इन पौनियों की आलोचना करते हैं क्योंकि ये सामंती प्रथा को दृढ़ करने वाले हैं। वे उन्हें 'जमींदार के वाहन' भी कहते हैं क्योंकि जमींदार उन्हीं पर चढ़कर चलता है। वे यदि विद्रोह कर दें, तो वह धराशायी हो जाए। गांव के जो लोग बाहर हैं, वे विभिन्न शहरों में बहुत कम पैसे पर नौकरी करते हैं, रोब-दाब वाले सेठों के यहां। ये सेठ अपना अधिकार गंवाकर विदेशी माल बेचने वाले हैं! 'तारे गिनते रहे' कविता में निराला इस बात पर अपना क्षोभ प्रकट कर चुके हैं कि भारत के पराधीन हो जाने पर अपना व्यापार छोड़कर 'माल के दलाल ये वैश्य हुए देश के'। और यही सेठ शहरों के सभासद बने हुए हैं! वे इस बात के प्रति भी आलोचनात्मक हैं कि गांव के जो लोग बाहर हैं, वे अंग्रेजों का माल बेचने वाले सेठों के चाकर हैं। इस तरह ग्रामीण जनता का एक बड़ा हिस्सा सामंतवाद और उपनिवेशवाद को दृढ़ करने में लगा है। आज ऐसे ही ग्रामीणों के बीच कांग्रेसी नेता का भाषण है। निराला ने जानबूझकर यहां 'प्राकार' शब्द का प्रयोग किया है, जिसका अर्थ है वह दीवार, जो नगर या किले के चारों ओर रक्षा के लिए बनाई जाती है। ग्रामीणों में विद्रोह की चेतना नहीं है, वे नेता को चारों ओर से प्राकार की तरह घेरे हैं और नेता भी उसमें सुरक्षित हैं!

अंत में उन्होंने कहा है कि देश में तरह-तरह के मादक द्रव्य प्रयोग में लाए जा रहे हैं, अफीम से लेकर देशी और अंग्रेजी शराब तक, तथापि आजादी की पुकार का नशा सभी मादक द्रव्यों से बढ़कर है। यह लोगों पर खूब असर करता है। ग्रामीण जनों की सभा को लेकर एक बड़ी कठिनाई अंग्रेजी हुकूमत खड़ी करती है। वह उन पर घूसे और डंडे बरसाना शुरू कर देती है। उससे बचने का उन लोगों ने यह उपाय निकाला है कि वे एक साथ सभाओं में आते हैं, जिससे पुलिस की मार का मुकाबला किया जा सके, या उसे रोका जा सके। एकता में ही वह बल है। आज की सभा में सारे लोग आ चुके हैं। कहने की आवश्यकता नहीं कि यह सब कुछ निराला क्षोभ के साथ बयान करते हैं। क्षोभ उन्हें नेता से ही नहीं, जनता से भी है।

इस कवितांश में जातियों के जो नाम गिनाए गए हैं, उस पर डा. शर्मा की टिप्पणी है : 'निराला की छायावादी कविता में जैसी भावुकता और काल्पनिक इच्छापूर्ति वाली कमजोरियां हैं वैसी ही सीधे सपाट बयान की कुछ कमजोरियां यथार्थवादी कविता में हैं। 'महगू महगा रहा' में निराला गिनाना शुरू करते हैं, गांव में कितनी जातों के लोग रहते हैं, नाई, लोहार, बारी से लेकर महाब्राह्मण, गंगापुत्र तक गिनाते चले जाते हैं। ऐसे ही प्रकृति का चित्रण करते हुए अकसर वस्तुओं के नाम गिनाते हैं मानो यह अपने में

यथार्थवादी कला हो।' इस संबंध में ज्ञातव्य है कि सिर्फ आचार्य रामचंद्र शुक्ल के कहने पर वस्तु-परिगणन या नाम-परिगणन का विरोध करना उचित नहीं। देखना यह चाहिए कि वहां पर कविता की मांग क्या है। यदि चित्र नाम गिनाने से ही बनता हो, तो उसमें कोई हर्ज नहीं। स्वभावत: निराला ने विभिन्न जातियों के जो नाम गिनाए हैं, वह खटकता नहीं है, बल्कि चित्र को बहुत अच्छे ढंग से पूरा करता है। किसी भी लंबी या वर्णनात्मक कविता में कविता प्रत्येक शब्द में नहीं होती, वह उसके संपूर्ण रूप में ही होती है। इसलिए सर्वत्र नाम-परिगणन को आपत्तिजनक मानना ठीक नहीं। दूसरे, निराला ने गांव में बसने वाली सभी जातियों का नहीं, सिर्फ 'पुराने परजों' का उल्लेख किया है। अंतिम बात यह कि यह कविता 'सीधा सपाट बयान' नहीं है। इसका एक प्रमाण तो यही है कि निराला उन परजों के प्रति आलोचनात्मक हैं क्योंकि वे सामंती प्रथा को दृढ़ करने वाले और 'ज़मींदार के वाहन' हैं। इस कविता में केवल नेहरू-विरोध या कम्युनिस्ट-समर्थन देखने के कारण इसमें अभिव्यक्त अन्य विचारों पर भी बहुत कम ध्यान दिया गया है।

यह बात सोचने योग्य है कि जिस सभा के वक्ता और श्रोता के बारे में कवि ने इतने विस्तार से बतलाया है, उसमें जो भाषण दिया गया, उसका जिक्र कविता में बहुत संक्षेप में है। क्या उतना ही काफी है? कविता का अगला अंश :

पंडितजी कांग्रेस के चुनाव पर बोले :
आजादी लेते हैं, एक साल और है;
आततायियों से देश पिस-पिसकर मिट गया;
हमको बढ़ जाना है;
चैन नहीं लेना है जब तक विजयी न हों।
जनता मंत्रमुग्ध हुई।
जमींदार भी बोले जेल हो-आने वाले,
कांग्रेस-उम्मीदवार। सभा विसर्जित हुई।

इससे यह भी स्पष्ट है कि यह सभा चुनाव सभा थी। तभी इतने बड़े नेता एक गांव में आए थे। उन्होंने जनता को आश्वासन दिया कि आजादी मिलने में अब सिर्फ एक साल की देर है। साथ-साथ यह गोलमोल बात कही कि आततायियों ने देश को नष्ट कर दिया। इसी तरह आगे बढ़ने वाली और जब तक जीतें नहीं, चैन नहीं लेने वाली बात भी। उनके झांसे में आ जाने वाली जनता पर व्यंग्य करते हुए निराला कहते हैं, उनकी बातें सुनकर 'जनता मंत्रमुग्ध हुई'। यह जनता पर तो व्यंग्य है ही, उसे अपनी बातों से धोखे में डालने वाले नेता पर भी व्यंग्य है। लेकिन असली बात आगे है, जो कांग्रेस और कांग्रेसी नेता के चरित्र के, जिसका शुरू में ही परिचय दिया गया है, पूरी तरह से मेल में है। कांग्रेस की सभा में उसके नेता के साथ भाषण देने वाले एक जमींदार भी थे।

वे कांग्रेस में शामिल होकर जेल भी हो आए थे। क्या विडंबना थी कि किसानों के हितों की रक्षा का दावा करने वाली कांग्रेस ने चुनाव में उस जमींदार को अपना उम्मीदवार बनाया था, जो एक तरफ किसानों का शत्रु था और दूसरी तरफ अंग्रेजों के प्रति वफादार, ऊपर से या भीतर से। यह जानी हुई बात है कि इस देश के जमींदारों ने जब देख लिया कि उनकी हितरक्षक अंग्रेजी सरकार के दिन अब गिने-चुने रह गए हैं, तो उनमें से अनेक ने कांग्रेस से सांठ-गांठ शुरू की और फिर उसमें भर्ती होकर उसके सम्मानित नेता बन गए। कांग्रेस में आकर उन्होंने किया क्या? उसमें जो किसान-विरोधी मोर्चा था, उसे मजबूती प्रदान करते हुए अपने हितों की रक्षा की। निराला कांग्रेस और कांग्रेसी नेता की असलियत उजागर करने के लिए इतना लिखना काफी समझते हैं। बाकी बातें आगे लुकुआ और महगू के संवादों से सामने आती हैं। इस तरह इस कविता का विन्यास सरल न होकर जटिल है। इसमें एक क्रम है लेकिन एक प्रसंग के वर्णन में भी काफी पेच है। ऐसी स्थिति में यह नहीं कहा जा सकता कि यह एक 'सीधा सपाट बयान' है।

लुकुआ और महगू का संवाद तीन टुकड़ों में है। निराला के अपने शब्दों में पहला टुकड़ा :

> महगू सुनता रहा।
> कंपू को लादता है लकड़ी, कोयला, चपड़ा।
> लुकुआ ने महगू से पूछा, 'क्यों हो महगू, कुछ
> अपनी तो राय दो?
> आजकल, कहते हैं, ये भी अपने नहीं?'
> महगू ने कहा, 'हां, कंपू में किरिया के
> गोली जो लगी थी,
> उसका कारण पंडितजी का शागिर्द है;
> रामदास को कांग्रेसमैन बनाने वाला,
> जो मिल का मालिक है।
> यहां भी वह जमींदार बाजू से लगा ही है।
> कहते हैं, इनके रुपए से ये चलते हैं,
> कभी-कभी लाखों पर हाथ साफ करते हैं।'

महगू झींगुर की तरह ही एक वर्ग-चेतन ग्रामीण है। जब कांग्रेसी नेता के संबंध में लुकुआ नामक एक अन्य ग्रामीण ने उससे प्रश्न किया, यह कहते हुए कि सुनते हैं, आजकल वे भी अपने नहीं, तो महगू ने जो उत्तर दिया, वह आंख खोलने वाला था। कंपू यानी कानपुर की मिल में, जिसका मालिक रामदास नामक व्यक्ति था, एक गोलीकांड हुआ था। उसमें किरिया नामक एक मजदूर को गोली लगी थी। रामदास का मनसूबा बहुत बढ़ गया था, उसे गोली चलवाने में कोई भय नहीं हुआ क्योंकि वह कांग्रेस में

शामिल हो गया था। उसे 'कांग्रेसमैन' बनाने वाला वही जमींदार है, जो पंडित जी का चेला है और जिसे उन्होंने चुनाव में कांग्रेस का उम्मीदवार बनाया है। यह है जमींदार और मिल-मालिक तथा कांग्रेस की एकता, जिससे सजग अपढ़ और गंवार लोगों के कान भी खड़े हो रहे हैं। महगू लुकुआ से आगे कहता है, वह जमींदार यहां भी पंडित जी से लगा ही हुआ है। खबर है कि वे इन सबसे यानी जमींदारों और मिल-मालिकों से पैसा लेकर ही राजनीति करते हैं। कभी-कभी वह रकम लाखों में होती है। तुलसीदास का कलियुग-वर्णन प्रसिद्ध है। कहा जाता है, वह उन्होंने भविष्य देखकर किया है। निश्चय ही उसमें भविष्य भी है, लेकिन वह सब वे वर्तमान में भी देख रहे थे। यह निराला का कलियुग-वर्णन है। भारतीय राजनीति का पतन स्वतंत्रता-प्राप्ति के पहले से ही शुरू हो गया था। आज वह सबके सामने प्रत्यक्ष है, फर्क इतना पड़ा है।

दूसरा टुकड़ा भी पहले निराला के ही शब्दों में :

> लुकुआ घबड़ा गया। 'भला फिर हम कहां जायं?'
> महगू से प्रश्न किया।
> महगू ने कहा, 'एक उड़ी खबर सुनी है,
> हमारे अपने हैं यहां बहुत छिपे हुए लोग,
> मगर चूंकि अभी ढीला-पोली है देश में,
> अख़बार व्यापारियों की ही संपत्ति हैं,
> राजनीति कड़ी से भी कड़ी चल रही है,
> वे सब जन मौन हैं इन्हें देखते हुए;
> जब ये कुछ उठेंगे,
> और बड़े त्याग के निमित्त कमर बांधेंगे,
> आएंगे वे जन भी देश के धरातल पर,
> अभी अखबार उनके नाम नहीं छापते।
> ऐसा ही पहरा है।'

महगू ने कांग्रेसी राजनीति की जो डरावनी तसवीर खींची, तो लुकुआ घबरा गया। घबराकर उसने उससे सवाल किया कि तब हम लोग कहां जाएं? 'हम लोग' मतलब इस देश की साधारण जनता, किसान-मजदूर। इस पर महगू का जवाब बहुत महत्वपूर्ण है। वह कहता है कि सुनने में आ रहा है कि हम गरीबों के भी ढेर सारे अपने लोग हैं, लेकिन वे छिपे हुए हैं। कारण यह कि देश की राजनीति अभी ठीक नहीं, एक तो अंग्रेजी हुकूमत द्वारा उनके विरुद्ध चलाया जाने वाला दमन-चक्र और दूसरे, अखबारों द्वारा भी उसी का समर्थन, जिससे जनमत उनके पक्ष में न बन सके। चूंकि अखबारों के मालिक बड़े-बड़े व्यापारी ही हैं, इसलिए उनका स्वार्थवश उन छिपे हुए लोगों के विरुद्ध होना स्वाभाविक है। परिस्थितियों को अपने प्रतिकूल जानकर वे हमारे अपने लोग अभी चुप

हैं। जब विभिन्न जन-समुदायों में कुछ चेतना आएगी और वे सक्रिय होंगे, बड़े उत्सर्ग के लिए तत्पर, तो वे लोग भी प्रकट हो जाएंगे, ख्यात भी, अभी तो अखबार उनके नाम भी नहीं छापते हैं। उन पर सरकारी निगरानी और बंदिश भी है। 'छिपे हुए लोग' के द्वारा निराला कम्युनिस्टों की तरफ संकेत करते हैं और यह उस दौर में, जब सन् बयालीस के भारत छोड़ो आंदोलन में उनकी भूमिका को राष्ट्रद्रोही कहा जा रहा था और ढेर सारे कम्युनिस्ट पार्टी छोड़ रहे थे। इससे अनुमान लगाया जा सकता है कि कम्युनिस्ट पार्टी में निराला की कैसी निष्ठा थी। डा. शर्मा ठीक कहते हैं कि कम्युनिस्ट पार्टी ने उनकी आशाएं पूरी नहीं कीं।

अंतिम टुकड़े में निराला भी आ जाते हैं। यह इस तरह है :

> 'तो फिर कैसा होगा?' लुकुआ ने प्रश्न किया।
> 'जैसा तू लुकुआ है, वैसा ही होना है,
> बड़े-बड़े आदमी धन-मान छोड़ेंगे,
> तभी देश मुक्त है,
> कविजी ने पढ़ा था, जब तुम बदले नहीं;
> अपने मन में कहा मैंने, मैं महगू हूं,
> पैरों की धरती आकाश को भी चली जाय,
> मैं कभी न बदलूंगा, इतना महगा हूंगा।'

महगू के मुंह से 'छिपे हुए लोगों' के बारे में बातें सुनकर लुकुआ को बहुत भरोसा हुआ। हर्षित होकर उसने उससे पूछा कि तब कैसा समां होगा? महगू ने उसे बतलाया कि तब सारे लोग तुम्हारे जैसे ही हो जाएंगे, ईमानदार और दृढ़, जिसके परिणामस्वरूप बड़े-बड़े संपत्तिशालियों को भी अपनी संपत्ति और उसके बल पर मिली हुई प्रतिष्ठा छोड़नी पड़ेगी। वह लुकुआ को 'कवि जी' की बात याद दिलाता है, जिन्होंने अपनी कविता में कहा था कि देश मुक्त तभी होगा, जब जनता में दृढ़ता आ जाएगी, यानी वह अपने मार्ग से विचलित नहीं होगी, बदलेगी नहीं। फिर वह अपनी बात बतलाता है कि जब उसने कवि जी की वह बात सुनी थी तो निश्चय किया था कि पैरों के नीचे जो धरती है, वह आसमान में चली जाएगी, तब भी वह नहीं बदलेगा। उसकी दृढ़ता एक कम्युनिस्टसमर्थक की दृढ़ता है, जिसकी प्रेरणा उसे कवि जी से मिली थी। कौन हैं वे कवि जी? स्वयं निराला। 'महगू' का मतलब है, जो बहुत महंगा हो, यानी जिसे खरीदना आसान न हो। 'महगू महगा रहा' यानी वह इतना महंगा हो गया कि उसे कभी खरीदा न जा सका। यह है निराला की कल्पना का किसान-मजदूर, साधारण जन, जो भावी भारतीय समाज की इमारत की नींव की ईंट रखने वाला है।

इस कविता की सफलता के दो आधार हैं। एक तो निराला की व्यंग्यात्मक भाषा और दूसरा लुकुआ और महगू के बीच का बोलता हुआ संवाद। निराला एक कथाकार

भी थे, इसलिए कविता के भीतर वे कथा-तत्व का समावेश बहुत कुशलता से करते थे और उसे सटीक संवाद-रचना से सजीव कर देते थे। उनकी किसान-संबंधी कविताओं में जो व्यक्तिवाचक नाम आते हैं, वे केवल नाम नहीं होते, उनके इन लघु नाटकों के बहुत ही जीवंत पात्र होते हैं। यही व्यक्तिवाचक नाम त्रिलोचन से लेकर रघुवीर सहाय तक में विकास को प्राप्त होते हैं। त्रिलोचन में भोरई केवट और नगई महरा हैं, तो रघुवीर सहाय में हरचरना, मुसद्दीलाल, रामदास और दयाशंकर।

पीछे संकेत किया जा चुका है कि निराला की ये कविताएं आधुनिक हिंदी कविता में यथार्थवाद की अपरिमित संभावना का द्वार खोलती हैं, यद्यपि ये सिर्फ किसानों से संबंधित हैं। सिर्फ अंतिम कविता का फलक विस्तृत है, जिससे वह कांग्रेस की अगुआई में चलने वाले संपूर्ण स्वाधीनता आंदोलन का निर्मम परीक्षण बन गई है। लेकिन विरोध का स्वर सभी कविताओं में है, वह मुखर हो, या अमुखर। इन कविताओं की प्रभावोत्पादकता का कारण यह है कि उनमें से प्रत्येक में किसी न किसी घटना का बयान किया गया है, बहुत ही चित्रात्मक ढंग से। दो कविताओं—'झींगुर डटकर बोला' और 'महगू महगा रहा'—में तो किसानों के बीच होने वाली कांग्रेसी नेता की सभाओं का वर्णन है। खास बात यह कि इन सभी कविताओं में निराला ने भाषा पर विशेष दृष्टि रखी है। भाषा की कसौटी है पात्रों का संवाद। प्राय: सारी कविताओं में पात्र बोलते हैं, किसी में जमींदार का सिपाही, किसी में झींगुर, किसी में गोड़इत और बदलू तथा किसी में लुकुआ और महगू। इन संवादों में गजब की ताजगी है। सहसा विश्वास नहीं होता कि ये संवाद उसी कवि ने लिखे हैं, जिसने 'राम की शक्तिपूजा' में शिव, अंजना, विभीषण, राम और जामवंत के संवाद लिखे हैं। केवल 'छलांग मारता चला गया' शीर्षक कविता संवाद-रहित है, लेकिन उसका वर्णन इतना चित्रात्मक है कि संवाद का न होना खटकता नहीं। संवादों की भाषा के बारे में भी पीछे कहा जा चुका है। वह जितनी ही मुहावरेदार है, उतनी ही चुस्त भी । उसमें गद्य में संभव होने वाला अपने ढंग का कवित्व है, वैसे सारी कविताएं वृत्तगंधी गद्य में लिखी गई हैं,निरा गद्य में नहीं। आकस्मिक नहीं कि 'नए पत्ते' की भूमिका में निराला ने भाषा को विशेष महत्व दिया है। पहले कहा है कि 'भाषा अधिकांश में बोलचाल वाली' है, फिर यह कि 'वे (पाठक) अपनी भाषा की रूपरेखाएं देखें'। 'बोलचाल वाली भाषा' भी उनके लिए विशेष अर्थ रखती है, क्योंकि दरअसल वह उर्दू और क्षेत्रीय बोली दोनों के उपादानों से संवारी गई खड़ी बोली है और 'अपनी भाषा की रूपरेखाएं' वाली बात में तो 'भाषा की रूपरेखाएं' कविता के पर्याय के रूप में प्रयुक्त हैं। निराला के लिए शुरू से ही भाषा कविता थी। इन कविताओं में आकर उनकी वह धारणा दृढ़ हुई है, बड़ी बात यह है। इसीलिए इन कविताओं का मूल्य केवल अंतर्वस्तु और विचारधारा के आधार पर आंकना ठीक नहीं। उससे हिंदी कविता की प्रगति का ठीक अंदाजा न होगा।

14. निराला की अंतिम कविता

निराला जन्म शताब्दी का वर्ष बीत चुका है लेकिन निराला की कविता पर चर्चा बंद नहीं हुई, यह इस महाकवि के महत्व का सूचक है। प्रसन्नता की बात यह है कि इस चर्चा को विद्वानों ने ठोस रूप देने की भी कोशिश की है, जिससे मेरा आशय यह है कि उन्होंने सिर्फ हवाई बातें नहीं की हैं और कभी-कभी निराला की कोई खास कविता लेकर उसका पाठ-विश्लेषण करते हुए उसके मर्म तक पहुंचना चाहा है। इसी क्रम में उनका ध्यान उनकी अंतिम कविता पर गया है, जो शीर्षकहीन होने के कारण अपनी पहली पंक्ति 'पत्रोत्कंठित जीवन का विष बुझा हुआ है' से जानी जाती है। इस टिप्पणी में उसी से संबंधित कुछ बातें निवेदित हैं।

निराला की अंतिम कविता कौन है, इसे लेकर हलका सा विवाद या असहमति भी रही है। उनकी कविता की अंतिम कापी में उनकी हस्तलिपि में 65 की संख्या देकर जो अंतिम कविता लिखित है, वह है उनका सरस्वती को विषय बनाकर लिखा गया गीत—'हाथ वीणा, समासीना'। इसी के आधार पर महाकवि के आत्मज स्व. रामकृष्ण त्रिपाठी का मानना था कि उनकी अंतिम कविता यही है। लेकिन उसी कापी में आगे का कोई पृष्ठ खोलकर भी निराला ने एक कविता लिखी थी, जिसकी पहली पंक्ति ऊपर उद्धृत की जा चुकी है। पं. श्रीनारायण चतुर्वेदी, जो कि उनकी अंतिम कविता-पुस्तक 'सांध्य काकली' के संपादक हैं, इस कविता के उनकी अंतिम कविता होने की संभावना से इनकार करते हुए भी अंतत: पहली कविता को ही अंतिम कविता के रूप में स्वीकार करते हैं। मेरा अनुमान है कि क्रम से हटकर ऊपर कोई संख्या दिए बगैर कापी का जो सादा पृष्ठ सामने खुल गया उस पर निराला ने जो कविता लिखी, वही उनकी अंतिम कविता है। इसके दो अंत:साक्ष्य भी हैं। एक तो यह कि इसका विषय कवि की आसन्न मृत्यु है और दूसरा यह कि इसे उसने जिस शिल्प में रचना शुरू किया था, वह आगे बढ़ने के साथ छूटता चला जाता है, यद्यपि कथ्य में या अभिव्यक्ति में किसी प्रकार की शिथिलता नहीं दिखलाई पड़ती। शिल्प के निर्वाह में असमर्थता मृत्यु के काफी निकट पहुंच गए निराला के लिए कोई अस्वाभाविक बात नहीं।

इस कविता के पाठ को लेकर जो कठिनाइयां बतलाई गई हैं, वे कल्पित हैं क्योंकि यह कविता निराला की सुस्पष्ट हस्तलिपि में सुलभ है और निराला रचनावली के छठे खंड के आरंभ में उसी रूप में यानी ब्लॉक बनाकर उनकी हस्तलिपि के नमूने के तौर पर दी हुई है। जो विद्वान या निराला-प्रेमी कविता के मूल स्रोत तक नहीं पहुंच सकते,

उन्हीं को इसके पाठ को लेकर दिक्कतें हुई हैं। एक निराला-प्रेमी कवि ने अपनी आलोचना-पुस्तक के पहले ही लेख के शुरू में इस कविता का पाठ-विश्लेषण करने के लिए पूरी कविता उद्धृत की है। उसका पाठ उसने 'राग-विराग' से लिया है। 'राग-विराग' का पाठ अशुद्ध है। ऊपर से उक्त कवि ने उसे अपने लेख में उद्धृत करते हुए और कई अशुद्धियां कर दी हैं। ऐसी स्थिति में भ्रम का बढ़ते और फैलते चला जाना आसान है।

'पत्रोत्कंठित जीवन का विष' कविता कुछ अट्ठारह पंक्तियों की है। शुरू में ऐसा लगता है कि कवि चार-चार चरणों की एक इकाई बनाकर चल रहा है, पर आठ चरणों के बाद यह सिलसिला टूटने लगता है और शेष चरणों में इकाइयों या बंदों का कोई हिसाब नहीं रह जाता। रह जाते हैं सिर्फ निराला और उनकी भावाभिव्यक्ति, जो अपने आपमें अविशृंखल रहते हुए भी पूर्वनिर्धारित शिल्प का निर्वाह नहीं कर पाती।

पहली इकाई अपने शुद्ध पाठ के साथ यह है :

पत्रोत्कंठित जीवन का विष बुझा हुआ है,
आशा का प्रदीप जलता है, हृदय-कुंज में,
अंधकार पथ एक रश्मि से सुझा हुआ है
दिङ्निर्णय ध्रुव से जैसे नक्षत्र-पुंज में।

लक्ष्य करने योग्य है कि यह चार चरणों से निर्मित एक मुकम्मल इकाई ही नहीं है, यह तुकांत भी है और तुकें दूसरे और चौथे चरणों में ही नहीं, पहले और तीसरे चरणों में भी मिलती हैं। जहां तक चरणों में निहित अर्थ का सवाल है,वह बहुत ही स्पष्ट है, भले किसी विद्वान को उलझन भरा लगा हो। यह कविता निराला की प्रसन्न मनोदशा की रचना है। मृत्यु के ठीक पहले प्रसन्नता कैसी? वह उन्हें इसलिए है कि वे मृत्यु को मृत्यु के रूप में नहीं बल्कि अपने पुनर्जन्म के माध्यम के रूप में देख रहे हैं। उनके जीवन में जो भी विष था, वह समाप्त हो गया है। निराशा छंट गई है और हृदय आशा की ज्योति से आलोकित है। ऐसी स्थिति में जीवन-पथ पर जो अंधेरा था, उसके टिके रहने का प्रश्न ही नहीं है। वह एक प्रकाश-किरण से बिलकुल निर्दिष्ट है। कोई भ्रांति नहीं रही। उस किरण ने उसे वैसे दूर कर दिया है, जैसे नक्षत्र-समूह में अविचलित ध्रुव सही दिशा का निश्चय करा देता है। इसमें 'पत्रोत्कंठित' शब्द विद्वानों को पेचदार मालूम हुआ है। यदि उन्होंने 'आराधना' में संकलित निराला के गीत 'दुखता रहता है अब जीवन' को ध्यान में रखा होता, जिसमें उन्होंने अपने जीवन की कल्पना पतझड़ के वन-उपवन के रूप में की है, तो उन्हें परेशानी न होती। इस गीत में निराला अपने वार्धक्य की ओर संकेत करते हुए कहते हैं : 'झर-झरकर जितने पत्र नवल/कर गए रिक्त तनु का तरुदल' और फिर 'डालियां बहुत-सी सूख गईं,/उनकी न पत्रता हुई नई।' स्पष्ट है कि उनके जीवन के रूप में यहां वृक्ष है। 'पत्रोत्कंठित जीवन का विष'

कविता में उनका संकेत पुनर्जन्म की तरफ है। वे अपने जीवन-वृक्ष को नए पत्तों के लिए उत्कंठित बतलाते हैं। मृत्यु के बाद पुनर्जन्म क्या है? जीवन-वृक्ष का नया हो जाना, उसमें नए पत्तों का निकलना! उनकी यह उत्कंठा और उल्लास इस कविता के अंत-अंत तक बना रहता है।

कविता की दूसरी इकाई :

लीला का संवरण-समय फूलों का जैसे
फलों फले या झरे अफल, पातों के ऊपर
सिद्ध योगियों जैसे या साधारण मानव,
ताक रहा है, भीष्म शरों की कठिन सेज पर।

विद्वान मानेंगे कि यह इकाई पहली इकाई की तरह चुस्त नहीं। दूसरा और चौथा चरण तुकांत है, यद्यपि तुकें अधम कोटि की हैं, लेकिन पहले और तीसरे चरणों में तुकें मिलाने की ओर कवि का ध्यान भी नहीं है। इसके अलावा भाषा अधिक गद्यात्मक हो गई है, बल्कि अरुद्धचरणांत। लेकिन भाव में कोई स्खलन नहीं। निराला कहते हैं कि यह जीवन-लीला के समाप्त होने का क्षण है। उसे तो समाप्त होना ही है, वह अपनी सार्थकता के साथ समाप्त हो या उसके बिना ही। वे फूलों से उसकी उपमा देते हैं। फूलों का समय आ जाने पर नीचे बिछे पत्तों पर झड़ना ही होता है, वे फल देकर झड़ें या बिना फल दिए हुए। निराला आगे स्पष्ट कर देते हैं कि मरना तो सबों को पड़ता है, वे सिद्ध योगी हों या साधारण मनुष्य। सिद्ध योगियों का जीवन सार्थक होता है, फल देने वाले फूलों की तरह, जबकि साधारण मनुष्यों का जीवन निरर्थक, निष्फल फूलों की तरह। निराला के अंतिम दिन बहुत कष्ट से बीते थे। उन्हें इतनी शारीरिक और मानसिक पीड़ा थी कि जैसे वे भीष्म की तरह बाणों की शय्या पर लेटे हुए थे। उसी अवस्था में वे अपनी जीवन-लीला को समाप्त होते हुए देख रहे थे। समाप्ति के लिए उन्होंने जान-बूझकर 'संवरण' शब्द का प्रयोग किया है, जिसका तात्पर्य यह है कि जीवन-लीला तो चलती ही रहेगी, बस, एक जीवन की लीला समाप्त हो रही है या रुक रही है।

इन दो इकाइयों के बाद क्रम विच्छिन्न हो जाता है और आगे की बातें कवि जैसे सब कुछ भूलकर कहता चला जाता है। मानो भावधारा कगारों को छापकर प्रवाहित हो उठती है। लेकिन गौर करने पर पता चलता है कि ऊपर की दो इकाइयों के बाद तीन चरणों की एक इकाई फिर बनती नजर आती है, यद्यपि अपूर्ण रूप में। ध्यातव्य है कि इस बार तीनों चरण एक दूसरे से तुक मिलाते हैं। वर्णन उनमें पूरे ऋतुचक्र का हुआ है, यथा :

स्निग्ध हो चुका है निदाघ, वर्षा भी कर्षित,

कल शारद कल्य की, हैम लोमों आच्छादित,
शिशिर भिद्य, बौरा वसंत आमों आमोदित . . .

सारी ऋतुएं बारी-बारी से आकर जा चुकी हैं। उन्होंने कवि को कोई कष्ट नहीं दिया। ग्रीष्म अवश्य अपनी दाहकता और शुष्कता के कारण असह्य था लेकिन अंततः वर्षा के आगमन के साथ वह भी स्नेहिल हो उठा। वर्षा बड़े जोर-शोर से आई थी, जैसे सब कुछ को बहाकर ले जाने के लिए, लेकिन अब वह भी क्षीण पड़ चुकी है। 'कल' का अर्थ है मधुर और 'कल्य' का प्रभात। 'कल्य' 'कल' से ही बना है, जिससे उसका अर्थ 'प्रभात' लक्षणा से गृहीत है क्योंकि प्रभात ही सभी कटुताओं, सभी दुखों का अंत करने वाला है। 'शारद' शरद ऋतु है। इस तरह 'कल शारद कल्य की' का अर्थ हुआ कि मधुर शरद ऋतु कवि के लिए प्रभात वाली साबित हुई। 'हैम' यहां 'हिम' का विशेषण है, 'हेम' का नहीं, जिससे संकेत हेमंत ऋतु की तरफ है। निराला कहते हैं कि वह ऋतु रोओं को ढंककर बीती क्योंकि उसमें ठंडक बहुत थी। हेमंत की तुलना में शिशिर ऋतु में ठंडक कम होती है, इसलिए वह भेदनीय थी, यानी उनके लिए वश्य। तत्पश्चात तो वसंत बौराया, आम्रमंजरियों की फैलने वाली सुगंध से युक्त। ज्ञातव्य है कि 'आमोद' शब्द का एक अर्थ सुगंध भी है, फैलने वाली सुगंध। इस उक्ति तक आते-आते जैसे निराला का ऋतु-वर्णन उत्कर्ष पर पहुंच जाता है। 'बौरा वसंत आमों आमोदित' यह चित्र ही सुंदर नहीं है, इसमें प्रयुक्त शब्द भी सुंदर हैं, खास तौर से 'आमों' और 'आमोदित' का संयोग।

आगे के सात चरण जैसे एक रौ में लिखे गए हैं, एक इकाई का निर्माण करते हुए। अंतिम चरण अवश्य युद्ध के रूपक से मेल नहीं रखता लेकिन अर्थ की दृष्टि से वह उससे बंधा हुआ है। वे चरण हैं :

बीत चुका है दिक्‌चुंबित चतुरंग, काव्य, गति,
यतिवाला, ध्वनि, अलंकार, रस, राग बंध के
वाद्य-छंद के। रणित गणित छुट चुके हाथ से,
क्रीड़ाएं व्रीड़ा में परिणत। मल्ल भल्ल की
मारें मूर्छित हुईं। निशाने चूक गए हैं।
झूल चुकी है खाल-ढाल की तरह तनी थी।
पुनः सबेरा एक और फेरा है जी का।

स्पष्टतः ये चरण न चार चरणों की इकाई में बंधे हैं, न इनमें तुकों का निर्वाह किया गया है। भाषा अधिकाधिक गद्यात्मक होती चली गई है, यद्यपि पुनः यह ध्यातव्य है कि अभिव्यक्ति में कोई ह्रास नहीं दिखलाई पड़ता और उसका औदात्य बना हुआ है। इन चरणों में निराला अपने कवि-जीवन के व्यतीत हो जाने की घोषणा करते हैं। यह सुपरिचित

तथ्य है कि हिंदी में उनकी कविता का व्यापक विरोध हुआ था, जैसे एक दिगंतव्यापी चतुरंगिणी सेना सजाकर। अब वह सेना भी समाप्त हो चुकी है और उनका काव्य भी। वह काव्य, जो गति और यति से युक्त था। ध्वनि, अलंकार और रस भी व्यतीत हो चुके हैं, जो कि संगीत और छंद के बंधनों में बंधे हुए राग थे। ध्यातव्य है कि उधर चतुरंगिणी सेना थी और इधर निराला का काव्य। उधर रण-वाद्य थे और इधर 'वाद्य-छंद' के बंध के राग! आज उनके विरोधियों के हाथ से युद्ध की, युद्धास्त्रों से झंकृत, सारी विधियां और सारे कौशल छूट चुके हैं। 'गणित' का अर्थ स्पष्ट है, 'रणित' का अर्थ है निनादित वा झंकृत। स्मरणीय है कि युद्ध को 'रण' इसीलिए कहा जाता है कि वह निनादयुक्त होता है। 'रणित गणित' का अनुप्रास निराला की इस अंतिम कविता में भी उनकी सचेत, सार्थक और संगीतपूर्ण शब्द-योजना की सूचना देता है। आज तो उनके विरोधियों के मन में उन्होंने उनके विरुद्ध जो रण-क्रीड़ाएं की थीं, उसके लिए लज्जा का भाव है। यहां स्वाभाविक रूप में 'सरोजस्मृति' की ये पंक्तियां याद आती हैं :

एक साथ जब शत घात घूर्ण
आते थे मुझ पर तुले तूर्ण,
देखता रहा मैं खड़ा अपल
वह शर-क्षेप, वह रण-कौशल।
व्यक्त हो चुका चीत्कारोत्कल
क्रुद्ध युद्ध का रुद्ध-कंठ फल।

आगे की पंक्तियों में निराला कहते हैं कि आज यह स्पष्ट है कि मल्लों और भल्लों यानी भालों के मुझ पर जो प्रहार हुए थे, वे बेकार साबित हुए। उनके निशाने बुरी तरह चूके। उन्होंने सारे प्रहार अपने शरीर पर झेले थे, उस खाल पर, जो तब ढाल की तरह तनी हुई थी। 'मल्ल भल्ल' पाठ को लेकर विद्वानों ने चर्चा की है और उसे 'मल्ल मल्ल' मानने पर जोर दिया है। संभव है, यह भ्रम इस कविता के उस पाठ से उत्पन्न हुआ हो, जो 'सांध्य काकली' के प्रथम संस्करण की भूमिका में चतुर्वेदी जी ने दिया है। जब निराला की हस्तलिपि में यह कविता सुलभ है, तो स्पष्टत: वह मुद्रण की भूल है। इस कविता को लिखते समय निराला स्वयं सावधान थे कि 'मल्ल' को भी कहीं 'भल्ल' न पढ़ लिया जाए, इसलिए उन्होंने 'म' के ऊपर बहुत ध्यान से शिरोरेखा दी है, बल्कि इस कविता में जहां-जहां 'म' आया है, प्राय: सर्वत्र उन्होंने उसके साथ वैसा किया है। ऐसा उन्होंने 'भ' के साथ नहीं किया। देखा जा सकता है कि 'भ' का 'भीष्म' में जो प्रयोग हुआ है, वह बिलकुल 'भल्ल' की तरह। इस तरह 'मल्ल भल्ल' को दूसरी तरह से पढ़ने की कोई गुंजाइश नहीं बनती। और उसकी जरूरत भी क्या है? 'मल्ल भल्ल' को द्वंद्व समास के रूप में लेने से अत्यधिक सटीक अर्थ की प्राप्ति होती है, इसमें अनुप्रास का सौंदर्य है सो अलग। पहले जैसे 'रणित गणित' है, वैसे ही बाद में 'मल्ल

भल्ल' के साथ 'क्रीड़ा व्रीड़ा' और 'खाल ढाल'। अंतिम चरण में निराला की शांत और संतुष्ट मनोदशा पुनः उल्लास से युक्त हो उठती है, जब वे कहते हैं कि एक जीवन समाप्त हो रहा है, तो दूसरा जीवन प्राप्त होने को है ! यह एक और प्रभात है, जीवन का एक चक्र पूरा होने पर दूसरा चक्र। यह उनका वैष्णव मतवाद है, जिसका धीरे-धीरे उन पर गहरा असर होता गया था और जो मोक्ष में नहीं, ब्रह्म से जीव की पृथक सत्ता में विश्वास करता है। ज्ञातव्य है कि 'जी' 'जीव' का तद्भव है और 'फेरा' चक्र अथवा परिक्रमा के अर्थ में 'सबेरा' से ध्वनि-साम्य रखने के कारण आया है। देखा जा सकता है कि निराला तत्सम शब्दों के साथ-साथ तद्भव शब्दों के ध्वनि-साम्य से उत्पन्न होने वाले सौंदर्य के भी स्रष्टा थे।

निराला के काव्य की चर्चा ठोस रूप में की जाए, उनकी कविताओं के पाठ पर ध्यान केंद्रित किया जाए, यह बहुत अच्छा है, लेकिन उसके साथ थोड़ा निश्छल भाव से श्रम करना जरूरी है, वरना उनके प्रति हमारी कृतज्ञता प्रो. नलिनविलोचन शर्मा के शब्द लेकर कहें तो 'अबोध कृतज्ञता' होगी।

• • •

अनुक्रमणिका